海事司法文库 8

丛书总主编◎霍 敏

合规指引与风险防治

海洋环境资源保护、海域使用卷

海事审判典型案例应用导则建设项目

吴锦标 马 奔◎主编

40

人民法院出版社

图书在版编目（CIP）数据

合规指引与风险防治．海洋环境资源保护、海域使用卷 / 吴锦标，马奔主编．-- 北京 ：人民法院出版社，2024.6
（海事司法文库 / 霍敏总主编）
ISBN 978-7-5109-4173-3

Ⅰ．①合… Ⅱ．①吴… ②马… Ⅲ．①海事法规－案例－中国 Ⅳ．①D993.5

中国国家版本馆CIP数据核字(2024)第106977号

合规指引与风险防治——海洋环境资源保护、海域使用卷

吴锦标　马　奔　主编

策划编辑　李安尼　赵芳慧
责任编辑　张　怡　周利航
封面设计　尹苗苗
出版发行　人民法院出版社
地　　址　北京市东城区东交民巷27号（100745）
电　　话　（010）67550691（责任编辑）　67550558（发行部查询）
　　　　　　65223677（读者服务部）
客服QQ　2092078039
网　　址　http：//www.courtbook.com.cn
E－mail　courtpress@sohu.com
印　　刷　三河市国英印务有限公司
经　　销　新华书店

开　　本　787毫米×1092毫米　1/16
字　　数　326千字
印　　张　18.75
版　　次　2024年6月第1版　2024年6月第1次印刷
书　　号　ISBN 978-7-5109-4173-3
定　　价　70.00元

海事司法文库
“合规指引与风险防治”课题组

主　　编　吴锦标（青岛海事法院）

马　奔（山东大学）

统　　稿　李　宁（山东法官培训学院）

牛　萌（青岛海事法院）

编写人（按姓氏笔画）

于　昊　于文斌　万贵良　马维东　王　欣

王　浩　王小玫　王可可　王妍娥　王晓斐

王爱玲　王睿琦　牛　萌　田　琨　匡　浩

匡普宇　毕德强　曲燕军　吕延铭　吕晨昊

庄　敏　庄雪莉　刘　坤　刘　昭　刘小娜

刘文文　刘振华　孙　鹏　孙学燕　孙恬静

李　宁　李　华　李　军　李亚男　李俊锋

李培合　李雪莲　杨　俊　杨雨涵　杨振楠

杨紫琼　肖秀雯　余晓龙　宋　萍　宋仪倩

宋俊文　张　波　张　勇　张　静　张先立

陈　超　范峻恺　林　丹　周　洁　周黛娜

孟政宪　赵忆雪　查璎娟　段琪祺　娄雅灵

秦　涛　袁子丰　原浩洋　徐雨均　郭郑超

郭俊莉　郭彦滨　曹照勇　崔婷婷　梁晓晓

葛晓琳　韩　军　曾兆薇　褚　茜　樊羽萌

薛明友　薛稳山

序

建设海洋强国，是以习近平同志为核心的党中央着眼国家发展大局提出的时代使命。山东是海洋大省，海洋资源丰度指数居全国前列。2024年5月，习近平总书记视察山东时指出，“要发挥海洋资源丰富的得天独厚优势，经略海洋、向海图强，打造世界级海洋港口群，打造现代海洋经济发展高地”，[①] 为山东进一步推进海洋强省建设指明了前进方向、提供了根本遵循。

近年来，在山东省委的坚强领导和最高人民法院的有力指导下，山东法院坚持以习近平新时代中国特色社会主义思想为指导，统筹推进国内法治和涉外法治，依法平等保护中外当事人合法权益，不断提升涉外商事海事司法公信力，形成了一批国际广泛认可、社会影响深远的涉外商事海事典型案例。司法案例是最鲜活的法律体现，是最生动的法治教科书。《海事司法文库·合规指引与风险防治》系列丛书深挖海事精品案件规则价值，将海事司法案例规则予以提炼、整理并集结、编纂成册，为涉外涉海纠纷解决、企业经营风险防范化解等提供司法依据。

海事司法文库编纂是山东法院深入践行习近平法治思想，服务保障高水平对外开放的生动实践。当今世界正经历百年未有之大变局，国际规则体系正在加速重构，制度型开放成为新一轮高水平对外开放的核心指向。海事司法文库广泛收录涉及全球82个国家和地区的案例，提炼裁判要旨800余条，

① 《习近平在山东考察时强调 以进一步全面深化改革为动力 奋力谱写中国式现代化山东篇章》，载《人民日报》2024年5月25日，第1版。

主动对接国际高标准经贸规则，统筹国内法治和涉外法治，强化国际法与国内法的有效衔接，实现规则标准“软联通”，为持续营造市场化法治化国际化一流营商环境提供有力司法保障。

海事司法文库编纂是山东法院深入践行“抓前端、治未病”理念，积极参与社会治理的生动实践。司法案例是全社会共同的“法治产品”。“一个案例胜过一打文件”，这生动、深刻阐释了案例的重要功能。海事司法文库将具有参考示范意义的海事案例予以梳理公布，有利于充分发挥司法裁判的评价、指引、教育功能，有利于引导各类涉海主体学习法律、运用法律，增强法治意识、明晰行为边界，合法有序参与海洋活动，防范规避风险，推动企业更好地“走出去”“引进来”。

海事司法文库编纂是山东法院加强府院联动，推动司法与行政良性互动、优势互补、效能叠加的生动实践。在法治轨道上推进海洋强省建设是一项系统工程，需要政府和法院同向发力、同频共振。山东高院联合省政府召开全省府院联动第一次协调会议，推动省政府出台建立县级以上府院联动联席会议制度的意见，有效衔接依法行政和公正司法，促进法治政府建设水平和司法工作水平“双提高”。海事司法文库编纂工作得益于青岛市政府的大力支持，是青岛海事法院四十年来司法智慧的结晶，也是山东法院充分运用府院联动工作机制的重要成果。

希望本丛书能够为企业健康发展提供法治支撑，为行业规则制定提供有益参考，为山东经济繁荣提供司法助力。下一步，山东法院将深入学习贯彻习近平总书记视察山东重要讲话精神，坚定扛牢“走在前、挑大梁”的使命担当，坚持依法履职、公正司法，努力为打造高水平对外开放新高地贡献司法智慧，为谱写中国式现代化山东篇章供给司法动能。

2024.6

前 言

习近平总书记指出："加强涉外法治建设既是以中国式现代化全面推进强国建设、民族复兴伟业的长远所需，也是推进高水平对外开放、应对外部风险挑战的当务之急。"[①] 当前，我国正处在实现中华民族伟大复兴的关键时期，世界百年未有之大变局加速演进，必须更好发挥法治固根本、稳预期、利长远的保障作用。海事司法作为涉外法治、海洋法治的重要载体，是对接全球资源、加速要素循环、推动法治交流的重要手段，在新时代担负着维护国家海洋权益、规范海洋经济秩序、推动全球海洋治理朝着更加公正合理方向发展的职责使命。

作为国家设立的专司涉外、涉海审判的司法机关，青岛海事法院依法适用国内法、国际公约及条约、国际惯例开展审判工作，每年审理大量涉外、涉海案件，案件数量、种类覆盖全球 80 多个国家和地区，全球视野是海事司法的重要基础。作为中国特色社会主义法治体系的重要组成部分，海事司法具有审理案件全球性、适用法律全球性、司法协作全球性、裁决效力全球性的司法特性，是统筹国内法治与涉外法治，展示中国特色社会主义司法制度优越性的重要窗口。当前，海运贸易量占全球贸易总量的 90% 以上，历史和实践充分证明，经济强国必定是海洋强国、航运强国，海事法院通过发挥职能作用，切实调整规范了以港口、航运、贸易、金融行业为主的法律关系，

① 《习近平在中共中央政治局第十次集体学习时强调 加强涉外法制建设 营造有利法治条件和外部环境》，载《人民日报》2023 年 11 月 29 日，第 1 版。

海洋意识是海事司法的核心和关键。当前，国际航运中心东移已成为不争的事实，海事司法更加应该突出中心视阈，围绕全球海洋治理、海洋经济、海洋科技、海洋法治以及海洋生态环境利用和保护，结合引领型现代海洋城市、国际航运中心建设，努力打造国际海事争议解决优选地。深入践行司法为民理念，贯彻人类命运共同体、海洋命运共同体理念，平等保护中外当事人合法权益，在涉外、涉海案件中释放中国特色涉外法治理念、主张和成功实践，彰显厚生境界。

当前，国际竞争越来越体现为制度之争、规则之争。海事司法因其独特的涉外性、涉海性，审判工作中既要适用我国法律，也要适用外国法、国际公约、条约和国际惯例，由此而形成的裁判规则天然具有国际规则属性，在对接高标准国际经贸规则，稳步扩大规则、规制、管理、标准等制度型开放方面发挥着重要的法治引领、法治保障作用。市场经济本质上是法治经济，法治资源的有效运用必然带动涉外、涉海资源的高度富集与科学配置，船舶扣押与拍卖、海事强制令等海事司法专属职能作为反制部分国家“长臂管辖”和经济制裁措施的重要工具，是海事司法发挥涉外涉海资源配置功能的重要途径。海事司法坚持“条约信守”原则，适用国际条约承认与执行外国仲裁裁决，适用双边司法协助条约承认与执行外国法院判决。与此对应，海事司法的裁判结果在国际社会也能够得到广泛的承认与执行，这是海事司法发挥全球海洋争端解决机制功能的重要方面。海事法院的每一起涉外案件都涵盖诸多涉外法律关系，是涉外法治人才培养与发挥作用的重要实践基地。

“一个案例胜过一打文件。”为深入贯彻落实习近平总书记视察山东重要讲话重要指示精神，坚持依法履职、突出规则引领，为涉外涉海纠纷解决、企业经营风险防范化解提供司法依据、标准供给、国际经贸规则参考和研究资料，我们组织开展《海事司法文库·合规指引与风险防治》系列丛书编纂工作。编辑委员会由山东省高级人民法院党组书记、院长、二级大法官霍敏担任名誉主任、总主编，青岛市委常委、政法委书记程德智，青岛市委常委、副市长耿涛担任编委会主任，青岛海事法院党组书记、院长、一级高级法官吴锦标，山东大学政治学与公共管理学院院长、教授、博士生导师马奔担任主编。本丛书旨在深入挖掘海事司法案例在服务高质量发展和高水平对外开放方面的制度性优势，助力打造市场化、法治化、国际化一流营商环境，着力为中国式现代化山东实践贡献海洋法治力量。

海事司法文库“合规指引与风险防治”课题组

2024 年 5 月

目 录

海洋环境资源保护

船舶及其他污染

生态保护

海域使用

养殖损害

养殖合伙

海域承包

海域抵押

行政执法

海洋环境资源保护

船舶及其他污染

1. 某海事局与交某船运有限公司、北某保赔公司海事债权确权纠纷案

——船舶污染损害责任纠纷中海事行政主管部门作为索赔主体的资格认定

【合规提示】

海事行政主管机关作为索赔主体主张清污费用时，应注意实施清污行动中行政与民事的属性区分，以免负担额外的诉讼费用；以代位或债权转让方式主张民事索赔时，应注意全面收集实际清污主体的工作量证据，保证诉请金额有据可依。

【案件信息】

1. 裁判文书字号

（2023）鲁 72 民初 391 号

2. 当事人

原告：某海事局

被告：交某船运有限公司、北某保赔公司

3. 关键词

民事　船舶污染损害　海事行政主管部门　民事主体　清污公司　赔偿责任　预防措施费用　合理恢复措施费用

【裁判要旨】

1. 清污主体依据海事行政主管部门的指派参与防污清污工作产生的合理费用，可以由其自主索赔，也可以债权转让的方式交由海事行政主管部门统一索赔。

2. 海事行政主管部门采取清污防污措施系其履行法定职责所在，除实际发生的必要费用外，其依照费率标准计算自有船舶和人员费用不应支持。

【基本案情】

2021 年 4 月 27 日，义某有限公司所有的“义某”轮与交某船运有限公司所有的“交某”轮在青岛朝连岛东南水域发生碰撞，致使“交某”轮左舷第 2 货舱破损，约 9400 吨船载货油泄漏入海，泄漏的货油导致相关水域污染。某海事局作为涉案船舶碰撞溢油事故的行政主管部门，投入自有船舶、人员等参与应急处置工作，同时从山东省内、省外调集清污设备、物资，组织相关海事机构、协调清污公司等对泄漏油污实施清污防污行动。

油污事故发生后，北某保赔公司作为“交某”轮的油污责任保险人，在法院设立油污损害赔偿责任限制基金，某海事局在法定期间进行债权登记后，提起本案确权诉讼。某海事局主张上述清污防污措施产生相关费用，包括向 23 家单位调拨物资的费用、对 17 家清污企业实施奖励的费用、向 11 家清污企业支付的清污费用、应急监视监测费用、后勤保障费用、自有人员及船舶费用，总金额为 93 351 954.80 元。

【裁判说理】

争议焦点：（1）关于交某船运有限公司、北某保赔公司的责任认定。（2）关于某海事局主张债权金额的认定。

青岛海事法院经审理认为，根据《1992 年国际油污损害民事责任公约》第 1 条第 6 款、第 3 条第 1 款及《最高人民法院关于审理船舶油污损害赔偿纠纷案件若干问题的规定》第 9 条、第 11 条的规定，某海事局作为涉案溢油事故的应急处置单位，可以主张为防止或者减轻船舶油污损害采取预防措施发生的费用以及对受污染的环境采取合理恢复措施的费用；11 家清污企业因应急处置作业产生的船舶费用，某海事局就已支付的部分有权在本案中进行索赔；23家单位向某海事局调拨物资，由某海事局统一进行索赔，不违反法律规定；调拨单位已就本案设立的油污损害赔偿责任限制基金提起确权诉讼，对物资费用自行进行索赔的，某海事局在本案中无权再予主张。

据此，某海事局在本案中的索赔费用根据性质划分为三类：第一类属于其作为应急处置单位自身实施防污清污措施产生的费用；第二类属于其向清污企业支付部分费用后而产生的费用；第三类属于其作为海事行政主管部门指派清污公司实施防污清污措施后统一进行索赔的费用。

对第一类费用，某海事局在涉案溢油事故发生后，组织其工作人员及自有船舶开展应急处置工作，系履行其法定职责，对于其作业过程中已经实际发生的或者必然会发生的相关费用，如燃油费、修理费、清洗费用、应急监视监测费用等，应当予以支持，但其船舶实施巡航行为、工作人员实施清污协助行为均系履行日常工作职责，不会产生额外费用，故某海事局依据费率标准计算人员费用及船舶费用不具有事实和法律依据，不应支持。对第二类费用，某海事局已支付的部分费用属于为“交某”轮船舶所有人代为支付，故其有权向交某船运有限公司主张。对第三类费用，某海事局作为行政主管部门统一协调清污公司参与清污工作，清污公司为此产生的费用属于清污费用，可以债权转让的方式统一交由某海事局进行索赔；但某海事局对17家清污企业实施奖励的费用属于行政行为，不应被认定为清污费用。

青岛海事法院经审理后判决：一、确认某海事局对交某船运有限公司的海事债权为67 076 220元及以66 966 220元为基数，自2021年4月27日起至债权分配之日止，按照同期全国银行间同业拆借中心公布的贷款市场报价利率计算的利息；二、上述债权自北某保赔公司设立的“交某”轮油污损害赔偿责任限制基金中分配；三、驳回某海事局的其他诉讼请求。

【法官后语】

本案涉及海事主管部门在行政主体及民事主体双重身份属性下清污费用索赔的主体资格认定。在司法实践中，海事主管部门调派、组织清污公司实施清污行动后，就清污费用的索赔，一般采取清污公司直接索赔或者海事主管部门统一索赔的方式，而在本案所涉的“交某”轮系列海事债权确权案件中，不仅包含以上两种常规索赔模式，还包括了海事主管部门先行支付后代位索赔以及海事主管部门自身参与清污工作的费用索赔，基本囊括了海事主管部门以原告身份参与清污费用索赔的所有情形。

不同索赔模式下，海事主管部门具有原告主体资格的认定逻辑是不同的。《海洋环境保护法》（2017年修正）第71条规定，船舶发生海难事故，造成或者可能造成海洋环境重大污染损害的，国家海事行政主管部门有权强制采取避免或者减少污染损害的措施。该条规定是海事主管部门组织或指派清污单位实施防污清污措施的法律依据，清污单位因行政指令参与清污工作，可据此向油污责任人请求赔偿清污费用的民事责任。《全国法院涉外商事海事审判工作座谈会会议纪要》第82条也明确了清污单位就清污费用直接提起民事诉讼的诉权，规定清污单位受海事行政机关指派完成清污作业后，清污单位就清污费用直接向污染责任人提起民事诉讼的，人民法院应予受理。在清污单位取得诉权后，海事主管部门先行支付费用后索赔类似于代位，而统一代清污单位索赔则属于债权转让，均需要提供相应的证据表明其身份取得的依据；但海事主管部门无论是统一代清污单位索赔还是先行支付后索赔，均是基于清污单位享有的民事赔偿请求权，而非基于其行政主管部门的身份属性。

关于海事主管部门自身参与清污工作的费用索赔模式，燃油费、修理费、清洗费用、应急监视监测费用等实际发生的必要费用，本质上仍然属于海事主管部门支付相关费用后代位相关的民事主体索赔，不能认定其具有行政主管部门的身份属性。自有船舶和工作人员的费用系海事主管部门履行行政管理的法定职责而产生，已由行政拨款覆盖，同时即使船舶、人员存在常规工作之外的加班工作量，也因相关法律法规的限制性规定而不可能产生额外加班费用，所以海事主管部门自身参与清污工作所产生的费用仍然是代位民事主体后索赔，并不存在其以行政主体身份参与民事诉讼的情况。另外需要说明的是，在船舶油污损害责任纠纷案件中，如海事主管部门单独以其出动了船舶、人员参与清污工作产生费用而提起民事索赔，按照法律逻辑是不应被赋予民事诉讼原告主体资格的。原因在于其参与清污工作系基于行政职责的要求，而行政机关基于行政职责所实施的行为属于行政行为，行政行为不具有民事诉讼的主体资格，所以在该种情况下，应当以驳回起诉处理。

【相关法条】

1.《中华人民共和国民事诉讼法》（2021年12月24日修正）

第六十七条 当事人对自己提出的主张，有责任提供证据。

当事人及其诉讼代理人因客观原因不能自行收集的证据，或者人民法院认为审理案件需要的证据，人民法院应当调查收集。

人民法院应当按照法定程序，全面地、客观地审查核实证据。

对应新法：

《中华人民共和国民事诉讼法》（2023年9月1日修正）

第六十七条 当事人对自己提出的主张，有责任提供证据。

当事人及其诉讼代理人因客观原因不能自行收集的证据，或者人民法院认为审理案件需要的证据，人民法院应当调查收集。

人民法院应当按照法定程序，全面地、客观地审查核实证据。

2.《中华人民共和国海事诉讼特别程序法》（2000年7月1日施行）

第一百一十六条 债权人提供其他海事请求证据的，应当在办理债权登记以后，在受理债权登记的海事法院提起确权诉讼。当事人之间有仲裁协议的，应当及时申请仲裁。

海事法院对确权诉讼作出的判决、裁定具有法律效力，当事人不得提起上诉。

3.《最高人民法院关于审理船舶油污损害赔偿纠纷案件若干问题的规定》（2020年12月29日修正）

第四条 船舶互有过失碰撞引起油类泄漏造成油污损害的，受损害人可以请求泄漏油船舶所有人承担全部赔偿责任。

第九条 船舶油污损害赔偿范围包括：

（一）为防止或者减轻船舶油污损害采取预防措施所发生的费用，以及预防措施造成的进一步灭失或者损害；

（二）船舶油污事故造成该船舶之外的财产损害以及由此引起的收入损失；

（三）因油污造成环境损害所引起的收入损失；

（四）对受污染的环境已采取或将要采取合理恢复措施的费用。

第十七条 船舶油污事故造成环境损害的，对环境损害的赔偿应限于已实际采取或者将要采取的合理恢复措施的费用。恢复措施的费用包括合理的监测、评估、研究费用。

第二十一条 对油轮装载持久性油类造成的油污损害，船舶所有人，或者船舶油污责任保险人、财务保证人主张责任限制的，应当设立油污损害赔偿责任限制基金。

油污损害赔偿责任限制基金以现金方式设立的，基金数额为《防治船舶污染海洋环境管理条例》《1992 年国际油污损害民事责任公约》规定的赔偿限额。以担保方式设立基金的，担保数额为基金数额及其在基金设立期间的利息。

4.《1992 年国际油污损害民事责任公约》

第一条 就本公约而言：

1.“船舶”系指为运输散装油类货物而建造或改建的任何类型的海船和海上航行器；但是，能够运输油类和其他货物的船舶，仅在其实际载运散装油类货物时，以及在此种运输之后的任何航行期间，方能被视作船舶，但能证明船上没有此种散装油类运输的残余物者除外。

2.“人”系指任何个人或合伙人或任何公共或私营机构，不论是否为法人，包括国家或其任何下属单位。

3.“船舶所有人”系指登记为船舶所有人的人，如果没有这种登记，则是指拥有该船的人。但如船舶为国家所有，并由在该国登记为船舶经营人的公司所经营，“船舶所有人”即指这种公司。

4.“船舶登记国”，就登记的船舶而言，系指对船舶进行登记的国家，就未登记的船舶而言，是指其船旗国。

5.“油类”系指任何持久性烃类矿物油，如原油、燃料油、重柴油和润滑油，不论是在船上作为货物运输还是在此种船舶的燃料舱中。

6.“污染损害”系指：

（a）因船舶泄漏或排放油类造成的在该船之外的损失或损害，不论此种泄漏或排放发生在何处；但是，对环境损害（不包括此种损害的利润损失）的赔偿，仅限于已实际采取或行将采取的合理恢复措施的费用；

（b）预防措施的费用及因预防措施造成的进一步损失或损害。

7.“预防措施”系指事故发生后为防止或减轻污染损害而由任何人所采取的任何合理措施。

8.“事故”系指造成污染损害或产生此种损害的严重和紧迫威胁的任何一起事件或具有同一起源的一系列事件。

9.“本组织”系指国际海事组织。

10.“1969 年责任公约”系指《1969 年国际油污损害民事责任公约》。就该公约的1976年议定书的缔约国而言，则应视为包括经该议定书修正的《1969年责任公约》。

第三条 1. 除本条第2款和第3款规定外，在事故发生时的船舶所有人，或者，如果该事故系由一系列事件构成，则第一起此种事件发生时的船舶所有人，须对船舶因该事故而造成的任何污染损害负责。

2. 船舶所有人如证明损害系属于以下情况，则不得由其承担油污损害责任；

（a）由于战争行为、敌对行为、内战、暴动，或特殊的、不可避免的和不可抗拒性质的自然现象所引起的损害；或

（b）完全是由于第三方故意造成损害的行为或不作为所引起的损害；或

（c）完全是由于负责维护灯标或其他助航设施管理的政府或其他主管当局在履行该职责时的疏忽或其他错误行为所造成的损害。

3. 如果船舶所有人证明，污染损害完全或部分地是由于遭受损害的人故意造成损害的行为或不作为所引起，或是由于该人的疏忽造成，则船舶所有人可全部或部分地免除对该人所负的责任。

4. 除按照本公约规定外，不可以向船舶所有人提出污染损害赔偿请求。在本条第5款的前提下，不论根据本公约与否，不可以向下列人等提出污染损害赔偿请求：

（a）船舶所有人的雇员或代理人，或船员；

（b）引航员或为船舶提供服务但非属船员的任何其他人；

（c）船舶的任何承租人（不论如何定义，包括光船承租人）、管理人或经营人；

（d）经船舶所有人同意或根据主管公共当局指示进行救助作业的任何人；

（e）采取预防措施的任何人；

（f）第（c）、（d）和（e）项中所述人员的所有雇员或代理人；

除非该损害系由故意造成此种损害或明知可能造成此种损害而轻率地采取的个人行为或不作为造成。

5. 本公约的任何规定不得影响船舶所有人向第三者追偿的权利。

承办人：宋俊文

编写人：宋俊文　王可可

2. 威海某环保服务有限公司诉威海市海某客运有限公司船舶污染损害责任纠纷案

——清污费用的性质及计算

【合规提示】

本案系一起清污公司诉船东船舶污染损害责任纠纷案件，双方对清污防污费用产生争议。对于清污公司而言，应当在开展清污防污行动前与船东签订书面协议并且在协议中对费用计算标准进行明确约定，做好船舶、物资与人员等力量投入及清污防污现场的记录和确认工作。对于船东而言，油污事故发生后应当尽快采取清污防污措施，保存好现场证据，及时结算工程款。

【案件信息】

1. 裁判文书字号

（2023）鲁72诉前调确22号

2. 当事人

原告：威海某环保服务有限公司

被告：威海市海某客运有限公司

3. 关键词

民事　船舶污染损害　司法确认

【裁判要旨】

1. 根据《最高人民法院关于审理船舶油污损害赔偿纠纷案件若干问题的规定》第20条规定，海事事故中清污费用是否为限制性债权，主要在于判断事故船是否为“沉没、搁浅、遇难船舶”。若是，则为非限制性债权；若不是，则为限制性债权。

2. 清污公司在海事部门控制及指挥下开展清污防污应急行动，不宜依据清污公司与船东签订的常规清污协议计算清污防污费用，可以参照交通运输部海事局《船舶油污损害赔偿基金理赔导则》等计算清污费用。

【基本案情】

原告威海某环保服务有限公司（以下简称某环保公司）提出诉讼请求：（1）判令被告赔偿原告船舶防污清污费用共计人民币23 136 031.00元；（2）判令被告向原告支付上述船舶防污清污费用的利息（以23 136 031.00元为基数，按5%的年利率，自2021年8月10日起计算至被告付清之日）；（3）本案的诉讼费用由被告承担。2021年2月28日，原告与被告签订《船舶污染清除协议》，约定原告为被告所属"某富强"轮与"生某2"轮在船舶发生污染事故时开展污染控制和清除行动，由被告支付污染控制和清除费用，并对于船舶污染清除费费率和支付方式等进行约定。协议同时约定，如果原告在完成污染控制和清除行动后2个月内没有收到船舶污染清除费，则自第三个月起被告应当支付年利率最高不超过5%的利息。2021年4月19日，"某富强"轮在威海港码头发生燃爆事故。2021年4月20日，原告立即组织大量人力、物力，按约启动应急抢险及防污清污行动，污染控制和清除行动于2021年6月10日结束，行动期间共产生防污清污费用23 136 031.00元。虽经原告多次催要，但被告至今仍未支付。原告认为被告已构成违约，应依法承担法律责任。

被告辩称：（1）就"某富强"轮4·19火灾事故造成的损失，被告已在青岛海事法院设立非人身伤亡海事赔偿责任限制基金，被告依据《海商法》第207条等规定享有限制赔偿责任的权利；因原告没有及时进行债权登记，视为放弃债权，且无权在被告设立的海事赔偿责任限制基金之外向被告主张权利。（2）原告系在威海市海上搜救中心办公室的要求下执行清污防污应急行动，而非按双方2021年2月28日签订的《船舶污染清除协议》进行清污防污作业。除船舶油污水接收项目外，原告其他项目的索赔没有合同依据。（3）即使原告进行了防污清污作业，被告也仅应按交通运输部海事局《船舶油污损害赔偿基金理赔导则》（2020年修订）、市场实际情况确定原告的作业费用。

2021年2月28日，被告威海市海某客运有限公司与原告某环保公司签订了《船舶污染清除协议》，就"某富强"轮、"生某2"轮应急防备和应急处置事宜及费用达成协议。《船舶污染清除协议》第1条第5款约定甲方应当在协议船舶发生污染事故时，立即通知乙方并组织开展污染控制和清除行动。第 2 条第 7 款约定协议船舶发生污染事故时，乙方应当在甲方的组织下开展污染控制和清除行动。

2021 年 4 月 19 日，“某富强”轮由威海至大连开船不久后发生火灾事故。某环保公司称其派出相应清污力量进行了相应的防污清污行动，但某客运公司一直没有支付相应费用。

2021 年 6 月 24 日，被告某客运公司就涉案火灾事故所造成的损失向青岛海事法院申请设立海事赔偿责任限制基金。原告某环保公司未在法院规定时间内向青岛海事法院申请债权登记。

后双方调解达成一致，并向法院申请进行调解协议确认。

【裁判说理】

争议焦点：（1）海事事故清污防污费用是否为限制性债权；（2）非按照常规清污协议形成的防污行为产生的费用如何计算。

青岛海事法院认为：

1.《最高人民法院关于审理船舶油污损害赔偿纠纷案件若干问题的规定》第 20 条规定：“为避免油轮装载的非持久性燃油、非油轮装载的燃油造成油污损害，对沉没、搁浅、遇难船舶采取起浮、清除或者使之无害措施，船舶所有人对由此发生的费用主张依照海商法第十一章的规定限制赔偿责任的，人民法院不予支持。”海事事故中的防污清污费是否为限制性债权，主要在于判断事故船舶是否为该规定中的“沉没、搁浅、遇难船舶”，如果船舶状态构成“沉没、搁浅、遇难船舶”，则防污清污费用为非限制性债权，清污人有权在基金范围外主张权利；否则为限制性债权，清污人仅能在基金内主张权利，若未进行债权登记，则丧失在基金中分配自己债权的权利。

2. 清污公司在海事部门控制及指挥下开展清污防污应急行动，不宜依据清污公司与船东此前所签订的清污协议向船东主张清污费用。《船舶污染清除协议》适用的情形是当污染事故发生时，原告应被告要求且在被告的组织下开展污染控制和清除行动。鉴于原告进行涉案防污清污作业系根据海事部门的指挥，所以原告不是按该协议实施清污防污作业，该协议在本案无适用条件。

《海洋环境保护法》第 71 条第 1 款规定：“船舶发生海难事故，造成或者可能造成海洋环境重大污染损害的，国家海事行政主管部门有权强制采取避免或者减少污染损害的措施。”第 89 条规定，“造成海洋环境污染损害的责任者，应当排除危害，并赔偿损失”。《国务院防治船舶污染海洋环境管理条例》第 41 条第 1 款规定：“发生船舶污染事故，海事管理机构可以采取清除、打捞、拖航、引航、过驳等必要措施，减轻污染损害。相关费用由造成海洋环境污染的船舶、有关作业单位承担。”原告在海事部门的指挥下，对被告所属“某富强”轮开展了防污清污行动，对因此产生的相关费用应由“某富强”轮船舶所有人，即被告某客运公司承担。原告作为进行清污防污作业的施工方有权就相应费用直接向被告进行主张。因原告无权依据《船舶污染清除协议》向被告主张清污费用，原告与被告就涉案清污费用并无任何合同依据，被告主张依据交通运输部海事局《船舶油污损害赔偿基金理赔导则》（2020 年修订）计算清污费用，法院予以认可。

经承办人向原、被告释明法律观点并经多次沟通调解后，双方达成了调解协议，法院签发民事裁定书确认调解协议有效，案件顺利结案。

【法官后语】

本案系“某富强”轮海事赔偿责任限制基金系列案件之一，因本案主要的争议焦点系涉案债权是否属于限制性债权，能否适用海事赔偿责任限制。通过对《最高人民法院关于审理船舶油污损害赔偿纠纷案件若干问题的规定》的仔细研判，最终确定涉案债权属于非限制性海事债权，原告有权在被告所设立的海事赔偿责任限制基金之外向被告进行主张。同时因双方对于清污费计算标准存在较大差异，承办人在查明涉案防污清污行动指挥主体的情况下，最终确定原告所进行的防污清污行动并非依据原、被告所签订的《船舶污染清除协议》，原告所主张的清污费用可参照适用交通运输部海事局《船舶油污损害赔偿基金理赔导则》（2020 年修订）进行计算。

在查明案件事实、确定法律适用的情况下，经承办人多次调解，最终双方当事人达成了调解协议，法院也依据双方的调解协议出具了民事调解书。被告也按民事调解书内容履行了支付义务。

本案在充分考量及保障双方当事人合法权益的基础上，充分利用诉前调解程序的优势，通过与原、被告双方的充分沟通，最终促成了双方的握手言和。本案涉及船舶污染损害责任纠纷以及海事赔偿责任限制案件中，限制性及非限制性债权的识别、明确在清污方与船东方无合同情况下清污费的计算标准等问题，对清污费用纠纷案件具有良好的示范作用。

【相关法条】

1.《中华人民共和国民事诉讼法》（2021 年 12 月 24 日修正）

第二百零二条 人民法院受理申请后，经审查，符合法律规定的，裁定调解协议有效，一方当事人拒绝履行或者未全部履行的，对方当事人可以向人民法院申请执行；不符合法律规定的，裁定驳回申请，当事人可以通过调解方式变更原调解协议或者达成新的调解协议，也可以向人民法院提起诉讼。

对应新法：

《中华人民共和国民事诉讼法》（2023 年 9 月 1 日修正）

第二百零六条 人民法院受理申请后，经审查，符合法律规定的，裁定调解协议有效，一方当事人拒绝履行或者未全部履行的，对方当事人可以向人民法院申请执行；不符合法律规定的，裁定驳回申请，当事人可以通过调解方式变更原调解协议或者达成新的调解协议，也可以向人民法院提起诉讼。

2.《中华人民共和国海洋环境保护法》（2017 年 11 月 4 日修正）

第七十一条 船舶发生海难事故，造成或者可能造成海洋环境重大污染损害的，国家海事行政主管部门有权强制采取避免或者减少污染损害的措施。

对在公海上因发生海难事故，造成中华人民共和国管辖海域重大污染损害后果或者具有污染威胁的船舶、海上设施，国家海事行政主管部门有权采取与实际的或者可能发生的损害相称的必要措施。

第八十九条 造成海洋环境污染损害的责任者，应当排除危害，并赔偿损失；完全由于第三者的故意或者过失，造成海洋环境污染损害的，由第三者排除危害，并承担赔偿责任。

对破坏海洋生态、海洋水产资源、海洋保护区，给国家造成重大损失的，由依照本法规定行使海洋环境监督管理权的部门代表国家对责任者提出损害赔偿要求。

对应新法：

《中华人民共和国海洋环境保护法》（2023 年 10 月 24 日修订）

第九十条 船舶发生海难事故，造成或者可能造成海洋环境重大污染损害的，国家海事管理机构有权强制采取避免或者减少污染损害的措施。

对在公海上因发生海难事故，造成中华人民共和国管辖海域重大污染损害后果或者具有污染威胁的船舶、海上设施，国家海事管理机构有权采取与实际的或者可能发生的损害相称的必要措施。

第一百一十四条 对污染海洋环境、破坏海洋生态，造成他人损害的，依照《中华人民共和国民法典》等法律的规定承担民事责任。

对污染海洋环境、破坏海洋生态，给国家造成重大损失的，由依照本法规定行使海洋环境监督管理权的部门代表国家对责任者提出损害赔偿要求。

前款规定的部门不提起诉讼的，人民检察院可以向人民法院提起诉讼。前款规定的部门提起诉讼的，人民检察院可以支持起诉。

3.《防治船舶污染海洋环境管理条例》（2018 年 3 月 19 日修订）

第四十一条 发生船舶污染事故，海事管理机构可以采取清除、打捞、拖航、引航、过驳等必要措施，减轻污染损害。相关费用由造成海洋环境污染的船舶、有关作业单位承担。

需要承担前款规定费用的船舶，应当在开航前缴清相关费用或者提供相应的财务担保。

4.《最高人民法院关于审理船舶油污损害赔偿纠纷案件若干问题的规定》（2020 年 12 月 29 日修正）

第二十条 为避免油轮装载的非持久性燃油、非油轮装载的燃油造成油污损害，对沉没、搁浅、遇难船舶采取起浮、清除或者使之无害措施，船舶所有人对由此发生的费用主张依照海商法第十一章的规定限制赔偿责任的，人民法院不予支持。

承办人：郭俊莉

编写人：郭俊莉

3. 青岛某海洋环保服务有限公司诉交某船运有限公司、北某保赔公司船舶污染损害责任纠纷案

——涉外清污协议项下清污行为的性质认定及相关赔偿问题

【合规提示】

本案是一起清污协议项下清污行为的性质认定及相关赔偿案件。原、被告就案涉《船舶污染清除协议》、其项下清污行为的性质和清污费用的赔付方式存在争议。油轮经营者应当在船舶进港前或港外装卸、过驳作业前，采用国家海事管理机构制定公布的明确权利和义务的样本，与符合要求的船舶污染清除单位签订船舶污染清除协议。《船舶污染清除协议》中的强制性条款仅是对法律法规中有关义务的明确，包括第3条费用条款在内的其他条款均为船舶所有人与清污公司自行约定的内容，即清污公司的选择、清污行动的计费及费用的支付方式等其他事项仍然由油轮经营者同清污企业自行约定，最终合同的内容仍然是双方在平等选择、对等协商的基础上自愿达成合意的体现。此外，法律上赋予了受损害人程序上的索赔权，但尚没有法律规定明确油污责任保险人应当承担赔偿责任。专业清污公司为了同更多油轮经营者订立《船舶污染清除协议》，在进行清污费率报价时开展压价竞争行为。这就导致在溢油污染事故发生后，本案中的清污公司最终能够从基金中受偿的金额远远无法覆盖自身清污成本。即使在没有设立油污损害赔偿责任限制基金的情况下，依据该费率计算的清污费用也很难获利。

【案件信息】

1. 裁判文书字号

（2021）鲁72民初1984号

2. 当事人

原告：青岛某海洋环保服务有限公司

被告：交某船运有限公司、北某保赔公司

3. 关键词

民事　船舶污染损害　油污损害　清污协议　合同性质　限制责任

【裁判要旨】

1. 油轮所有人与清污公司根据法律规定采用海事主管机关样本订立的清污协议的合同性质属于民事合同，相应合同项下的清污行为属于民事法律行为，而非行政代履行行为。

2. 涉外案件中，对于清污公司基于清污协议主张的清污损失，船舶所有人及油污责任保险人有权在设立油污损害赔偿责任限制基金的情况下限制赔偿责任。

【基本案情】

“交某”轮，利比里亚籍油轮，被告交某船运有限公司（以下简称交某公司）系该船的船舶所有人。被告北某保赔公司（以下简称北某公司）系“交某”轮油污损害民事责任保险人。

2021 年 4 月 14 日，交某公司与原告青岛某海洋环保服务有限公司（以下简称某海公司）使用中国海事 2014 版样本签订了《船舶污染清除协议》，协议约定有效期为“交某”轮的一个航次，航次期限为 2021 年 4 月 14 日至 2021 年 5 月 1 日。2021 年 4 月 29 日，交某公司与某海公司对上述协议进行展期，航次期限为 2021 年 4 月 29 日至 2021 年 8 月 31 日。

上述协议的样本说明部分记载：（1）协议系根据《船舶污染海洋环境应急防备和应急处置管理规定》第 29 条的规定制定；（2）船舶所有人、船舶管理人或船舶的实际经营人与取得相应资质的船舶污染清除单位，应当根据《防治船舶污染海洋环境管理条例》第 33 条以及《船舶污染海洋环境应急防备和应急处置管理规定》《海事局船舶污染清除协议管理制度实施细则》的有关规定，在船舶作业前或者进出港口前签订船舶污染清除协议；（3）协议中的第 1 条、第 2 条权利义务条款为强制性条款，协议双方不得更改其内容。协议未尽事项，协议双方可另行补充约定，但不得违反国家有关法律、法规、规章规定以及本协议中双方的基本权利义务的约定。

协议的正文部分第 1 条、第 2 条双方权利义务条款，记载内容为双方如何联络开展污染控制和清除行动等；第 3 条费用条款记载了费用支付方式、支付时间及逾期利息等。

关于清污费率，法院查明，合同双方合意采用 ITOPF（国际油轮船东防污染联合会）认可的应急费率，而某海公司经过 ITOPF 审核认可的费率最终于 2021 年 4 月 14 日确定。

2021 年 4 月 22 日，“交某”轮载运货油 145 474.053 吨抵达青岛朝连岛以南水域锚泊，该货油属于《1992 年国际油污损害民事责任公约》(以下简称《1992 年责任公约》）第 1 条第 5 款规定的持久性烃类矿物油。4 月 27 日 0851 时，“交某”轮与“义某”轮发生碰撞事故，事故导致“交某”轮左舷第 2 货舱破损，约 9400 吨船载货油泄漏入海，造成海域污染，构成特别重大船舶污染事故。

经国务院同意，2021 年 8 月 27 日，交通运输部会同生态环境部、农业农村部及山东省人民政府成立青岛“4・27”船舶污染事故调查组，于 2022 年 1 月 21 日出具《青岛“4・27”船舶污染事故调查报告》(以下简称调查报告）。调查报告对于事故责任认定为，基于当事船舶在碰撞事故中的过失对事故发生所起的作用及过失程度，在碰撞事故中，“义某”轮负主要责任，“交某”轮负次要责任。

事故发生后，经交某公司通知，某海公司组织船舶、人员等参与了清污工作，直至 2021 年 6 月 19 日 1700 时，应急响应终止。经青岛海事法院认定，某海公司因案涉溢油事故造成的损失金额共计 42 987 210 元。

青岛海事法院于 2021 年 8 月 18 日作出（2021）鲁 72 民特 252 号民事裁定书，裁定准许北某公司设立责任限制总额 51 535 275 特别提款权的油污损害赔偿责任限制基金（按基金设立之日特别提款权兑人民币汇率折算成人民币）。某海公司就本案主张的清污损失在上述基金中进行债权登记，并被裁定准予。

原告某海公司向青岛海事法院诉请：（1）判令被告交某公司、北某公司向原告支付污染控制和清除费用 5700 万元及相应利息（按照伦敦同业拆借利率加 1% 作为银行贷款利率，自清污作业完成后第三个月开始至被告实际给付之日计算利息）；（2）判令被告交某公司、北某公司承担本案 15 万元的鉴定费用；（3）若法院最终认定原告主张的污染控制和清除费用 5700 万元及相应利息属于限制性债权，则请求判决确认原告对被告交某公司享有的海事债权为 5715 万元及利息（利息以 5700 万元为基数，按照伦敦同业拆借利率加 1% 作为银行贷款利率，自清污作业完成后第三个月开始至被告实际给付之日计算），该债权自被告北某公司设立的“交某”轮油污损害赔偿责任限制基金中分配；（4）判令被告交某公司、北某公司承担本案诉讼费等全部法律费用。

被告交某公司辩称：（1）根据《防治船舶污染海洋环境管理条例》等相关行政法规的规定，任何船舶在进入中国港口前必须与取得相应资质的船舶污染清除单位签署类似的船舶污染清除协议，目的在于遇有紧急情况能够立即开展防污和清污行动。因此，本案所涉协议及某海公司提供的船舶污染应急行动本质上系行政行为，船舶污染清除协议系行政合同，某海公司的清污行为系行政代履行行为，其依据合同提出索赔没有法律依据。（2）某海公司提出的油污清除费用和污染控制费用索赔属于《1992 年责任公约》第 1 条第 6 款规定的合理恢复措施的费用和预防措施费用，属于该公约明确规定的污染损害的范围。同时，鉴于公约优先适用的原则，按照该公约第 3 条第 4 款及第 5 条第 1 款的规定，某海公司只能依据公约向交某公司提出污染损害赔偿请求且交某公司有权对其索赔限制赔偿责任，而不能适用《海商法》中具有合同性质的索赔请求不得限制赔偿责任的规定。

被告北某公司辩称：北某公司作为油污责任保险人已在青岛海事法院成功设立了油污责任限制基金，有权根据《1992 年责任公约》第 5 条第 1 款的规定享受相应的责任限额，同时不应承担基金限额之外的任何赔偿。

【裁判说理】

争议焦点：（1）案涉《船舶污染清除协议》项下清污行为的性质。（2）清污费用的赔付方式。

青岛海事法院认为：本案具有涉外因素，事故泄漏油类属于《1992 年责任公约》第 1 条第 5 款规定的持久性烃类矿物油，按照“公约优先”的原则，本案应优先适用《1992 年责任公约》，对于《1992 年责任公约》没有规定的事项，适用中华人民共和国国内法及司法解释的规定。

某海公司与交某公司签订的《船舶污染清除协议》符合法律、行政法规的规定，该合同依法成立并有效。交某公司在案涉溢油污染发生后，应当承担排除危害的责任，依法采取措施控制和消除污染，但海上溢油应急处置工作专业性极强，委托有能力的专业清污公司是其履行排除危害这一法定义务的必要手段。《船舶污染清除协议》虽系根据我国有关法律法规的要求，采用海事主管机关样本订立，但除涉及双方如何联络开展污染控制和清除行动的部分强制性条款外，包括费用条款在内的其他内容均为某海公司与交某公司协商一致订立，该合同的性质仍属于民事合同。交某公司有关“船舶污染清除协议系行政合同，某海公司的清污行为系行政代履行行为，其依据合同提出索赔没有法律依据”的主张不成立，因此不予支持。“交某”轮发生油污事故后，某海公司依照合同的约定采取的清污防污措施系民事法律行为，对由此发生的合理的污染控制和清除费用有权向交某公司主张。另外，本案中“交某”轮与“义某”轮系船舶互有过失碰撞而引起“交某”轮油类泄漏导致“污染损害”，根据《1992年责任公约》和我国《最高人民法院关于审理船舶油污损害赔偿纠纷案件若干问题的规定》，船舶所有人交某公司应当对因该溢油事故造成的污染损害承担赔偿责任，而某海公司主张的清污费用是基于其采取的清污措施而发生的费用，采取合理的清污措施的费用属于《1992年责任公约》规定的“污染损害”，交某公司作为船舶所有人有权依据公约规定的数额限制赔偿责任。此外，根据《1992年责任公约》和我国《最高人民法院关于审理船舶油污损害赔偿纠纷案件若干问题的规定》等法律规定，北某公司作为油污责任保险人应当承担赔偿责任，并有权在其设立的油污损害赔偿责任限制基金的范围内限制其责任数额。

判决作出后，原告、被告均未上诉。

【法官后语】

我国作为航运大国和重要的石油进口国，近年来，沿海港口船载油类货物运输量逐年增加，随之而来的海上溢油风险亦在逐年增加。因此，为了在海上溢油事故发生后及时处理、降低污染风险，《防治船舶污染海洋环境管理条例》《船舶污染海洋环境应急防备和应急处置管理规定》《海事局船舶污染清除协议管理制度实施细则》等法规、规章、规范性文件中规定，油轮经营者应当在船舶进港前或港外装卸、过驳作业前，采用国家海事管理机构制定公布的明确权利和义务的样本，与符合要求的船舶污染清除单位签订船舶污染清除协议。在污染事故发生后，油轮经营者应当通知该船舶污染清除单位，并根据应急预案采取污染控制和措施。这一制度使海上溢油事故的及时、专业处置得到保障，但在后续费用的索赔问题上，却因有关法律规定的不明确，导致在司法实务中出现事实认定和法律适用的难点。以下，笔者将结合本案案情，对有关事实认定及法律适用进行分析。

一、清污协议及清污行为的性质认定

本案中，《船舶污染清除协议》系依据我国法律、法规订立，合同中权利义务条款的内容为海事主管机关统一制定公布且不可更改的强制性条款，因此就有观点认为该合同并不属于民事合同，而是海事主管部门出于保护海洋环境的公共管理目的与油轮经营者订立的行政合同，而清污公司在事故发生后的应急清污行为，应认定属于行政代履行行为。

笔者认为，合同目的为公共利益仅仅是行政合同的特征之一。想要区分民事合同与行政合同，需要综合合同主体、合同成立的原则以及合同的履行、变更和解除等内容，进行多角度分析与认定。

在合同主体方面，民事合同的当事人应当处于平等法律地位，双方在订立合同时，会从自身利益出发，通过不断协商，力图实现各自利益的最大化；而行政合同的当事人应当有一方为行政主体，其在行政合同关系中享有优益权，双方的权力地位并不平等。在合同成立原则方面，民事合同受到契约自由这一民法原则的保护，合同项下双方的权利义务往往处于大体均等状态；而行政合同的订立是为了实现作为合同主体的行政机关的行政管理职能，在合同的具体条款中可能存在行政特权条款。在合同的履行、变更或解除方面，民事合同的双方当事人应当严格按照约定履行，不得随意变更或解除；而行政合同中的行政机关则可以出于国家行政管理需要，在一定情形下依法享有变更或解除合同的权利。对于涉外清污协议而言，合同的主体是清污企业和域外油轮经营者，二者均为民事主体。结合本案中采用的中国海事 2014 版样本《船舶污染清除协议》的具体条款可知，强制性条款为协议正文中第 1 条、第 2 条的基本权利义务条款，其具体内容为双方如何联络开展污染控制和清污行动。交某公司作为域外油轮的船舶所有人，在我国进行货油运输活动，需要承担根据我国《海洋环境保护法》等法律、法规规定的溢油污染发生后及时采取措施控制和消除污染的责任。但是海上溢油应急处置工作专业性极强，交某公司并不具备在事故发生后开展相关工作的设备和技术能力，因此委托有能力、有资质的专业清污公司是其履行排除危害这一法定义务的必要手段，《船舶污染清除协议》中的强制性条款仅是对法律法规中有关义务的明确，包括第 3 条费用条款在内的其他条款均为船舶所有人与清污公司自行约定的内容，即清污公司的选择、清污行动的计费及费用的支付方式等其他事项仍然由油轮经营者同清污企业自行约定，最终合同的内容仍然是双方在平等选择、对等协商的基础上自愿达成合意的体现。本案审理过程中，法院也查明在合同磋商签订阶段，交某公司与某海公司从各自公司利益出发，对费用费率等合同主要内容展开了协商约定，合同双方都不具有任意变更和解除合同等特权。可见，无论是合同主体、订立原则还是具体条款，清污合同都是两个处于平等地位的民事主体基于契约自由原则订立的权利义务对等的民事合同。清污企业作为合同主体，基于该民事合同约定开展的清污行为也自然属于民事法律行为。

二、船舶所有人是否有权就清污合同项下费用主张限制赔偿责任

本案中，某海公司主张其系依据《船舶污染清除协议》提起本案诉讼，交某公司应当依照合同约定的金额和期限向其支付开展清污工作产生的费用，在其支付后，交某公司可以再依据《1992 年责任公约》和我国《最高人民法院关于审理船舶油污损害赔偿纠纷案件若干问题的规定》，将该部分费用作为其主动为防止、减轻油污损害而支出的合理费用参与油污损害赔偿责任限制基金的分配。此外，某海公司还主张，《海商法》第十一章海事赔偿责任限制中的第 207 条规定了涉及责任人以合同约定支付的报酬，责任人不得主张限制赔偿责任。

笔者认为，与传统民法理论中的侵权责任赔偿制度不同，船舶油污损害责任限制制度作为一种特殊制度，免除了责任人在一项限额之外的损害赔偿责任。《1992 年责任公约》规定的油污损害赔偿责任限制这一特殊民事赔偿制度，其设立目的就是对船舶所有人与油污损害受害人的权利义务进行合理的平衡，配合强制保险制度，在保证相关损失得到适当赔偿的同时，让作为责任人的船舶所有人能够将赔偿责任限制在一定范围内而不至于无法负担。从《1992 年责任公约》设置的体系来看，基于一次油污事故发生的所有污染损害都涵盖和限定在油污损害赔偿责任限制基金中，没有例外。从这一立法目的出发，基于合同开展的清污行为，其本质仍属于为防止或减轻污染损害采取的措施，属于“污染损害”范畴。《海商法》第 207 条第 2 款的规定适用于一般海事赔偿责任限制，而不适用于油污损害赔偿责任限制。

因此，对于和域外油轮所有人订立清污协议的清污企业，无论是依据清污协议还是《1992 年责任公约》中有关“污染损害”的规定，均可向船舶所有人索赔，但依据《1992 年责任公约》的规定，在已经设立油污损害责任限

制基金的情况下，域外油轮所有人有权限制赔偿责任。

三、油污责任保险人是否应当向受损害人承担赔偿责任

《1992 年责任公约》第 7 条第 8 款规定，对油污损害的任何索赔，可向承担船舶所有人油污损害责任的保险人或提供财务担保的其他人直接提出；我国《海事诉讼特别程序法》第 97 条规定，对船舶造成油污损害的赔偿请求，受损害人可以直接向承担船舶所有人油污损害责任的保险人或者提供财务保证的其他人提出。上述法律规定仅仅表述为“可以提出索赔”，即法律上赋予了受损害人程序上的索赔权，但尚没有法律规定明确油污责任保险人应当承担赔偿责任。本案基于上述规定的立法目的，判决油污责任保险人应当向受损害人承担赔偿责任，并在其设立油污损害赔偿责任限制基金的前提下，判决其有权限制赔偿责任。

四、《船舶污染清除协议》约定费率的有关反思

在事实查明阶段，本案暴露出了当前我国海上清污行业存在的诸多问题。其中就包括我国的专业清污公司，为了同更多油轮经营者订立《船舶污染清除协议》，在进行清污费率报价时开展压价竞争行为。本案中某海公司与同系列案件上海某专业清污公司提交的费率，虽同样经过国际油轮船东防污染联合会（ITOPF）审核，但二者在同类项目上的约定费率却相差巨大，这就导致在溢油污染事故发生后，某海公司最终能够从基金中受偿的金额远远无法覆盖自身清污成本。即使在没有设立油污损害赔偿责任限制基金的情况下，依据该费率计算的清污费用也很难获利。这种行业内压价竞争行为，不仅会对有关清污企业产生影响，还将严重阻碍我国专业清污行业的健康发展，进而威胁我国海洋环境安全。因此，各清污公司应当以本案审理结果为导向，在《船舶污染清除协议》签订过程中采用合理的费率进行报价；更主要的是，清污行业内部和国家主管机关，应当积极制定并公布可参考适用的清污费率的行业标准和国家标准，使我国清污行业的清污费率定价权不依赖于外国行业协会，从而推进专业清污行业健康发展，为我国海洋环境安全提供更加完善的保障。

本案判决为全国首例对域外油轮所有人根据法律规定采用海事主管机关样本与清污公司订立的清污协议和清污行为的性质以及合同项下清污费用的限制性与否作出认定的生效判决，且是首例就油污责任保险人向受损害人承担赔偿责任予以明确的判决。案涉“交某”轮溢油事故是中华人民共和国成

立以来最大的溢油污染系列案件。本案涉及的法律关系复杂、争议巨大，同时涉及国际公约《1992 年责任公约》的适用，但是最终判决结果得到了各方当事人的充分认可。本案对域外油轮所有人根据法律规定采用海事主管机关样本订立的涉外清污协议和清污行为的定性以及合同项下费用索赔的限制性认定等问题进行了充分解答。其顺利审结，将对有关国际公约的正确适用、推进我国海上清污行业的健康发展和海洋环境保护产生极大的积极作用。

【相关法条】

1.《中华人民共和国海事诉讼特别程序法》（2000 年 7 月 1 日施行）

第九十七条 对船舶造成油污损害的赔偿请求，受损害人可以向造成油污损害的船舶所有人提出，也可以直接向承担船舶所有人油污损害责任的保险人或者提供财务保证的其他人提出。

油污损害责任的保险人或者提供财务保证的其他人被起诉的，有权要求造成油污损害的船舶所有人参加诉讼。

2.《最高人民法院关于审理船舶油污损害赔偿纠纷案件若干问题的规定》（2020 年 12 月 29 日修正）

第四条 船舶互有过失碰撞引起油类泄漏造成油污损害的，受损害人可以请求泄漏油船舶所有人承担全部赔偿责任。

第九条 船舶油污损害赔偿范围包括：

（一）为防止或者减轻船舶油污损害采取预防措施所发生的费用，以及预防措施造成的进一步灭失或者损害；

（二）船舶油污事故造成该船舶之外的财产损害以及由此引起的收入损失；

（三）因油污造成环境损害所引起的收入损失；

（四）对受污染的环境已采取或将要采取合理恢复措施的费用。

第十七条 船舶油污事故造成环境损害的，对环境损害的赔偿应限于已实际采取或者将要采取的合理恢复措施的费用。恢复措施的费用包括合理的监测、评估、研究费用。

第二十一条第一款 对油轮装载持久性油类造成的油污损害，船舶所有人，或者船舶油污责任保险人、财务保证人主张责任限制的，应当设立油污损害赔偿责任限制基金。

3.《1992年国际油污损害民事责任公约》

第一条第5款 “油类”系指任何持久性烃类矿物油，如原油、燃料油、重柴油和润滑油，不论是在船上作为货物运输还是在此种船舶的燃料舱中。

第一条第6款 “污染损害”系指……

（b）预防措施的费用及因预防措施造成的进一步损失或损害。

第三条第1款 除本条第2款和第3款规定外，在事故发生时的船舶所有人，或者，如果该事故系由一系列事件构成，则第一起此种事件发生时的船舶所有人，须对船舶因该事故而造成的任何污染损害负责。

第三条第2款 船舶所有人如证明损害系属于以下情况，则不得由其承担油污损害责任：

……

（b）完全是由于第三方故意造成损害的行为或不作为所引起的损害。

……

第五条第1款 对于任何一次事故，船舶所有人有将本公约对其规定的赔偿责任限制在以下列方式计算得出的合计数额：

（a）对于不超过5000吨位单位的船舶为451万计算单位；

（b）对于超过5000吨位单位的船舶，除第（a）项所述者外，每增加1吨位单位，另加631计算单位。

但该合计数额在任何情况下不得超过8977万计算单位。

第七条第8款 对油污损害的任何索赔，可向承担船舶所有人油污损害责任的保险人或提供财务担保的其他人直接提出。在这种情况下，即使船舶所有人无权按照第五条第2款限制其赔偿责任，被告人仍可利用第五条第1款中规定的责任限额……

承办人：刘小娜

编写人：刘小娜　樊羽萌　原浩洋

4. 车某某诉莱阳市某水产科技开发服务有限公司、徐某海上污染损害责任纠纷案

——海洋污染案件中养殖户索赔权利的认定和举证责任的分担

【合规提示】

本案系一起原告主张被告所有的船舶发生燃油泄漏导致原告承包的养殖海域受到污染，进而要求赔偿经济损失的案件。根据《民法典》第 1229 条、第 1230 条的规定，海上污染案件采取因果关系举证倒置。当发生此类纠纷时，被侵权人应当就被告实施了污染行为、该行为使自己受到损害之事实承担举证责任，并提交污染行为与损害之间可能存在因果关系的初步证据。对于被告而言，其应当就法律规定的不承担责任或者减轻责任的情形（采取人力清捞、投放吸油毡等防污措施）以及行为与损害之间不存在因果关系承担举证责任。

【案件信息】

1. 裁判文书字号

（2018）鲁 72 民初 224 号、（2019）鲁民终 2853 号

2. 当事人

原告：车某某

被告：莱阳市某水产科技开发服务有限公司、徐某

3. 关键词

民事　船舶污染损害　侵权责任　民事权益　举证责任

【裁判要旨】

1. 在海上污染案件中，海域使用权证与养殖证“两证”不齐全的情形不能影响原告行使索赔权。我国《侵权责任法》强调的保护范围为“民事权益”而非仅局限于“民事权利”，换言之，民事利益在一定条件下也是可以获得保护的，以“两证”不全为由否定其享有养殖权利，并不是妥当的处理方法。

2. 环境侵权案件中对因果关系成立的认定适用“初步证据—举证责任倒置”的次序。被侵权人需要证明污染者的排污行为、被侵权人受有损失，同时，被侵权人仍需对污染行为使自己受到损害的事实承担初步举证责任。换言之，被侵权人应提供证据证明污染者排放的污染物与损害之间具有“关联性”，即只需提供因果关系存在的可能性即可。在提交初步证据后，再由被告承担因果关系举证倒置责任。

【基本案情】

在车某某诉莱阳市某水产科技开发服务有限公司（以下简称某水产公司）、徐某海上污染损害责任纠纷一案中，原告提出诉讼请求，请求判令：（1）两被告连带赔偿原告经济损失 1 585 600 元；（2）两被告承担本案诉讼费用。两被告当庭共同辩称：原告所称损失不能证明是两被告船舶漏油所致，两被告不同意赔偿。

青岛海事法院查明案件事实如下：原告与案外人签订《海域滩涂使用转让合同》，有偿使用案外人承包的某浅海滩涂。2017 年 5 月 9 日，停泊在海阳市东海渔港外侧分属被告某水产公司和徐某所有的三艘船舶因风浪导致脱锚，触碰防护坝搁浅后，船上零号柴油发生泄漏。两被告在事故发生后，立即采取了防污措施清理海面上泄漏的燃油，海阳市渔港监督站接到报案后进行了实地调查。

原告主张的养殖区域紧邻东海渔港码头东北侧，两被告所属渔船搁浅位置在渔港码头南侧。根据原告陈述，养殖物在发生污染后直接全部死亡，无法进行减损。除原告陈述外，其提交的部分照片仅显示海滩上有轻微油污痕迹，同时海滩上有部分数量蛤蜊皮及垃圾并存。原告出庭证人证明他们卖给原告的苗种数额共计 1 528 000 元。2017 年 9 月 13 日，山东某资产评估事务所受原告委托出具了《车某某拟了解部分资产价值项目资产评估报告》，并特别说明“本次评估过程中，应委托方要求按全部投入苗种全部死亡计算”，鉴定意见中苗种价值即为证人所出具的证明苗种数额与人工费之和。

【裁判说理】

争议焦点：原告所属滩涂养殖物是否受到两被告所属船舶漏油事故影响

造成损害以及损失数额如何确定。

原告主张海域滩涂养殖损害，首先应证明其养殖的合法性，合法利益受法律保护。根据《海域使用管理法》第3条的规定，单位和个人使用海域，必须依法取得海域使用权。根据《渔业法》第11条的规定，单位和个人使用国家规划确定用于养殖业的全民所有的水域、滩涂的，使用者应当向县级以上地方人民政府渔业行政主管部门提出申请，由本级人民政府核发养殖证，许可其使用该水域、滩涂从事养殖生产。原告车某某只提交了海域使用权证，但未提交养殖证，其养殖的合法性尚不足以证明。

《侵权责任法》第65条规定："因污染环境造成损害的，污染者应当承担侵权责任。"原告虽然不能证明其养殖的合法性，但其因本次油污事故产生的合法成本损失，侵权方仍应赔偿。

原告主张其于2016年1月购买的价值1 024 000元黄蛤苗以及于2016年11月购买的价值504 000元蛏子苗全部死亡，并以山东某资产评估事务所出具的《车某某拟了解部分资产价值项目资产评估报告》予以佐证。但是，该报告明确说明其评估系根据原告要求按照全部投入苗种全部死亡进行，所以，该报告中的苗种价值并非是山东某资产评估事务所对实物进行现场勘验后得出的意见，而只是对原告主张数额进行的确认；而且资产评估事务所没有对养殖海损进行鉴定的资质，对原告提交的《车某某拟了解部分资产价值项目资产评估报告》的效力法院不予认定。

两被告对所属船舶因走锚搁浅导致燃油泄漏的事实并不否认，鉴于原告养殖海域紧邻涉案渔船漏油区域，根据实际地理位置可以认定两被告所属船舶泄漏的燃油有部分随风浪到达了原告承包的海域滩涂，根据《侵权责任法》第66条"因污染环境发生纠纷，污染者应当就法律规定的不承担责任或者减轻责任的情形及其行为与损害之间不存在因果关系承担举证责任"的规定，两被告不能举证存在免责事由也未能举证所属渔船漏油与原告主张的损害结果不存在因果关系，所以，两被告应当就污染造成的损害承担相应赔偿责任。但就原告主张的赔偿金额，应当结合案情予以合理认定。

两被告所属船舶最终搁浅在渔港码头南侧，所泄漏燃油沿着码头随风浪漂移，原告紧邻码头的海域应为受到油污影响最严重区域，这也与原告陈述相一致，而该水域的实际面积以及养殖密度原告并未完成举证，法院依据常理认定其养殖均匀分布在360亩海域中；原告提供的照片证据不能证明其全部养殖海域被泄漏的燃油覆盖，而两被告在所属渔船发生燃油泄漏后，采取了相应防护措施，防止了损害事故的扩大；考虑到其养殖主要分布在低潮线以下水底，且原告亦未证明养殖物在污染发生后立即发生死亡不能进行减损。法院根据现有查明事实，以原告出庭证人所证明的苗种金额为基础，酌定原告主张的苗种损失的15%，即229 200元为两被告应承担的赔偿数额。

上诉人上诉后，山东省高级人民法院判决驳回上诉、维持原判。

【法官后语】

在海洋污染案件中，以受到污染为由主张财产损害赔偿请求权的主体一般为使用海域从事渔业生产的渔民，如养殖户等群体。就这些群体是否具有合法权利问题，直接影响到其是否有权提起诉讼。在正常情况下，养殖权需要海域使用权证与养殖证“两证”齐全，但是从海事审判实践来看，在海上污染案件中，大量存在“两证”不全的情形。尽管相关法律规定了“两证”要求，但是否具备“两证”，并非原告行使索赔权的必要条件。我国《侵权责任法》强调的保护范围为“民事权益”而非仅局限于“民事权利”，民事利益在一定条件下也是可以获得保护的，这也就意味着养殖户享有诉权。

海上污染案件采取因果关系举证倒置，适用我国《侵权责任法》第66条之规定。在实践中，人民法院适用因果关系举证倒置裁判案件并不存在争议。但随着审判实践中各类环境污染案件的积累丰富，另一个争议问题逐渐产生：因果关系倒置是否意味着被侵权人完全不需就因果关系的存在举出任何证据？随着审判实践的逐步发展，司法裁判并未完全遵循因果关系举证“绝对倒置”这一严格路径操作，而逐步发展出“初步证明”主义。换言之，被侵权人仍需对污染行为使自己受到损害的事实承担初步举证责任。被侵权人应提供证据证明污染者排放的污染物与损害之间具有“关联性”，在提交初步证据后，再由被告承担因果关系举证倒置责任。

【相关法条】

1.《中华人民共和国侵权责任法》（2021年1月1日废止）

第八条 二人以上共同实施侵权行为，造成他人损害的，应当承担连带责任。

第六十五条 因污染环境造成损害的，污染者应当承担侵权责任。

第六十六条 因污染环境发生纠纷，污染者应当就法律规定的不承担责任或者减轻责任的情形及其行为与损害之间不存在因果关系承担举证责任。

对应新法：

《中华人民共和国民法典》（2021年1月1日施行）

第一千一百六十八条 二人以上共同实施侵权行为，造成他人损害的，应当承担连带责任。

第一千二百二十九条 因污染环境、破坏生态造成他人损害的，侵权人应当承担侵权责任。

第一千二百三十条 因污染环境、破坏生态发生纠纷，行为人应当就法律规定的不承担责任或者减轻责任的情形及其行为与损害之间不存在因果关系承担举证责任。

2.《中华人民共和国民事诉讼法》（2017年6月27日修正）

第六十四条第一款 当事人对自己提出的主张，有责任提供证据。

对应新法：

《中华人民共和国民事诉讼法》（2023年9月1日修正）

第六十七条第一款 当事人对自己提出的主张，有责任提供证据。

3.《最高人民法院关于审理环境侵权责任纠纷案件适用法律若干问题的解释》（2023年9月1日废止）

第六条 被侵权人根据侵权责任法第六十五条规定请求赔偿的，应当提供证明以下事实的证据材料：

（一）污染者排放了污染物；

（二）被侵权人的损害；

（三）污染者排放的污染物或者其次生污染物与损害之间具有关联性。

对应新法：

《最高人民法院关于审理生态环境侵权责任纠纷案件适用法律若干问题的解释》（2023年9月1日施行）

第二十二条 被侵权人请求侵权人赔偿因污染环境、破坏生态造成的人身、财产损害，以及为防止损害发生和扩大而采取必要措施所支出的合理费用的，人民法院应予支持。

《中华人民共和国民法典》（2021年1月1日施行）

第一千二百三十条 因污染环境、破坏生态发生纠纷，行为人应当就法律规定的不承担责任或者减轻责任的情形及其行为与损害之间不存在因果关系承担举证责任。

承办人：吕延铭

编写人：孙学燕

5. 贺某某诉某菲石油中国有限公司、某海洋石油公司海上污染损害责任纠纷案

——海洋环境污染纠纷中侵权责任的举证分配

【合规提示】

本案是一起海洋环境侵权责任纠纷案件。原告养殖户诉被告石油公司海上污染损害赔偿。双方对原告从事养殖活动的合法性、养殖物是否受损和损失数额以及蓬莱某油田溢油事故与原告诉称的养殖损失之间是否具有关联性存在争议。海上环境侵权案件无论是当事人取证，还是法院认证，难度都较大。广大渔民从事海上养殖应依法办理“两证”，即海域使用权证和养殖证，合法养殖，在养殖权利受到侵害时可通过油指纹分析鉴定、卫星遥感技术取证、委托环境监测机构提供监测数据报告、向海洋环境保护行政主管部门报告等方式有效保存证据，以最大限度保护权利。

【案件信息】

1. 裁判文书字号

（2015）青海法海事初字第 199 号

2. 当事人

原告：贺某某

被告：某菲石油中国有限公司、某海洋石油公司

3. 关键词

民事　海上污染损害　环境侵权　举证责任

【裁判要旨】

海上环境侵权案件无论是当事人取证，还是法院认证，难度都较大。审理海洋环境侵权责任纠纷案件，重点是如何正确理解适用《最高人民法院关于审理环境侵权责任纠纷案件适用法律若干问题的解释》第6条的规定以及如何分配环境侵权责任案件的举证责任。

【基本案情】

贺某某向青岛海事法院提出诉讼请求：（1）判令某菲石油中国有限公司（以下简称某菲公司）和某海洋石油公司（以下简称某海油公司）连带赔偿因环境污染给其造成的经济损失120万元。（2）判令某菲公司和某海油公司承担诉讼费用。

某菲公司辩称，贺某某的起诉或诉讼请求应当予以驳回。主要理由：（1）贺某某主张蓬莱某油田溢油事故造成其养殖损失，但未提交海域使用权证和养殖证，因此，其不具有合法的养殖权利，无权提起索赔。（2）贺某某提交的证据既不能证明其养殖物遭受损失的事实，也不能证明损失的具体数额，其诉称的损失不应得到认定。（3）贺某某未能证明蓬莱某油田溢油事故与其主张损害之间具有关联性，而某菲公司和某海油公司提交的证据能够证明蓬莱某油田溢油未到达贺某某指称的养殖区域，蓬莱某油田溢油事故与贺某某诉称的损失之间不具有法律上的因果关系。山东省被排除在《关于解决蓬莱某油田溢油事故渔业损失赔偿和补偿问题的协议书》的范围之外是合理的。（4）贺某某未能证明其适时提起了诉讼，其起诉已经超出了诉讼时效期间。

某海油公司辩称，贺某某的诉讼请求应当予以驳回。主要理由：（1）贺某某未提交海域使用权证和养殖证，其对指称的养殖区域没有合法的养殖权利，无权提起任何索赔。（2）贺某某索赔的养殖损失没有事实和法律依据，不应得到法院的支持。（3）蓬莱某油田溢油事故的污染物并未到达贺某某指称的养殖区域，与其诉称的损失没有因果关系。（4）某海油公司不是蓬莱某油田溢油事故的责任者，贺某某无权向其提起索赔。

青岛海事法院根据审查认定的证据，结合庭审情况，认定案件事实如下：

2011 年 6 月 4 日和 17 日，位于渤海中南部的蓬莱某油田 B 平台和 C 平台 C20 井先后发生溢油事故，造成渤海海域污染。该油田以对外合作方式由某海油公司与某菲公司合作勘探开发，某海油公司拥有 51% 的权益，某菲公司拥有 49% 的权益，双方组成联合管理委员会，审查批准该油田开发中的重要事项。

2011 年 7 月中下旬，在辽宁绥中东戴河、河北唐山浅水湾、河北秦皇岛昌黎黄金海岸岸滩发现油污。2011 年 9 月，国家海洋局北海环境监测中心出具《蓬莱某油田溢油岸滩及近岸海域调查报告》，载明上述油污来自蓬莱某油田 B 平台和 C 平台。

2011 年 8 月 18 日，由国家海洋局牵头，国土资源部、环境保护部、交通运输部、农业部、安全生产监督管理总局、能源局参加，成立了蓬莱某油田溢油事故联合调查组，对溢油事故发生的原因、性质、责任以及污染损害等情况进行调查。2012 年 6 月 21 日，联合调查组发布了《联合调查组报告》，该报告认为：某菲公司在作业过程中违反了油田总体开发方案，在制度和管理上存在缺失，对应当预见到的风险没有采取必要的防范措施，最终导致溢油；蓬莱某油田溢油事故是造成重大海洋溢油污染的责任事故；按照签订的对外合作合同，某菲公司作为该油田的作业者承担溢油事故的全部责任；溢油事故造成蓬莱某油田周边及其西北部面积约 6200 平方公里的海域海水污染；溢油事故造成蓬莱某油田周边及其西北部海底沉积物受到污染；2011 年 7 月中下旬在辽宁绥中东戴河岸滩、河北唐山浅水湾岸滩、河北秦皇岛昌黎黄金海岸岸滩发现油污，在以上区域采集的油样经油指纹分析鉴定，均与蓬莱某油田溢油油指纹一致；溢油事故致使蓬莱某油田周边及其西北部受污染海域的海洋浮游生物种类和多样性明显降低，生物群落结构受到影响。对比该报告所附《蓬莱某油田溢油事故海水污染范围图》，贺某某所指称的养殖区不在受污染海域范围内。

2012 年 4 月，国家海洋局北海分局与某菲公司、某海油公司签订了海洋生态损害赔偿补偿协议，约定某菲公司和某海油公司总计支付人民币 16.83 亿元，用于渤海海洋生态建设与环境保护、渤海入海石油类污染物减排、受损海洋生境修复、溢油对海洋生态影响的监测和研究等。2014 年 4 月 30 日，财政部根据国家海洋局致函，发放了第一批生态损害赔偿资金共计 6.41 亿元人民币，其中山东省获得 1.76 亿元。

农业部经过行政协调，与某菲公司、某海油公司以及有关省级人民政府就解决蓬莱某油田溢油事故渔业损失赔偿和补偿问题，达成一致意见：某菲公司出资人民币 10 亿元，用于解决河北省、辽宁省部分区县养殖生物和渤海天然渔业资源损害赔偿补偿问题；某菲公司、某海油公司分别从海洋环境与生态保护基金中列支人民币 1 亿元和 2.5 亿元，用于天然渔业资源修复和养护等方面工作。农业部制定了渔业资源养护与渔业生态修复总体方案和有关管理办法，计划用 3 年时间修复渤海因溢油污染受损的渔业资源。2012 年，农业部和河北、辽宁、天津、山东四省、市人民政府联合启动了渤海渔业资源修复行动，向渤海投放各类水生生物苗种 34 亿尾。

2017 年 3 月 28 日，国家海洋局北海分局向法院出具《关于调取证据的复函》表明：蓬莱某油田溢油处置中，该分局会同环渤海地方海洋部门，共采集油污样品 105 批次，符合分析鉴定要求的油污样品 294 个；该分局根据卫星遥感数据解译形成了《卫星遥感解译图》。该分局以复函附件的形式向本院提供了 105 份鉴定报告及 55 份卫星遥感解译图。其中，鉴定日期自 2011 年 6 月至 2013 年 7 月的 105 份鉴定报告显示：（1）国家海洋局北海环境监测中心在蓬莱某油田附近海面、海底采样送检 16 次共计 63 个样品，经鉴定 53 个样品与蓬莱某油田原油样品油指纹一致，1 个样品为与蓬莱某油田溢油不一致的原油，9 个样品为燃料油；在青岛团岛采样送检 1 次 3 个，在东营采样送检 1 次 1 个，经鉴定均为燃料油。（2）烟台市海洋环境监测预报中心在长岛北长山岛、南长山岛、大钦岛、小钦岛、大黑山岛、小黑山岛、南隍城岛、砣矶岛、庙岛采样送检 15 次 62 个样品，经鉴定 8 个样品为与蓬莱某油田溢油不一致的原油，54 个样品为燃料油；在蓬莱采样送检 4 次 10 个，在龙口采样送检 2 次 4 个，在招远采样送检 2 次 2 个，在莱州采样送检 2 次 3 个，在芝罘崆峒岛采样送检 1 次 1 个，经鉴定均为燃料油。（3）东营市海洋与渔业局在东营垦利采样送检 1 次 1 个，经鉴定为燃料油。（4）某县海洋与渔业局在小钦岛采样送检 1 次 2 个，经鉴定为燃料油。根据上述报告内容，国家海洋局北海环境监测中心及相关地方海洋部门在山东近海和岸滩共采集送检油污样品 89 个，经鉴定均与蓬莱某油田油样不一致。

2017 年 6 月 6 日，国家海洋局北海分局向法院出具《关于协助调查函相关情况的复函》表明：本次溢油事故溢油量难以估算，溢油事故的两个溢油源均位于海底，B平台溢油是从地底溢出，C平台溢油是井涌侧漏，溢油流速不均匀，目前国内外均没有较好的技术对这类溢油进行溢油量估算；国家海洋局组织直属及环渤海地方海洋监测机构开展了全方位立体化海洋环境监视监测，通过船舶巡航、飞机监视、卫星遥感监测、溢油雷达监测、水下机器人探测、浮标监测、岸滩巡视等手段，充分掌握了此次溢油事故的发生发展过程和对海洋生态环境的影响；经统计，蓬莱某油田溢油事故中，某菲公司使用消油剂总剂量37.1桶，共6307公斤。

某菲公司委托山东海事司法鉴定中心，鉴定蓬莱某油田溢油事件是否对山东省所辖的近岸海域和岸滩环境造成污染影响。2017年3月30日，山东海事司法鉴定中心出具《司法鉴定意见书》，意见为：蓬莱某油田溢油事件的溢油没有到达山东近岸海域或者岸滩，对山东近岸海域和岸滩环境未造成污染影响。

【裁判说理】

争议焦点：（1）贺某某从事养殖活动的合法性、养殖物是否受损以及损失数额；（2）蓬莱某油田溢油事故与贺某某诉称的养殖损失之间是否具有关联性；（3）贺某某的起诉是否超过了诉讼时效期间；（4）某海油公司是否应对蓬莱某油田溢油事故承担连带赔偿责任。

青岛海事法院认为：

一、关于贺某某从事养殖活动的合法性、养殖物是否受损以及损失数额

根据《海域使用管理法》第3条的规定，单位和个人使用海域，必须依法取得海域使用权。根据《渔业法》第11条的规定，单位和个人使用国家规划确定用于养殖业的全民所有的水域、滩涂的，使用者应当向县级以上地方人民政府渔业行政主管部门提出申请，由本级人民政府核发养殖证，许可其使用该水域、滩涂从事养殖生产。贺某某提交了证明牟平区某海产品养殖场拥有海域使用权的不动产权证，但未能提交证明其系该养殖场经营人的有效证据，也未提交海域使用权证和养殖证，其提交的村委会证明只能证明养殖的事实，不足以证明养殖的合法性，因此，其关于赔偿养殖收入的请求不应得到支持。

贺某某为证明其养殖损失，提交了9段视频、6页照片、26份律师调查问卷、购买苗种收据、养殖户损失登记表、养殖区域示意图。但上述证据中，

视频、照片仅能显示沿海养殖场景，不能反映其是不是在贺某某指称的养殖区域内拍摄或录制；律师调查问卷中养殖户提到的损失情况，均无具体损失的计算方法和依据；购买苗种收据，只能证明贺某某曾购买过苗种，不能证明投放时间、地点和数量；养殖户损失登记表、养殖区域示意图系贺某某单方制作，性质上属于当事人陈述，不能单独作为定案依据，由于贺某某未提供其他证据予以佐证，法院对其证明力不予认定。贺某某未能充分举证证明其养殖物的受损范围及具体金额，其关于赔偿养殖损失的主张不能成立。

二、蓬莱某油田溢油事故与贺某某诉称的养殖损失之间是否具有关联性

《侵权责任法》第 65 条规定："因污染环境造成损害的，污染者应当承担侵权责任。"《最高人民法院关于审理环境侵权责任纠纷案件适用法律若干问题的解释》第 6 条规定："被侵权人根据侵权责任法第六十五条规定请求赔偿的，应当提供证明以下事实的证据材料：（一）污染者排放了污染物；（二）被侵权人的损害；（三）污染者排放的污染物或者其次生污染物与损害之间具有关联性。"贺某某以被侵权人身份提出索赔请求，应当举证证明案涉溢油事故与其诉称的损失之间具有关联性。

贺某某为证明蓬莱某油田溢油造成其养殖损失，提供了照片、视频、律师调查问卷、财政部网站网页报道等证据。虽然有关照片和视频能够显示在拍摄或录制现场存在成分不明的疑似黑色油渣、油渍、块状油污，律师调查问卷的被调查人也均表示 2011 年在渤海发现了油污，但以上证据均未表明上述疑似油渣、油渍或块状油污系来自蓬莱某油田的溢油。贺某某提交的财政部网站《关于下达蓬莱某油田事故生态损害赔偿资金预算（第一批）的公示》及附件《蓬莱某油田溢油事故赔偿资金的分配表》的网页报道仅能证明山东省从财政部获得第一批生态损害赔偿资金 1.76 亿元。根据国家海洋局北海分局与某菲公司、某海油公司签订的海洋生态损害赔偿补偿协议的约定，有关生态损害赔偿资金的实际使用会超出事故受污染区域而面向更广大的渤海区域，故不能根据财政部向山东省划拨上述资金的事实推定包括贺某某所指称养殖区在内的山东近海及岸滩在事故污染区域内。而本案各方当事人均提交的《联合调查组报告》及其所附图片表明：蓬莱某油田溢油的污染海域未包括山东沿海养殖功能区，贺某某指称的养殖区不在该污染海域内；受污染沉积物所在海域小于并包含在海水环境受污染海域范围内，与贺某某所指称的养殖区未重合；受污染的岸滩、受污染海洋生物所在海域也均与贺某某所指

称的养殖区不重合。而且，法院依据各方当事人申请向国家海洋局北海分局调取的105份鉴定报告表明，案涉溢油事故发生后国家海洋局北海环境监测中心等在山东近海或岸滩采集的送检油样样品均非该起事故的溢油。因此，贺某某未能举证证明其诉称的养殖损失与蓬莱某油田溢油之间存在关联性。

贺某某为证明某菲公司使用消油剂造成了其养殖损失，提交了国家海洋局网站《处理溢油事故要慎用消油剂》网页报道，并申请法院向国家海洋局北海分局调取某菲公司在溢油事故处置中使用消油剂的证据，该分局向法院出具的《关于协助调查函相关情况的复函》主要表明某菲公司在此次溢油事故处置过程中使用了消油剂以及使用的数量，而没有显示消油剂使用及扩散的范围，故贺某某不能据此证明其诉称的养殖损失与某菲公司使用消油剂具有关联性。

鉴于贺某某未能举证证明其养殖的合法性以及养殖损失，也未能举证证明蓬莱某油田溢油事故与其诉称的养殖损失之间存在关联性，其要求赔偿损失的主张缺乏事实和法律依据，不能成立，法院没有必要进一步评判贺某某的起诉是否超出诉讼时效期间以及某海油公司是否应对蓬莱某油田溢油事故承担连带赔偿责任问题。

综上所述，贺某某未能举证证明其养殖行为的合法性和养殖损失，也未能举证证明蓬莱某油田溢油事故与其诉称的养殖损失之间存在关联性，应当承担举证不能的法律后果，其请求某菲公司和某海油公司赔偿经济损失，法院不予支持。

青岛海事法院以判决结案。

【法官后语】

本案是一起典型的海洋环境侵权责任纠纷案件，近些年，海上溢油等海洋污染事故并不鲜见，由于海洋环境不同于陆地环境，海上环境侵权案件无论是当事人取证，还是法院认证，都较陆地环境污染侵权案件难度要大。本案的典型意义即在于，为如何正确理解适用《最高人民法院关于审理环境侵权责任纠纷案件适用法律若干问题的解释》第6条的规定，如何分配环境侵权责任案件的举证责任，以何等标准评判环境污染与损害的关联性，如何公平公正、合法合理地认定各方当事人的证据等问题提供了思路，同时，也提醒了广大渔民从事海上养殖应依法办理海域使用权证和养殖证，合法养殖，在养殖权利受到侵害时可通过油指纹分析鉴定、卫星遥感技术取证、委托环境监测机构提供监测数据报告、向海洋环境保护行政主管部门报告等方式有效保存证据，以最大限度保护权利。

【相关法条】

1.《中华人民共和国侵权责任法》（2021年1月1日废止）

第六十五条 因污染环境造成损害的，污染者应当承担侵权责任。

对应新法：

《中华人民共和国民法典》（2021年1月1日施行）

第一千二百二十九条 因污染环境、破坏生态造成他人损害的，侵权人应当承担侵权责任。

2.《最高人民法院关于审理环境侵权责任纠纷案件适用法律若干问题的解释》（2023年9月1日废止）

第六条 被侵权人根据侵权责任法第六十五条规定请求赔偿的，应当提供证明以下事实的证据材料：

（一）污染者排放了污染物；

（二）被侵权人的损害；

（三）污染者排放的污染物或者其次生污染物与损害之间具有关联性。

对应新法：

《最高人民法院关于审理生态环境侵权责任纠纷案件适用法律若干问题的解释》（2023年9月1日施行）

第二十二条 被侵权人请求侵权人赔偿因污染环境、破坏生态造成的人身、财产损害，以及为防止损害发生和扩大而采取必要措施所支出的合理费用的，人民法院应予支持。

《中华人民共和国民法典》（2021年1月1日施行）

第一千二百三十条 因污染环境、破坏生态发生纠纷，行为人应当就法律规定的不承担责任或者减轻责任的情形及其行为与损害之间不存在因果关系承担举证责任。

承办人：于喜富

编写人：原浩洋　徐雨均

6. 某海事局诉某海运公司、日本某责任相互保险协会船舶污染损害责任纠纷案

——油污责任保险人应否承担连带责任、清污费用能否优先受偿以及基金分配中代位受偿权的行使条件等问题认定

【合规提示】

本案系船舶碰撞导致一船溢油、碰撞双方分别设立海事赔偿责任限制基金后，海事局作为债权人向溢油船东及油污保险人请求在基金中分配溢油应急费用而提起的确权诉讼案件，其间，船东及保险人提出先期支付的费用在基金中代位受偿的抗辩，双方就海事局的油污责任保险人应否承担连带责任、清污费用能否优先受偿以及基金分配中代位受偿权的行使条件等问题产生争议。对于海事局而言，为清污产生的应急反应费用可在基金中分配，但不能优先受偿，因此要有受偿金额的合理预期。对于船东而言，一旦造成油污泄漏，船东即是油污责任人，应依法承担油污损害责任，该责任经判决认定后，可以由油污保险人按照保险约定予以赔偿。船东和保险人的先期支付清污费用的代位受偿权仅在油污损害赔偿责任限制基金（而非海事赔偿责任限制基金）分配前才能行使，因此在设立海事赔偿责任限制基金的情况下，船东和保险人需要有不能先行代位受偿的预期。

【案件信息】

1. 裁判文书字号

（2008）青海法海事初字第 15 号

2. 当事人

原告：某海事局

被告：某海运公司、日本某责任相互保险协会

3. 关键词

民事　船舶污染损害　应急反应费用的承担　保险人连带责任　代位受偿

【裁判要旨】

1. 依据裁判当时我国法律规定，船舶油污污染损害赔偿案件中油污责任保险人不应同船舶所有人承担连带赔偿责任。

2. 我国海事局在清污作业中的应急反应费用不应在基金中优先受偿，而应在基金中依法按比例受偿。

3. 在海事赔偿责任限制基金的分配前，船舶所有人、保险人不能行使代位受偿权，该权利只能在油污损害赔偿责任限制基金分配前行使。

【基本案情】

2007 年 5 月 12 日 0308 时许，金某船务所有的“某盛”轮与被告某海运公司所属的、被告某责任相互保险协会承保的“金某瑰”轮在大约 38° 14′.405N,121° 42′ .05E 位置发生碰撞。0311 时许，“金某瑰”轮在附近海域沉没。因“金某瑰”轮发生溢油，事发附近海域遭受污染。

事故发生后，原告对该船舶溢油事故采取强制清污措施。并于事故当天向烟台某海上发展有限公司发出委托书，委托该公司组织实施海上溢油围控、清除与监视监测工作；向交通部北海救助局发出委托书，委托该局立即组织力量参与应急清污行动，配合烟台某海上发展公司行动，费用按照烟台某海上发展公司标准收取。经过 2007 年 5 月 12 日至 6 月 21 日清污后，污染基本得到解决，共发生应急反应费用人民币 14 617 917 元，加上原告依照相关规定应收的管理费，合计人民币 16 810 605 元。烟台某海上发展公司及北海救助局均确认该两公司因参加上述溢油应急行动产生的所有费用由原告统一索赔。

清污结束后，原告与二被告及案外人某航运有限公司签订了《先期付款协议》，由二被告预先支付清污应急反应费用人民币 200 万元。二被告已履行了该付款行为。二被告在庭审时递交申请，依照《最高人民法院关于审理船舶油污损害赔偿纠纷案件若干问题的规定》，申请二被告从其设立的基金中代位受偿该人民币 200 万元。

原告请求法院：（1）判令被告赔偿原告溢油应急反应费用，人民币 18 491 665 元及利息；（2）确认原告溢油应急反应费用享有优先受偿权，在被告所设海事赔偿责任限制基金及利息中优先受偿诉讼请求中的第 1、3 项全部款项及费用；（3）被告承担本案全部诉讼费用。并明确，所主张利息自 2007 年 6 月 21 日清污结束开始，按照同期银行的贷款利率计算。后原告以“金某瑰”轮应承担的碰撞责任比例为 45% 为由，变更诉讼请求第 1 项为“判令被告赔偿原告溢油应急反应费用人民币 8 321 249 元及利息”。

二被告辩称：（1）原告索赔的部分清污费缺乏依据或金额不合理。其中，船舶费用、清污设备和费用、清污人员费、公司管理费和海事管理费的计算没有依据，车辆费用不合理，预测分析费、废物处理费、通信和餐饮费没有提供相关证据。（2）清污费用属于限制性债权，被告可以享受责任限制。根据《海商法》第 207 条，《最高人民法院关于审理船舶油污损害赔偿纠纷案件若干问题的规定》第 5 条、第 9 条，《第二次涉外商事海事审判纪要》第 142 条、第 150 条的规定，涉案债权性质应当为《海商法》第 207 条第 1 款第 4 项规定的限制性债权，被告可以享受责任限制。（3）被告与原告曾于 2008 年 12 月 8 日签署先期付款协议，被告预先支付原告清污费赔款人民币 200 万元，被告实际支付了该款项，因此，法院最终认定的清污费债权自被告设立的海事赔偿责任限制基金中受偿时，应扣除被告已支付的人民币 200 万元。（4）两被告应按照碰撞责任比例承担 45% 的清污费索赔。（5）海事局的清污费用索赔不具有优先受偿性，应与其他债权在基金中一起按比例受偿。

【裁判说理】

争议焦点：（1）船舶油污污染损害赔偿案件中油污责任保险人是否应当同船舶所有人承担连带赔偿责任。（2）我国海事局在清污作业中的应急反应费用是否应当在基金中优先受偿。（3）在海事赔偿责任限制基金分配前船舶所有人、保险人能否行使代位受偿权。

青岛海事法院认为：本案为原告在被告设立海事赔偿责任限制基金后，经过债权登记，因船舶污染损害赔偿纠纷提起的确权诉讼案件。被告某海运公司所属的“金某瑰”轮与“某盛”轮发生碰撞后，“金某瑰”轮沉没，并因此发生燃油泄漏，污染了事故海域。被告某海运公司作为事故责任人，应当依法承担因清除油污而产生的应急反应费用。原告要求被告某海运公司和被告互保协会对所诉损失承担连带责任，于法无据，不予支持。被告某海运公司作为“金某瑰”轮的船舶所有人应当按照 45% 的责任比例承担溢油应急反应费用人民币 7 564 772.25 元的赔偿责任。利息损失应自原告起诉之日的次日即2008年2月29日起按照银行同期贷款利率计算。

关于原告的债权是否应当在基金中优先受偿。原告该项主张的法律依据是《防治船舶污染海洋环境管理条例》(2009年公布）第55条“发生船舶油污事故，国家组织有关单位进行应急处置、清除污染所发生的必要费用，应当在船舶油污损害赔偿中优先受偿”的规定。依据《海事诉讼特别程序法》第118条第3款规定，海事法院据以裁定海事赔偿责任限制基金分配方案的法律依据为《海商法》以及其他有关法律规定的受偿顺序。《海商法》中并没有提及海事局进行应急处置、清除污染所发生的必要费用优先受偿的规定；并且《防治船舶污染海洋环境管理条例》仅为国务院的行政法规，不属于《海事诉讼特别程序法》规定的“其他有关法律规定”；因此，原告要求其债权在基金中优先受偿没有充分的法律依据，不予支持。

原告的上述债权属于《海商法》第207条规定的限制性债权，没有法律规定的转为非限制性债权的情形。被告某海运公司作为“金某瑰”轮的船舶所有人，已向青岛海事法院申请享受海事赔偿责任限制，并依法设立了海事赔偿责任限制基金。青岛海事法院（2007）青海法海事初字第405号民事判决书认定某海运公司没有丧失海事赔偿责任限制权利的情形，可以享受责任限制。上述金额为人民币7 564 772.25元及相应利息的赔偿款项应自二被告设立的海事赔偿责任限制基金中受偿。被告在本判决之前先期支付给原告的200万元预付款在基金分配时一并处理。

依照《海洋环境保护法》第90条、《海商法》第169条及第204条、《海事诉讼特别程序法》第116条的规定，判决：一、确认原告的债权为人民币7 564 772.25元，加自2008年2月29日起按照银行同期贷款利率计算的利息；二、上述债权为限制性债权，依法自被告设立的“金某瑰”轮海事赔偿责任限制基金中分配；三、驳回原告某海事局的其他诉讼请求。

【法官后语】

近年来，船舶碰撞产生的燃油泄漏事件，是造成海洋污染的重要原因，污染后果往往特别严重。因此，多个国际公约都对政府干预船舶溢油事故清污行动作出了规定。较早赋予政府这种干预权的是《1969年国际干预公海油污事故公约》，该公约规范的是以环境保护为目的的干预权，而以安全为目的的干预权主要体现在救助公约和《1979年国际海上搜寻救助公约》

中。最近生效的一个国际公约为《2007年内罗毕国际船舶残骸清除公约》，该公约兼具安全和环境保护目的。同时，国内相关法律也赋予了政府行政强制权力。

在船舶溢油事故突发事件应急处置中，政府干预主要采取两种方式：一种方式是政府部门动用自身的资源参与应急处置，即直接“从事”应急处置；另一种方式是政府负责指挥协调，即以“控制”者角色指挥应急处置活动。无论政府采取何种方式干预，关键的问题是政府干预措施及其费用的法律定位，即是按照行政来处理还是按民事来处理，不同的渠道决定着政府的付出是否可以得到足额赔偿或补偿问题，也决定着责任人的赔偿负担轻重问题，因为是否可纳入损害项目中，决定着责任方是否享受海事赔偿责任限制以及享受哪一类的海事赔偿责任限制的问题，其最终赔付的数额有时会差别很大。目前，政府产生的船舶污染应急处置费用按照民事侵权法律予以赔偿已有相应的国际公约、惯例和国内司法解释支撑。

本案作为船舶油污损害赔偿确权诉讼案件，是海事法院受理的典型的海事案件，其中涉及此类案件审理过程中较难裁判的三个问题，而该三个问题在本案中得到了较好的解决。

一、船舶油污污染损害赔偿案件中油污责任保险人是否应当同船舶所有人承担连带责任

主张承担连带责任的，主要是依据我国《海事诉讼特别程序法》第97条以及我国加入的《1992年国际油污损害民事责任公约》第7条第8款的类似规定，认为二者可以作为共同被告，则应可以承担连带责任。但从上述规定看，只是规定了“被告”的三种情形，并没有规定二者的责任承担形式。因此，按照“连带责任法定原则”，没有明文规定的，即不能裁判二者承担连带责任。故而本案只认定船舶所有人为承担油污损害赔偿责任的责任人。

二、海事局在清污作业中的应急反应费用是否应当优先受偿

主张优先受偿的依据是《防治船舶污染海洋环境管理条例》第55条的规定。但正如裁判中所述，依照现行法律，该主张法律依据不足。并且该条规定适用的条件是“国家组织有关单位……”而本案清污作业中，海事局系作为普通民事主体参与行动，所产生的债权应当为普通的民事债权，而非国家组织实施的国家行为产生的国家利益。因此，应当同其他民事债权共同按比例受偿。

三、船舶所有人、保险人行使基金中代位受偿权的条件

《最高人民法院关于审理船舶油污损害赔偿纠纷案件若干问题的规定》于2011年7月1日施行，正好介于本案两次开庭审理之间。被告依据该规定第29条，在第一次庭审后向青岛海事法院提出“代位受偿”申请。但该规定中对“代位受偿权”的行使限定了三个适用条件：“在油污损害赔偿责任限制基金分配以前”“船舶所有人、船舶油污损害责任保险人或者财务保证人”“已先行赔付油污损害的”。本案被告作为船舶所有人和油污责任保险人先行赔付了部分油污损害赔款，符合上述规定中第二个和第三个条件，但却没有满足第一个条件。根据该规定第21条的规定，“油污损害赔偿责任限制基金”是对油轮装载持久性油类造成的油污损害所设的基金，故而本案中通知被告在基金分配中一并解决。而该规定涵盖了“油污损害赔偿基金”和“海事赔偿责任限制基金”，在适用时应当注意区分和把握。

【相关法条】

1.《中华人民共和国海洋环境保护法》（2000年4月1日修订）

第九十条 造成海洋环境污染损害的责任者，应当排除危害，并赔偿损失；完全由于第三者的故意或者过失，造成海洋环境污染损害的，由第三者排除危害，并承担赔偿责任。

对破坏海洋生态、海洋水产资源、海洋保护区，给国家造成重大损失的，由依照本法规定行使海洋环境监督管理权的部门代表国家对责任者提出损害赔偿要求。

对应新法

《中华人民共和国海洋环境保护法》（2023年10月24日修订）

第一百一十四条 对污染海洋环境、破坏海洋生态，造成他人损害的，依照《中华人民共和国民法典》等法律的规定承担民事责任。

对污染海洋环境、破坏海洋生态，给国家造成重大损失的，由依照本法规定行使海洋环境监督管理权的部门代表国家对责任者提出损害赔偿要求。

前款规定的部门不提起诉讼的，人民检察院可以向人民法院提起诉讼。前款规定的部门提起诉讼的，人民检察院可以支持起诉。

2.《中华人民共和国海商法》（1993年7月1日施行）

第一百六十九条 船舶发生碰撞，碰撞的船舶互有过失的，各船按照过

失程度的比例负赔偿责任；过失程度相当或者过失程度的比例无法判定的，平均负赔偿责任。

互有过失的船舶，对碰撞造成的船舶以及船上货物和其他财产的损失，依照前款规定的比例负赔偿责任。碰撞造成第三人财产损失的，各船的赔偿责任均不超过其应当承担的比例。

互有过失的船舶，对造成的第三人的人身伤亡，负连带赔偿责任。一船连带支付的赔偿超过本条第一款规定的比例的，有权向其他有过失的船舶追偿。

第二百零四条 船舶所有人、救助人，对本法第二百零七条所列海事赔偿请求，可以依照本章规定限制赔偿责任。

前款所称的船舶所有人，包括船舶承租人和船舶经营人。

3.《中华人民共和国海事诉讼特别程序法》（2000 年 7 月 1 日施行）

第一百一十六条 债权人提供其他海事请求证据的，应当在办理债权登记以后，在受理债权登记的海事法院提起确权诉讼。当事人之间有仲裁协议的，应当及时申请仲裁。

海事法院对确权诉讼作出的判决、裁定具有法律效力，当事人不得提起上诉。

承办人：郭俊莉

编写人：郭俊莉　庄雪莉

7. 青岛市某水产实业公司诉 K 公司、D 公司船舶污染损害责任纠纷案

——船舶排污损害赔偿责任主体及数额认定

【合规提示】

本案系一起船舶排污污染海域损害赔偿纠纷，因涉案船舶擅自向海域排放污油水并使大量滑油入海，致使原告养殖的大量海参死亡而引发，被告为

涉案船舶的经营权人，双方当事人对被告是否应当承担损害赔偿责任存在争议。在此类纠纷案件中，法官一般会按照如下原则对损害赔偿责任的承担作出认定：对船舶排污造成的损害后果，船舶所有人应当承担无过错责任；船舶经营人，当被证明船舶排污时船舶受其控制时，也应承担赔偿责任。此外，该类案件一般会涉及损害金额的认定问题，法官会仔细审查受损人举出的相关证据，对于举证不足的部分，不予认定。因此，作为受损人，合理的证据保存有利于在庭审中支撑其诉请，在法律允许的范围内获得最大限度的赔偿；作为船舶所有人或经营人，要树立海洋环境保护理念，积极承担社会责任，不可擅自向海中排污。

【案件信息】

1. 裁判文书字号

（2002）青海法石海事初字第 17 号

2. 当事人

原告：青岛市某水产实业公司

被告：K 公司、D 公司

3. 关键词

民事　船舶污染损害　损害赔偿责任主体　损害赔偿数额

【裁判要旨】

1. 船舶污染损害赔偿纠纷案件中，当船舶所有权和经营权相分离时，对船舶排污造成的损害后果，船舶所有人应当承担无过错责任，赔偿受损害人合理的经济损失；至于船舶经营人，若受损害人无证据证明排污行为发生时涉案船舶在其控制之下，依据“谁主张，谁举证”的原则，船舶经营者无须承担损害赔偿责任。

2. 船舶污染损害赔偿纠纷案件中，若受损害人对其主张的经济损失未提供证据加以佐证，法官在审理的过程中，不应认定该部分损失。

【基本案情】

2000 年 4 月 7 日，经青岛市人民政府批准，原告取得 150 亩海域的使用权。该海域位于第三海水浴场南、太平角东岸。水产公司获准使用该海域的方式为海珍品底播增殖，使用期限为2000年4月7日至2005年4月7日。

2001年8月4日至5日，“L×”轮在停泊青岛北海船厂三泊位期间，擅自向海域排放污油水并使约15升的滑油入海，油污扩散至青岛五四广场、第三海水浴场附近海域和太平湾（太平角）。被告K公司是“L×”轮的船舶经营人，被告D公司是该轮的登记船舶所有人。青岛海事当局曾对“L×”轮的上述排污污染海域行为予以行政处罚。

2001年8月7日，原告值班人员发现其上述有使用权的海域内有大面积漂浮油污，岸边还有大量油积，并发现养殖的鲍鱼出现大面积死亡的情况。此后几天内死亡鲍鱼数量进一步增多。青岛海洋大学从事海水养殖研究的两名专家经过现场勘验，断定导致大量鲍鱼死亡的原因是油污污染。

原告青岛市某水产实业公司诉称，2001年8月7日，“L×”轮在青岛北海船厂修船期间因擅自排放物油水，造成大面积海域污染，直接导致原告海珍品养殖区内的鲍鱼大量死亡，给原告造成极大经济损失。K公司是“L×”轮的船舶经营人，D公司是该轮的登记船舶所有人，请求法院判令两被告赔偿原告经济损失553 122.40元（本判决涉及的货币名称，除特别注明的以外，均为人民币），并承担本案的律师费和诉讼费用。

两被告法院经合法传唤无正当理由拒不到庭参加诉讼，亦未提交任何答辩主张。

【裁判说理】

争议焦点：（1）原告对该海域享有的权利是否合法。（2）两被告是否应承担损害赔偿责任。（3）原告合理的经济损失数额。

青岛海事法院认为：

1. 原告对该海域享有的权利是否合法。原告持有青岛市人民政府批准核发的有效海域使用证，根据《渔业法》及《青岛市海域使用管理条例》（由青岛市人民代表大会常务委员会于1999年8月22日公布施行）的规定，原告对该海域使用证记载范围内的海域拥有合法的使用权。原告在该海域内从事合法养殖以获取收益，应受法律保护。

2. 两被告是否应承担损害赔偿责任。“L×”轮向中国管辖海域擅自排放油污水造成海域污染，并造成原告养殖鲍鱼大量死亡，根据《海洋环境保护法》《民法通则》的有关规定，D公司作为“L×”轮的所有人，其应对原告依法承担民事责任，赔偿原告的所有损失；虽然第一被告是“L×”轮的经营人，但没有证据表明“L×”轮当时系受其控制，所以K公司不对原告承担任何民事责任。

3. 原告合理的经济损失数额。海域污染损害事故发生后，原告委托的养殖专家在勘验过程中，按照实际清理出来的海底底播鲍鱼死亡数量的25%计算因客观原因未能清理出来的死亡鲍鱼数量，由于缺乏足够依据，所以本院认为原告的合理经济损失为497 136.80元。

2002年7月15日，青岛海事法院作出（2002）青海法石海事初字第17号民事判决书，判决：一、被告D公司于本判决生效之日起十五日内赔偿原告青岛市某水产实业公司经济损失497 136.80元；二、驳回原告青岛市某水产实业公司的其余诉讼请求。

【法官后语】

举证责任分配是诉讼中的一大核心问题，举证责任如何在当事人之间分配以及举证后各自承担的后果对于保障诉讼当事人合法权益、提高民事审判效率、推进民事审判方式改革具有十分重要的意义。因此，需厘清船舶排污污染海域损害赔偿案件中举证责任的分配问题，以衡平当事人双方的举证责任负担。

船舶排污造成的危害具有潜在性与持续性，将对周边海洋生态环境产生难以逆转的影响。船舶排污污染海域损害赔偿纠纷属于环境侵权纠纷，具有与一般的侵权诉讼不同的特殊构成要件。考虑到在此类纠纷中，受害方和致害方之间信息不对称和地位不对等等因素，因此出现了举证倒置的立法规定，主要体现在由侵权人就法律规定的免责事由及其行为与损害结果之间不存在因果关系承担举证责任。根据《最高人民法院关于审理船舶油污损害赔偿纠纷案件若干问题的规定》第14条“海洋渔业、滨海旅游业及其他用海、临海经营单位或者个人请求因环境污染所遭受的收入损失，具备下列全部条件，由此证明收入损失与环境污染之间具有直接因果关系的，人民法院应予支持：（一）请求人的生产经营活动位于或者接近污染区域；（二）请求人的生产经营活动主要依赖受污染资源或者海岸线；（三）请求人难以找到其他替代资源或者商业机会；（四）请求人的生产经营业务属于当地相对稳定的产业”之规定，受损害人欲证明其因侵权行为造成的损失时，仍应依照“谁主张，谁举证”的一般举证规则，在符合上述法条明确的条件时，举证证明收入损失与环境污染之间具有直接因果关系以及经济受损数额。

在本案中，专家系以推定的方式确定了未能清理出的海底底播养殖鲍鱼死亡产生的损失，在没有其余证据佐证的情况下，单以推定证据并不能直接证明原告该部分损失，故原告实际上并未完成举证责任，理应承担举证不能的不利后果。这也提醒了此类侵权案件中的被侵权人，若欲以法律武器维护自身合法权益，应及时收集、固定证据，确保自身不会因为举证问题，失去减少损失的机会。

【相关法条】

1.《中华人民共和国海洋环境保护法》(2013年12月28日修正)

第九十条 造成海洋环境污染损害的责任者，应当排除危害，并赔偿损失；完全由于第三者的故意或者过失，造成海洋环境污染损害的，由第三者排除危害，并承担赔偿责任。

对破坏海洋生态、海洋水产资源、海洋保护区，给国家造成重大损失的，由依照本法规定行使海洋环境监督管理权的部门代表国家对责任者提出损害赔偿要求。

对应新法：

《中华人民共和国海洋环境保护法》(2023年10月24日修订)

第一百一十四条 对污染海洋环境、破坏海洋生态，造成他人损害的，依照《中华人民共和国民法典》等法律的规定承担民事责任。

对污染海洋环境、破坏海洋生态，给国家造成重大损失的，由依照本法规定行使海洋环境监督管理权的部门代表国家对责任者提出损害赔偿要求。

前款规定的部门不提起诉讼的，人民检察院可以向人民法院提起诉讼。前款规定的部门提起诉讼的，人民检察院可以支持起诉。

2.《中华人民共和国民法通则》(2021年1月1日废止)

第一百一十七条第二款 损坏国家的、集体的财产或者他人财产的，应当恢复原状或者折价赔偿。

第一百二十四条 违反国家保护环境防止污染的规定，污染环境造成他人损害的，应当依法承担民事责任。

对应新法：

《中华人民共和国民法典》（2021 年 1 月 1 日施行）

第二百三十七条 造成不动产或者动产毁损的，权利人可以依法请求修理、重作、更换或者恢复原状。

第二百三十八条 侵害物权，造成权利人损害的，权利人可以依法请求损害赔偿，也可以依法请求承担其他民事责任。

第一千二百二十九条 因污染环境、破坏生态造成他人损害的，侵权人应当承担侵权责任。

承办人：遇 峰

编写人：刘 昭

8. 日照市某华水产集团公司诉天津航道局、日照港务局海上污染损害责任纠纷案

——养殖证不合法能否请求损害赔偿

【合规提示】

本案系一起海上污染损害责任纠纷案件，双方就行政机关对被划为港区的海域核发养殖证后、养殖物被港区作业污染损害的，养殖单位能否请求赔偿产生争议。对于核发养殖证的行政机关而言，核发养殖证需符合相关法律规定，违反法律规定核发养殖证的，将导致因养殖证来源不合法造成养殖行为不合法、养殖物遭受损害后养殖单位将得不到赔偿的不利后果。对于养殖单位而言，领取养殖证时应充分了解所涉海域的功能规划，功能规划为非养殖区的，须及时终止养殖行为以减损止损，当损害发生而不能获得赔偿的，可向行政机关提起行政诉讼或行使其他救济权利。

【案件信息】

1. 裁判文书字号

（2000）青海法海事初字第41号

2. 当事人

原告：日照市某华水产集团公司

被告：天津航道局、日照港务局

3. 关键词

民事　海上污染损害　不具有合法养殖权利

【裁判要旨】

权利来源不合法导致权利不合法，遭到合法行为破坏的不能请求赔偿。

【基本案情】

1991年1月，石臼港务局作出《石臼港总体布局规划》。交通部、山东省人民政府作出批复，该批复明确自批复下达之日起，在石臼港港界范围内不得再建与规划的港口功能无关的其他永久性建筑物，必须建设的临时性建筑物，须经港务局同意，签订必要的协议文件，港口发展建设时需拆除的，应无条件拆迁。对石臼港港界范围外的岸线由日照市主管部门按照规定监督实施。属于港区范围的，授权石臼港务局监督执行。

石臼港务局后更名为日照港务局。

1993年4月15日，日照市水产局和东港区石臼街道办事处作为甲方，日照港务局作为乙方，日照市土地管理局作为中间方签订了《关于对日照港务局规划的中、西港区范围内的海带田养殖区搬迁补偿协议书》（以下简称《协议书》），双方就日照港中西港区规划范围内海带田搬迁补偿达成如下协议：甲方须搬迁规划的中西港区规划范围内的海带田养殖区，经双方核定共2000亩，一次性搬迁，补偿费共计1400万元，分三次付清：1993年4月30日前付400万元，1993年8月31日前付500万元，其余500万元于1993年12月31日前全部付清。自本协议签订后，海带田开始搬迁，整个搬迁工作，于1993年12月31日前全部完毕。乙方在施工期间，甲方在上述海区范围内尚未搬迁的海带田，如因施工造成损害，乙方不再给予赔偿。此后，港务局分别于 1993 年 4 月 30 日和 8 月 31 日支付了搬迁补偿费 400 万元和 500 万元。海带田也开始搬迁。但海带田未如期搬迁完，其余 500 万元搬迁补偿费也未如期付清。

1998 年 4 月 20 日，日照市人民政府办公室印发了日照市人民政府专题会议纪要〔1998〕第 9 号《关于日照港港口建设协调会议纪要》。该纪要述明，海上养殖区的拆迁界限：以某育苗厂南 150 米向东平行坐标线至东港区码头连线为拆迁界限，界限以北部分，所有养殖设施必须于 5 月底前拆除。港口航道中心线两侧各 215 米的水域，以及航道口门处至锚地之间的养殖设施和渔网，均须于 5 月底前拆除。对今后因清理航道可能造成的航道边缘海水污染，由石臼街道办事处、日照开发区负责，分别向群众做好解释工作，并不得要求另行赔偿。原遗留的拆迁费 500 万元由日照港务局分两期付给市政府，4 月底前付 250 万元，待市政府于 5 月底前组织有关单位检查验收合格后，将另外 250 万元付清。本纪要确定的拆迁及遗留拆迁费支付，各有关方已如期履行。

1995 年日照市东港区人民政府对各养殖区进行确权发证，此证（除 1998 年市政府第 9 号专题会议纪要确定拆迁的养殖面积）至今有效。其中有养殖区在日照港界之内。5 月 18 日，东港区人民政府为东港区石臼街道某村居委会颁发了 0× ×6 号浅海滩涂养殖使用证。养区类别扇贝，日照市某华水产集团公司（以下简称某华公司）属于东港区石臼街道办事处某村居委会的一个水产企业，具有法人资格。

1997 年 12 月 24 日，港务局委托青岛海洋大学环境保护研究中心对木片码头工程环境影响进行评价。1998 年 8 月青岛海洋大学出具了《日照港木片码头工程项目环境影响报告书》(以下简称《报告书》)。评价结论中对施工期预测表述为，施工期悬沙浓度和沉积厚度，主要在回填区溢流口附近较大，由于周围没有浅海养殖，且为短期效应，故对海洋环境影响不大。污染防治对策中对施工期污染防治对策表述为，选择吹填区溢流口的合适位置，尽量放在弱流区，且应远离排泥管处，应控制溢流口悬浮物浓度不大于 50mg/L，若浓度过大时，应合理调度，采取必要措施后再排放。吹填作业应在围堰工程建成后进行，围堰内侧应有防悬浮泥沙外漏的措施。随后，港务局按工程设计要求进行施工，建成了回填区的内外护岸及溢流口，内、外护岸倒滤层的建设，取得了日照港建设监理有限公司出具的合格验收单。

1999年5月27日，日照港东西港区进港航道改道工程竣工验收委员会出具了日照港东西港区进港航道改造工程竣工验收证书。6月15日，日照港务监督向交通部海事局出具了《关于日照港东西港区进出港航道正式启用的请示》。2000年7月20日，国家海事局批复，同意启用航道。

2000年5月23日，日照港务监督颁发《水上水下施工作业许可证》，准许天津航道局某疏浚公司“某扬12”等船自2000年5月29日至2001年4月30日在木片码头港池及航道水域范围内进行疏浚及陆域吹填作业。此后，“某扬12”在木片码头港池及航道水域范围内开始施工作业。

2000年3月，某华公司从烟台购进小规格扇贝苗种2950万粒，共计价值219 934元，某华公司称将上述苗种放养于养殖区内培育。2000年7月15日，某华公司向东港区水产局和港务局递交了“天津航道局某扬12号吸泥船给日照港木片码头回填排放的污水，给我扇贝苗种造成死亡损失的报告”，说某扬12号吸泥船排出大量污水，给养殖区造成严重污染，从6月中旬起，扇贝苗开始死亡。到目前，2950万粒扇贝苗种全部死亡，给某华公司4个养殖场造成了重大经济损失。请求渔业环境监测部门、某扬12号和日照港务局领导及水产、渔政部门现场勘察，找出事故原因，并给予协调解决经济赔偿问题。

2000年7月20日，渔政监督管理站制作了勘验笔录及扇贝受损情况勘验报告，报告中称“一、污水来源：从九村码头上船出海到木片码头东坝堤中间处看到有宽约70米坝堤大量排放浓度很高的黄色污水，随污水的流向一直看到某华公司的养殖区，看到黄色污水还大面积存在，但浓度比坝堤处有些减轻。二、扇贝苗死亡情况：经查看，某华公司约有9000笼苗种。抽取了3笼样本，共查出死扇贝8952粒，活扇贝206粒，死亡率达99%以上。通过抽样调查计算出某华公司的扇贝苗数量约有2750万粒”。

2000年7月26日，农业部渔业环境监测中心黄渤海区监测站出具了水域污染事故调查报告，该报告结论为2000年6月以后，受天津航道局某扬12船在日照港挖泥围堰填海的影响，某华公司扇贝养殖区悬浮物含量超过《渔业水质标准》，造成悬浮物污染，泥沙大量沉积，使扇贝养殖笼的网衣上糊满了泥沙，网眼被糊死，扇贝养殖笼内与外界无法进行水交换，最终导致养殖笼内的扇贝窒息死亡。同日，农业部渔业环境监测中心黄渤海区监测站还出具了损失评估报告。该评估报告确定，受污染水域的养殖面积共计200

亩，养殖的种类为栉孔扇贝，壳长2~3厘米，养殖方式为筏式养殖，扇贝离养成时间还有12个月左右，根据农业部颁发的《水域污染事故渔业损失计算方法规定》，评估损失为214.20万元。

2000年10月，青岛环海海洋工程勘察研究院出具了《日照港木片码头疏浚回填工程现场监测报告》。该报告结论部分称，通过2000年8月27日现场监测并现场采样和实验室分析得出，木片码头及航道疏浚和回填工程对附近海域的水质影响范围很小。从监测所得资料来看，施工期间海水仍能满足二类水质的各项指标。从接近养殖区边缘的采样点来看，随着潮汐潮流的变化海水中悬浮物的含量虽然有所不同，但其量值都比较低，这说明疏浚及回填工程对海水中悬浮物含量的影响很小，疏浚工程对养殖区没有影响。从剖面探测资料来看，挖泥船在施工过程中，只有小范围的深水在船周围随海流移动，浑水团的半径约为50米，这说明挖泥船施工过程中对附近海域所造成的影响是轻微的。在现场监测期间，回填工程溢流口已经停止溢流，为了求得溢流对附近海域的影响范围和影响程度，进行了数值模拟，从模拟结果得出，超一、二类水质（水中悬浮物人为增加量10mg/L以上）的扩散面积为0.58平方千米，其边界距溢流口的最大距离为1000米，而养殖区的北部边缘距溢流口为1500米，所以可以认为溢流对养殖区没有影响。综上所述，可以得出挖泥船在施工过程中对海域所造成的影响是十分轻微的。回填工程溢流出的浑水团扩散范围较小，对养殖区无影响。

某华公司以其所养殖海域均经政府统一规划并核发了养殖使用证，日照港务局和航道局在未采取防污措施的情况下进行施工，违反有关规定，给其造成了损失为由，起诉至青岛海事法院，请求判令二被告赔偿原告经济损失226万元及勘验鉴定费用。

原告诉称，原告自1993年开始发展浅海扇贝养殖560亩。所养殖海域均经政府统一规划并核发了养殖使用证。为满足秋季大规格扇贝苗种的投放需要，2000年3月，原告从烟台购进小规格苗种2950万粒（购价219 934元），放养于原告位于杂货码头西南侧的养殖区内培育，至2000年6月中旬，该批扇贝苗已长至2.5厘米左右，但因被告在建设木片码头工程项目施工过程中排放污染物导致小苗开始死亡。至7月5日，2950万扇贝苗因污染全部死亡，造成经济损失226万元。事后，有关专家对现场情况进行了勘验。同时原告于7月15日将污染事实书面通知了“某扬12”船和日照港务局，但未得到任何答复。两被告在未采取防污措施的情况下进行施工，违反有关规定，给原告造成了损失，请求法院判令被告赔偿原告经济损失226万元及勘验鉴定费用。

被告天津航道局未提供答辩状，当庭辩称，我方船只作业时，由当地发布了通知，各种手续都是完备的，经港监各部门检验并核发了许可证，2000年3月以前，我方把上层淤泥部分已清除掉。6月以后，施工挖的都是不会造成海水污染的部分，即中粗砂和亚黏土，不会造成污染。

被告日照港务局辩称，答辩人在木片码头建设中严格按照海洋环境保护法及国家基本建设程序的规定，在项目建设可行性研究报告书经交通部审核后，于1997年12月24日委托青岛海洋大学环境保护研究中心编制《报告书》，并经山东省环保局审查批准。答辩人疏浚与陆域工程施工方案也是经过日照海监局审查批准，取得《水上水下施工许可证》后，于2000年6月开始施工。木片码头的施工过程中，严格按《报告书》的要求建造了内、外护岸，内、外护岸均设计了倒滤层，内护岸倒滤层施工自1999年5月开始至1999年12月结束，外护岸倒滤层施工自1999年4月开始至1999年12月结束，全部工程通过日照港监理公司验收。吹填区溢流口位置也是按《报告书》的要求，建造在离排泥管最远的北部边界。答辩人调查了山东省海上环境监测网日照市环境监测站的两次例行监测，其中港区及养殖区附近3个监测点的水质，都符合山东省近岸海域环境功能区划的海水水质标准，专家的论证与实际的监测结果都证明施工期养殖区水域不存在污染。早在1993年答辩人与日照市水产局、东港区石臼街道办事处（原告隶属石臼街道办事处）签订了《协议书》，对日照港规划的中、西港区范围内的海带田（包括海参，扇贝，贻贝，石花菜等养殖物）约定补偿费共计1400万元，分3次支付。整个搬迁工作于1997年12月31日前全部完毕。答辩人按协议履行义务。由于原告等村的养殖设施没有按《协议书》规定的时间全部拆除，后来又在该水域重新养殖。答辩人就此情况向日照市政府及有关部门反映。1998年3月29日，日照市政府为此召开了主题会，关于木片码头建设等问题，确定了拆迁拆除界限，并于5月前完成。拆迁工作由东港区石臼街道办事处、日照开发区、市水产集团总公司等负责组织进行，对今后因清理航道可能造成的航道边缘海水污染，由东港区石臼街道办事处、日照开发区负责，分别向群众做好解释工作，并不得要求另行赔偿。基于以上事实，认为原告指控与事实不符，要求赔偿缺乏法律依据，请求法院依法驳回起诉。

【裁判说理】

争议焦点：（1）养殖使用证来源是否合法；（2）来源不合法的权利遭到侵害能否受到保护。

日照港务局和天津航道局进行日照港木片码头建设，手续完备，建设工程符合设计要求。1993年的《关于对日照港务局规划的中、西港区范围内的海带田养殖区搬迁补偿协议书》和日照市人民政府的相应会议纪要未明确拆迁界限，就此问题不能认定。1998年日照市人民政府专题会议纪要《关于日照港港口建设协调会议纪要》中划定的拆迁界限，不能被认为是1993年确定的拆迁界限。

根据我国1986年《渔业法》和《海上交通安全法》规定，县级以上地方人民政府根据国家对水域利用的统一安排，可以将规划用于养殖业的全民所有的水面、滩涂，确定给全民所有制单位和集体所有制单位从事养殖生产，核发养殖使用证，确认使用权，取得使用权的单位，可以将上述水面承包给集体单位或个人。未经主管机关（港务监督机构）批准，不得在港区、锚地、航道、通航密集区以及主管机关公布的航路内设置、构筑设施或者进行其他有碍航行安全的活动。日照市东港区人民政府于1995年将在1991年已由交通部、山东省人民政府划定为日照港界内的水域确权给石臼街道办事处某村居委会用于海上养殖并核发了浅海滩涂养殖使用证，显然日照市东港区人民政府的上述行为违反了《渔业法》的规定，某华公司在港界内的水域从事养殖生产也不符合法律规定。所以，某华公司在本案中的从事养殖而使用水面的权利不能视为合法权利，因而天津航道局和日照港务局对某华公司的养殖物受到的损害不承担赔偿责任。

根据1986年《渔业法》的规定，日照港务局建设使用水面滩涂，应给予适当补偿，但现行《渔业法》对此未予规定，而搬迁补偿问题不在当事人请求范围，本案不予审理，由当事方通过相关途径解决。驳回原告某华公司对被告天津航道局和日照港务局的诉讼请求。

【法官后语】

本案是一起典型的因海上养殖权利来源不合法而被驳回诉讼请求的水域

污染损害赔偿案，其争议的焦点是政府行为导致来源不合法的养殖权利遭到他人侵害，能否得到法律保护的问题。对此，司法界一直有两种不同观点：一种观点认为，权利来源不合法乃政府行为所致，权利人对此不能知晓、不能对抗、无力回转，其本身没有过错，应得到一定程度的保护。此种观点主要出于对权利人的同情而对其权利予以保护。另一种观点认为，法律保护的是合法权利，权利来源不合法直接导致权利的不合法，无论何种原因导致，均不能得到保护。此种观点完全从法律本身的规定和法律的内在精神出发，依法不能保护的就不保护。

本案原告的水域养殖权是否合法成为本案审理的关键。据2000年我国《渔业法》第11条的规定，“国家对水域利用进行统一规划，确定可以用于养殖业的水域和滩涂。单位和个人使用国家规划确定用于养殖业的全民所有的水域、滩涂的，使用者应当向县级以上地方人民政府渔业行政主管部门提出申请，由本级人民政府核发养殖证，许可其使用该水域、滩涂从事养殖生产……”可见，水域养殖许可证的法定核发单位应为县级以上人民政府，而其核发养殖许可证的权力有一个限制，那就是应当在国家统一划定的用于养殖业的水域和滩涂范围内核发。早在1991年石臼港务局（现日照港务局）作出《石臼港总体布局规划》，交通部、山东省人民政府也作出《关于〈石臼港总体布局规划〉的批复》，确定在石臼港港界范围内不得再建与规划的港口功能无关的其他永久性建筑物，必须建设的临时性建筑物，须经港务局同意。这两个文件明确了在日照港港界范围内的主管机关为日照港务局。《海上交通安全法》第22条规定，未经主管机关批准，不得在港区、锚地、航道、通航密集区以及主管机关公布的航路内设置、构筑设施或者进行其他有碍航行安全的活动。据审理调查，日照港务局在此期间从未批准任何单位和部门在日照港港区、锚地、航道等水域进行养殖、捕捞作业。日照市东港区人民政府于1995年将在1991年已由交通部、山东省人民政府划定为日照港界内的水域确权给石臼街道办事处某村居委会用于海上养殖并核发了浅海滩涂养殖使用证，显然其确权行为违反了《渔业法》的规定，由此导致某华公司的养殖权也不合法。依来源不合法之权利不合法、非法权利不受法律保护的原则，虽然其权利确受到损害，其损失也确实存在，但法律无法对其进行保护。

另外，对于这样的案件，以侵权为诉因无法得到支持，但法律并不是就此置其于不顾，而是其可以提起行政诉讼，要求确权发证的该人民政府对其损失予以赔偿。

【相关法条】

1.《中华人民共和国渔业法》（2000 年 10 月 31 日修正）

第十一条 国家对水域利用进行统一规划，确定可以用于养殖业的水域和滩涂。单位和个人使用国家规划确定用于养殖业的全民所有的水域、滩涂的，使用者应当向县级以上地方人民政府渔业行政主管部门提出申请，由本级人民政府核发养殖证，许可其使用该水域、滩涂从事养殖生产。核发养殖证的具体办法由国务院规定。

集体所有的或者全民所有由农业集体经济组织使用的水域、滩涂，可以由个人或者集体承包，从事养殖生产。

对应新法：

《中华人民共和国渔业法》（2013 年 12 月 28 日修正）

第十一条 国家对水域利用进行统一规划，确定可以用于养殖业的水域和滩涂。单位和个人使用国家规划确定用于养殖业的全民所有的水域、滩涂的，使用者应当向县级以上地方人民政府渔业行政主管部门提出申请，由本级人民政府核发养殖证，许可其使用该水域、滩涂从事养殖生产。核发养殖证的具体办法由国务院规定。

集体所有的或者全民所有由农业集体经济组织使用的水域、滩涂，可以由个人或者集体承包，从事养殖生产。

2.《中华人民共和国海上交通安全法》（1984 年 1 月 1 日施行）

第二十二条 未经主管机关批准，不得在港区、锚地、航道、通航密集区以及主管机关公布的航路内设置、构筑设施或者进行其他有碍航行安全的活动。

对在上述区域内擅自设置、构筑的设施，主管机关有权责令其所有人限期搬迁或拆除。

对应新法：

《中华人民共和国水上水下作业和活动通航安全管理规定》（2021 年 9 月 1 日施行）

第五条 在管辖海域内进行下列施工作业，应当经海事管理机构许可，并核定相应安全作业区：

（一）勘探，港外采掘、爆破；
（二）构筑、维修、拆除水上水下构筑物或者设施；
（三）航道建设、疏浚（航道养护疏浚除外）作业；
（四）打捞沉船沉物。

承办人：李旭东
编写人：郭俊莉

9. 于某某等九家海珍品养殖户诉青岛市某岛污水处理厂、青岛市人民政府海上污染损害责任纠纷案

——风暴潮引起养殖污染损害赔偿责任分析

【合规提示】

本案系一起风暴潮过后九家海珍品养殖户就其养殖物绝产损失诉相邻的污水处理厂、驻地市政府的污染水域损害赔偿纠纷。本案对各方当事人及鉴定人均有所启示：（1）对诸原告而言，污染损害赔偿举证责任倒置，并不意味着免除对其养殖合法性及其养殖状况的基本举证责任。诸原告养殖过程中对养殖的投入与产出应建立基本的账目并保留相关凭证，避免索赔过程中证据提供的瑕疵。（2）污水处理厂的建设设计应符合应对风暴潮等恶劣气候的要求，采取关闭排污阀直排污水的行为属于违规操作。（3）在项目筹建过程中，市政府应充分考量筹备期间的相关责任主体问题，并及时办理相关特别法人成立的登记手续，以规避自己承担筹备期间相关责任的风险。（4）对损害赔偿鉴定人而言，一方面对多因一果所造成的损害，应科学考量，作出专业判定；另一方面针对养殖物成熟期等问题，要充分考量效益产出因素，避免产生前后适用条件出现矛盾的情形。

【案件信息】

1. 裁判文书字号

（1999）青海法海事初字第 42-46 号、（2000）青海法海事初字第 24 号

2. 当事人

（1999）青海法海事初字第 42 号案件原告：于某某

（1999）青海法海事初字第 43 号案件原告：戴某甲

（1999）青海法海事初字第 44 号案件原告：戴某乙

（1999）青海法海事初字第 45 号案件原告：戴某丙

（1999）青海法海事初字第 46 号案件原告：戴某丁

（2000）青海法海事初字第 24 号案件原告：戴某戊、戴某己、戴某庚、兰某某

被告：青岛市某岛污水处理厂、青岛市人民政府

3. 关键词

民事　海上污染损害　主体适格　鉴定效力　损失确定　责任划分

【裁判要旨】

本案系风暴潮过后九家海珍品养殖户就其养殖物绝产损失诉污水处理厂、市政府的污染水域损害赔偿纠纷。（1）对诸原告主体的适格与否、其海珍品养殖的合法性审查、受损前实际养殖状况的审查都是本案审理的要素。（2）导致养殖物污染死亡的元素诸多，责任划分要据实、科学地考量。（3）对责任人主体的适格性审查是法院应尽的审慎审查职责。

【基本案情】

1996 年 11 月 18 日，某岛污水处理厂项目完成立项。12 月 12 日，青岛市政府成立东海路绿化美化和雕塑建设领导小组。1997 年 1 月 10 日，青岛海洋大学编制的《青岛市某岛污水处理厂项目环境影响评价书》获青岛市环境保护局批复。1 月 28 日，青岛市机构编制委员会同意成立青岛市某岛污水处理厂（以下简称某岛污水厂）筹建处。1 月 31 日，《关于东海路绿化美化和雕塑建设的实施方案》对污水处理厂及其泵站建设作出具体要求。2 月 3 日，青岛市排水管理处取得《建设用地规划许可证》。1998 年 5 月 11 日，

青岛市排水管理处取得该工程用地《国有土地使用证》。1998年年底，一期工程基本建成开始试运行。某岛污水厂经青岛市机构编制委员会核准登记，1999年11月23日取得《事业法人登记证》。

1994年7月1日，青岛市崂山区人民政府向青岛市崂山区中韩镇大某岛村颁发了第3×××1号《养殖使用证》。该证记载：在东至120° 25′ 44″、南至最低底潮线外100米、西至120° 25′ 33″、北至最高高潮线以内，养殖面积266亩，进行滩涂增护养，养殖品种为海珍品。1998年，崂山区水产局统一审核《养殖使用证》，加盖“有效期八年”手工印章，签署“自一九九八年起”批注意见。

1997年11月29日，青岛市崂山区中韩镇水产技术服务站根据原告与崂山区中韩镇大某岛的承包协议，给养殖承包户们核准颁发养殖海珍品使用年限为5年的《崂山区浅海滩涂养殖承包证》。

1999年5月初，周边养殖户向某岛污水厂西侧倾倒废土围挡暗渠出口，堵塞了暗渠排海口，导致渠内污水无法排放，溢流入污水处理厂。加之，遇有强降雨预报，5月下旬某岛污水厂检修停机，使未经任何处理的污水直接排入海。5月25日强暴雨过后，九家鲍鱼养殖户发生池养鲍鱼全部死亡的事故。随后，CCTV《东方时空》栏目对本次鲍鱼死亡事故作了现场采访和专题深度报道。

青岛市崂山区海洋与水产局聘请农业部渔业环境监测中心黄渤海区监测站（以下简称黄渤海监测站）进行调查。1999年6月3日，黄渤海监测站在青岛市崂山区海洋与水产局和崂山区环保执法人员的陪同下，对九家养殖户鲍鱼养殖池受污染事故进行了调查。黄渤海监测站于6月12日出具《青岛市崂山区某岛鲍鱼养殖池污染事故调查报告》、7月9日出具《青岛市崂山区某岛鲍鱼养殖池污染事故损失评估报告》。认定：污染因子的分布与海域海流方向相吻合，落潮时正好将污水冲向鲍鱼池，断定鲍鱼池污染来自某岛污水厂的排污。1999年5月下旬至6月上旬青岛某岛沿岸潮间带池养鲍鱼死亡事故，是由于某岛污水厂停机，使未经任何处理的污水直接排入海中，导致海水中化学耗氧量（COD）、磷、氮浓度剧增，水体溶解氧和pH降低，严重超过了我国《渔业水质标准》和二类《海水水质标准》。被污染的海水纳入养殖池，导致养殖鲍鱼不适、中毒并缺氧窒息死亡。评定鲍鱼实际经济损失431.19万元。

1999年10月12日，于某某、戴某甲、戴某乙、戴某丙、戴某丁五原告分别向法院对某岛污水厂、青岛市排水管理处提起污染水域损害赔偿纠纷诉讼，要求判令二被告分别赔偿50.68万元、62.77万元、69.75万元、27.90万元、27.90万元，共计239万元。

2000年3月10日，戴某戊、戴某己、戴某庚、兰某某四原告共同向本院对某岛污水厂、青岛市排水管理处提出污染水域损害赔偿纠纷诉讼，要求判令二被告赔偿养殖污染损失728 400.00元、并赔偿其事故调查评估费及其他损失人民币3万元。审理中发现某岛污水厂是在污染事故发生后取得《事业法人登记证》。2000年9月9日，应诸原告申请将被告青岛市排水管理处变更为青岛市人民政府。

某岛污水厂辩称：（1）原告所诉海域污染的事由与客观事实不符。①某岛污水厂系青岛市政府重点工程之一，1998年年底开始试运行至今，处理净化城市工业污水、改善城市居民生活环境和前海海水水质，净化水深海排放。该厂自运行以来，设备运转正常。②因为当地部分养殖户担心该厂西侧暗出口的污水造成海域污染，1999年5月初，向暗渠处倾倒废土，将出口围挡起来，堵塞了暗渠排海口，导致渠内污水无法排放，溢流入污水处理厂。经查验某岛污水厂西侧确有一暗渠，其管辖权属崂山区。该暗渠主要功能应是排放汇水区域内的雨水，但位于大某岛村一带路边的饭店、某冷藏厂及大某岛村居民将污水经暗渠排放入海，约计排放量1130米，长期排入该暗渠的污水，应是致鲍鱼死亡的污染源。③1999年3月8日，九原告曾联名上书村委称：其鲍鱼全部绝产。显然不可能有本案九原告诉称的鲍鱼再次死亡。（2）原告的鲍鱼池位于禁养区之内，不应受到法律保护。小某岛垂直向外1.5千米和2千米处与小某岛所构成区域，系1995年10月《胶州湾及邻近海岸带功能区划》划定的法定禁养区。九原告的鲍鱼池正是位于禁养区范围内的小某岛东北角，不应受到法律保护，应自负其责，应依法驳回其诉讼请求。（3）在青岛市政府参加诉讼后，某岛污水厂口头辩称，本案污染事故发生在其登记成立之前，其债权债务应由青岛市前海重点工程指挥部承担，其不应承担民事责任。

青岛市人民政府当庭口头辩称：某岛污水厂是由青岛市市政工程管理局负责成立，青岛市市政工程管理局应当承担责任，应驳回对青岛市政府的起诉。

诉讼期间，经法院会同原告、被告勘验了现场，原告的养殖池是在第3×××1号《养殖使用证》范围以内。

2000年9月27日，青岛市市政工程管理局向青岛市崂山区人民政府递交了“关于要求撤销第3×××1号《养殖使用证》的函”，请求尽快撤销该《养殖使用证》。10月27日，青岛市市政工程管理局向青岛市政府递交了《行政复议申请书》，要求对青岛市崂山区人民政府发放给崂山区大某岛村的第3×××1号《养殖使用证》的效力进行审查，责令青岛市崂山区人民政府撤销该《养殖使用证》的行政复议请求。11月20日，两被告提交11月2日青岛市人民政府行政复议办公室致法院的函件，称：10月27日立案受理青岛市市政工程管理局不服崂山区人民政府拒绝撤销颁发给大某岛村委《养殖使用证》行政复议一案，案件正在审理，中止本案的审理。

2001年4月20日，法院向两被告发出《限期举证通知书》，要求两被告于15日内将复议决定书向法院递交。两被告均未向法院递交该复议决定书。

【裁判说理】

争议焦点：（1）九家养殖户的原告主体是否适格；（2）两被告民事责任的划分；（3）某岛污水厂排污与暗渠排污的责任划分；（4）损失评估的合理性。

青岛海事法院认为：

一、九原告的主体适格，其合法权益应受法律保护

（1）青岛市崂山区中韩镇大某岛村的第3×××1号《养殖使用证》未被撤销，该证合法有效；（2）《崂山区浅海滩涂养殖承包证》说明九原告合法承包了青岛市崂山区中韩镇大某岛村滩涂，承包利益应受法律保护。

二、1999年5月19日某岛污水厂的成立时间，是划分某岛污水厂与青岛市政府在本案中承担民事责任的时间

（1）《民法通则》第36条第2款规定：“法人的民事权利能力和行为能力，从法人成立时产生，到法人终止时消失。”第50条规定：“有独立经费的机关从成立之日起，具有法人资格。具备法人条件的事业单位、社会团体，依法不需要办理登记的，从成立之日起，具有法人资格；依法需要办理登记的，经核准登记，取得法人资格。”（2）青岛市政府属机关法人，能依法独立承担民事责任。（3）某岛污水厂属已办理登记的事业法人。某岛污水厂的

《事业法人登记证》确认其成立日期为1999年5月19日，则自成立之日起某岛污水厂的民事责任应当自负。（4）九原告所诉的污染事故发生于1999年5月25日以后至6月初，属于某岛污水厂成立以后行为。此时的某岛污水厂已具有法人资格，能够独立承担民事责任；青岛市政府不应承担民事责任。

三、某岛污水厂在本次污染事故的发生中存在过错

（1）1982年颁布，1983年3月1日至2000年3月30日施行的《海洋环境保护法》第21条规定："含有机物和营养物的工业废水、生活污水，应当控制向海湾、半封闭海湾及其他自净能力较差的海域排放，防止海水富营养化。"1990年国务院颁布的《防治陆源污染物损害海洋环境管理条例》第18条规定："向自净能力较差的海域排放含有机物和营养物质的工业废水和生活废水，应当控制排放量；排污口应当设置在海水交换良好处，并采取合理的排放方式，防止海水富营养化。"国家环保局《污水处理设施保护监督管理办法》第6条规定："污水处理设施因事故停止运转，应立即采取措施，停止废水排放，并及时报告当地环境保护行政主管部门。"（2）青岛市崂山区某岛湾内水域受连岛路的影响，呈半封闭型，水交换能力差。如果某岛污水厂按照设计要求施行污水一级处理后的深海排放，对该海域影响较小。但如果将未经处理的污水直接排海，对该水域的污染是不言而喻的。（3）某岛污水厂在停机检修期间，没有立即采取措施，停止废水排放，违反了《海洋环境保护法》《污水处理设施保护监督管理办法》。故，本案的因某岛污水厂所排放污水造成损失的民事责任，应由某岛污水厂承担。

四、某岛污水厂排污应承担本次污染事故的80%的致污责任，暗渠内汇集、排放的污水等其他致污因素应分担20%的致污责任

（1）九原告提供的监测机构《污染事故调查报告》阐明："1999年5月下旬至6月上旬青岛某岛沿岸潮间带池养鲍鱼死亡事故，是由于青岛某岛污水处理厂停机，使未经任何处理的污水直接排入海中，导致海水中化学耗氧量、磷、氮浓度剧增，水体溶解氧和pH降低，严重超过了中华人民共和国《渔业水质标准》和二类《海水水质标准》。被污染的海水纳入养殖池，导致养殖鲍鱼不适、中毒并缺氧窒息死亡。"（2）被告未能提供有效的证据推翻该鉴定结论，该鉴定结论应予采信。则原告的损失与某岛污水厂的违法排污行为有直接因果关系，应对原告本次污染事故承担主要责任。但被告提出的因其他污染因素加重了污染程度的发生的抗辩主张，证据充分，亦应当支持。

五、关于监测机构的《损失评估报告》

该报告是以原告等九家养殖户所自述的苗种大小、规格为前提，取70%的成活率，按照《水域污染事故渔业损失计算方法规定》的每亩投放苗数目，对九原告鲍鱼养殖池养殖物死亡损失情况进行的评估。该前提以及成活率的取值，均与被告调查的结果和本院查证的情况不符，且忽视了实际投苗情况、苗种的养成及收获情况等重要的事实。因此，该《损失评估报告》所做的损失评估不能作为定案依据。

六、关于九原告损失数额的确定

法院根据查证的九原告购苗大小、多少，考虑成活率、生长期及收获时间等养殖因素；扣除庭审查明的九原告1999年3月联名信自述养殖物受损的情况。根据原告的实际投放量，按照《水域污染事故渔业损失计算方法规定》的计算方法，参照《损失评估报告》中的"当地鲍鱼的养成规格为20只/千克，按400元/千克计；K系数的选取，该规定中K系数为0.7~1.3，因某岛海区水质肥沃，自然饵料丰富，鲍的养殖产量较高，选取1.1"，计算出九原告养殖物各自实际经济损失。经法院审判委员会研究，某岛污水厂对九原告污染的实际损害承担赔偿责任。

在宣判前，考虑执行等诸多因素，法院再次做双方当事人的协调工作，九原告与某岛污水厂自行达成和解协议，共赔付于某某、戴某甲、戴某乙、戴某丙、戴某丁五原告70万元，赔付戴某戊、戴某己、戴某庚、兰某某四原告30万元。在某岛污水厂履行付款义务后，九原告撤回起诉，六案件案结事了。

【法官后语】

1. 青岛作为世界著名的海滨旅游城市，城市发展日益规范，依法定程序划定了重点海滨风景区域的禁养区，并加大提升城市发展品质的污水处理标准与建设。这也带来了污水处理厂与相邻的历史遗留海珍品养殖业主的矛盾。本案就是因村民堵塞暗渠导致污水厂倒灌检修，加之强暴雨来袭，因担心污水处理效率应对泄洪不及，某岛污水厂没有及时打开污水处理阀门，致使未经处理的污水直接排海，加之暗渠大量涌入的泄洪水的急速排海，导致九原告的养殖鲍鱼受污死亡。

2. 本案崂山区水产局1998年统一审核《养殖使用证》时，签署延长有效期8年的意见，显然没有顾及1995年10月颁布的《青岛市海岸带规划管理规定》禁养区的范围，也给后续的重点海岸地带的养殖拆迁带来了诸多困难。但由于该行政行为并未被依法撤销，该《养殖使用证》仍为九原告合法养殖的有效证据。

3. 本案黄渤海监测站出具的《损失评估报告》，因未考虑养殖投苗与收获、污水厂与暗渠等诸多因素，法院仅采信其评估方法，但对其损失评估结论未予采信。法院综合各种因素后，重新计算了九原告损害情况，并判定了某岛污水厂应承担责任的相应比例。经审判委员会研究后，本着法律效果和社会效果最佳的原则，又几经调解，最终某岛污水厂与九原告达成和解协议，协议履行后，九原告撤回起诉。之后，该区域的海珍品养殖区拆迁也顺利完成。

【相关法条】

1.《中华人民共和国民法通则》（2021年1月1日废止）

第三十六条 法人是具有民事权利能力和民事行为能力，依法独立享有民事权利和承担民事义务的组织。

法人的民事权利能力和民事行为能力，从法人成立时产生，到法人终止时消灭。

第五十条 有独立经费的机关从成立之日起，具有法人资格。

具备法人条件的事业单位、社会团体，依法不需要办理法人登记的，从成立之日起，具有法人资格；依法需要办理法人登记的，经核准登记，取得法人资格。

第一百二十四条 违反国家保护环境防止污染的规定，污染环境造成他人损害的，应当依法承担民事责任。

对应新法：

《中华人民共和国民法典》（2021年1月1日施行）

第五十七条 法人是具有民事权利能力和民事行为能力，依法独立享有民事权利和承担民事义务的组织。

第五十九条 法人的民事权利能力和民事行为能力，从法人成立时产生，到法人终止时消灭。

第八十八条 具备法人条件，为适应经济社会发展需要，提供公益服务设立的事业单位，经依法登记成立，取得事业单位法人资格；依法不需要办理法人登记的，从成立之日起，具有事业单位法人资格。

第一千二百二十九条 因污染环境、破坏生态造成他人损害的，侵权人应当承担侵权责任。

2.《中华人民共和国海洋环境保护法》（1983 年 3 月 1 日施行）

第二十一条 含有机物和营养物质的工业废水、生活污水，应当控制向海湾、半封闭海及其他自净能力较差的海域排放，防止海水富营养化。

第四十二条 因海洋环境污染受到损害的单位和个人，有权要求造成污染损害的一方赔偿损失。赔偿责任和赔偿金额纠纷，可以由有关主管部门处理，当事人不服的，依照《中华人民共和国民事诉讼法（试行）》规定的程序解决；也可以直接向人民法院起诉。

对应新法：

《中华人民共和国海洋环境保护法》（2023 年 10 月 24 日修订）

第五十三条 含有机物和营养物质的工业废水、生活污水，应当严格控制向海湾、半封闭海及其他自净能力较差的海域排放。

第一百一十四条第一款 对污染海洋环境、破坏海洋生态，造成他人损害的，依照《中华人民共和国民法典》等法律的规定承担民事责任。

3.《中华人民共和国民事诉讼法》（1991 年 4 月 9 日施行）

第六十三条 证据有下列几种：

（一）书证；

（二）物证；

（三）视听资料；

（四）证人证言；

（五）当事人的陈述；

（六）鉴定结论；

（七）勘验笔录。

以上证据必须查证属实，才能作为认定事实的根据。

第六十四条 当事人对自己提出的主张，有责任提供证据。

当事人及其诉讼代理人因客观原因不能自行收集的证据，或者人民法院认为审理案件需要的证据，人民法院应当调查收集。

人民法院应当按照法定程序，全面地、客观地审查核实证据。

对应新法：

《中华人民共和国民事诉讼法》（2023年9月1日修正）

第六十六条 证据包括：

（一）当事人的陈述；

（二）书证；

（三）物证；

（四）视听资料；

（五）电子数据；

（六）证人证言；

（七）鉴定意见；

（八）勘验笔录。

证据必须查证属实，才能作为认定事实的根据。

第六十七条 当事人对自己提出的主张，有责任提供证据。

当事人及其诉讼代理人因客观原因不能自行收集的证据，或者人民法院认为审理案件需要的证据，人民法院应当调查收集。

人民法院应当按照法定程序，全面地、客观地审查核实证据。

4.《中华人民共和国防治陆源污染物损害海洋环境管理条例》（1990年8月1日施行）

第十八条 向自净能力较差的海域排放含有机物和营养物质的工业废水和生活废水，应当控制排放量；排污口应当设置在海水交换良好处，并采取合理的排放方式，防止海水富营养化。

5.《污水处理设施环境保护监督管理办法》（2007年10月8日废止）

第六条 污水处理设施因事故停止运转，应立即采取措施，停止废水排放，并及时报告当地环境保护行政主管部门。

承办人：郭彦滨

编写人：郭彦滨

10. 山东省荣成市某渔业公司诉某海上救助打捞局船舶污染损害责任纠纷案

——船舶油污损害赔偿案件中不可抗力及限制责任的认定

【合规提示】

本案系一起渔业养殖公司诉漏油船舶所有人，要求其赔偿因船舶漏油导致养殖经济损失的案件，双方对漏油事故是否属于不可抗力、船舶所有人能否根据我国参加的《1969 年国际油污损害民事责任公约》及其 1976 年议定书适用责任限制产生了争议。船舶漏油事故的损害赔偿应遵循公平公正的原则，要与国际、国内有关油污损害赔偿制度的发展趋势相一致。对于养殖公司而言，其在养殖过程中应注意留存相应的成本证据，以证明漏油事故造成的损失。对于船舶所有人而言，在船舶在航的过程中要尽到最大的谨慎注意义务，避免发生事故。对于已经发生的漏油事故，应及时采取措施避免损失的扩大，并应根据法律行政法规以及我国签订的国际条约进行公平公正的赔偿。

【案件信息】

1. 裁判文书字号

（1995）青海法海事初字第 11 号、（1997）鲁经终字第 32 号

2. 当事人

原告：山东省荣成市某渔业公司

被告：某海上救助打捞局

3. 关键词

民事　船舶污染损害　不可抗力　责任限制

【裁判要旨】

在侵权案件中，适用不可抗力是对过错和因果关系的双重否定，侵权人

适用不可抗力抗辩事由的前提应是其已尽到了最大的努力和最大的注意义务。适用责任限制应本着公平公正的原则，应对国际条约和国内法进行综合分析适用。

【基本案情】

被告所属“烟某油 2”轮系国内沿海货油运输、燃油供应船舶。该轮在营口辽滨装运 995 吨基础油（重油类）去江阴。8 月 12 日，由烟台港避过 14 号台风后启航。为等候 15 号台风消息，该轮又于当日 15 时 28 分在龙须岛湾抛锚。8 月 14 日，收到大连海岸气象台预报该海区东北风 6 ~ 7 级，根据局调度指示移动锚位，由原龙须岛锚地进入内锚地。8 月 15 日 23 时，该区风向转东南，风力增至 11 级，浪高 6 ~ 7 米。此时，该轮已经走锚。为防止走锚，船长下令开车顶进，但因该轮走锚进入养殖区后，车叶被养殖物缠死，主机失去动力。8 月 16 日 1 时 30 分，该轮被风推至岸边触礁搁浅。搁浅后由于船体与礁石撞击，该轮第 2、3 号油舱漏油。事故发生后，被告尽力组织了排污工作，将该轮货油拨往“鲁某油 5 号”轮约 543 吨，并回收了部分污油，但仍有约 200 吨污油飘溢在海面，给原告养殖区内的扇贝、鲍鱼造成大量死亡。

原告以被告烟台所属“烟某油 2”轮搁浅漏油给原告海水养殖鲍鱼造成大量死亡为由，起诉要求被告赔偿损失近 35 000 000 元。

被告在答辩中提出了根据我国参加的《1969 年国际油污损害民事责任公约》及其 1976 年议定书对该轮申请责任限制。

【裁判说理】

争议焦点：（1）被告所属“烟某油 2”轮的油污事故是否由不可抗力所引起。（2）该轮可否根据《1969 年国际油污损害民事责任公约》享有责任限制。

青岛海事法院认为：原告的海上养殖属于合法养殖，应受到法律保护。被告应对其所属的“烟某油 2”轮搁浅后造成的油污损害承担相应的民事赔偿责任。被告提出的责任限制申请未获允准的理由是：（1）“烟某油 2”轮属国内航行船舶，又在 2000 吨以下。我国《防止船舶污染海域管理条例》（已失效）第 13 条规定“国际航行和 2000 总吨以上的船舶在适用本条例时一并适用《1969 年国际油污损害民事责任公约》”，但未指明国内运输和 2000 总吨以下的船舶也适用该公约。(2)我国虽然参加了《1969年国际油污损害民事责任公约》,但尚未加入《1971年设立国际油污损害赔偿基金公约》。油污损害赔偿民事责任的体制是以上两公约为框架建立的,即从前一公约的责任限制额中得不到相应的补偿,后一公约应作出补偿。在我国只加入前一公约的情况下,仅以《1969年国际油污损害民事责任公约》限制责任是不合理的。(3)按照该公约作出的责任限制,本次事故的责任限制额甚至低于一般海损事故的责任限制,这与国际、国内有关油污损害赔偿制度的发展趋势是相悖的。

另外,由于被告所属"烟某油2"轮对15号台风没采取足够的应对措施,特别是对台风气旋方向掌握不够,是该海损事故发生的主要原因之一。被告所称本次事故系不可抗拒的自然灾害所造成,其理由不能成立。

青岛海事法院于1996年9月20日作出(1995)青海法海事初字第11号民事判决,判决被告赔偿原告相应的经济损失5 108 220元。

被告不服一审判决,提出上诉。山东省高级人民法院作出(1997)鲁经终字第32号民事判决,判决驳回上诉,维持原判。

被告又向山东省高级人民法院提起再审。山东省高级人民法院审判监督庭认为:(1)原审判决认定此次事故系某海上救助打捞局重大过失所致的结论是正确的;(2)关于本案是否适用《1969年国际油污损害民事责任公约》问题,原审判决不予准许符合《民法通则》的基本精神,应予支持;(3)关于损失数额的认定,原审判决是在大量调查取证并与烟台海监局的最初调查损失相吻合情况下作出的,是公平合理的。山东省高级人民法院审判监督庭驳回了某海上救助打捞局的再审申请。

【法官后语】

本案是一起因船舶漏油而引发的侵权损害赔偿之诉。为减轻或免除其赔偿责任,被告在本案中提出了两项抗辩事由:一是不可抗力;二是根据《1969年国际油污损害民事责任公约》享有责任限制。

《民法典》总则编第180条规定:"因不可抗力不能履行民事义务的,不承担民事责任……"该条亦适用于侵权案件中。不可抗力是不能预见、不能避免且不能克服的客观情况。即当事人已经尽到最大努力和采取一切可以采取的措施,仍不能避免某种事情的发生或者克服事件所造成的损害结果。而针对本案被告提出“台风”的不可抗力，被告明知发生台风的情况下，选择避风锚地不当，是被告主观上的过失。被告所属“烟某油 2”轮在船舶走锚时，由于对台风气旋方向掌握不够，没有尽到良好船艺，有驾驶上的过失。显然，被告在应对台风的过程中，并没有尽最大的努力和最大的注意义务。因此被告不能以不可抗力免除事故的责任。

关于本次事故能否适用《1969 年国际油污损害民事责任公约》享受责任限制，应当了解该公约产生的背景是 1967 年在英吉利海峡发生了灾难性的“托利·峡谷”号油污事件后，国际社会普遍认识到传统的海商法中规定的船舶责任限制的数额对油污受害人如杯水车薪，为了改变这种局面，才制定了该公约。该公约比《1957 年船东责任限制公约》的责任限制高了一倍。本案如按《1969 年国际油污损害民事责任公约》计算责任限额为 63 693.69 特别提款权（SDR），约合人民币 786 744.90 元，而按照《海商法》对一般海损事故责任限制作出的限额，计算是 2 152 270.93 元，适用《1969 年国际油污损害民事责任公约》的限额低于一般海损事故的责任限额，这种情况与制定《1969 年国际油污损害民事责任公约》的宗旨是相悖的。其原因是《1969 年国际油污损害民事责任公约》对 2000 总吨以下的小油轮所造成的油污事故没有包括在公约的适用范围之内，而是留给国内法解决。国际海事组织（IMO）于 1984 年通过了《1969 年国际油污损害民事责任公约》的议定书，规定“不超过 5000 吨的船舶为 300 万 SDR”，基本上能解决小油轮大事故的责任限额。因 1984 年议定书生效条件比较严苛，国际社会于 1992 年修改了该议定书的生效条件。现 1992 年议定书已生效，对我国小油轮造成大事故的油污赔偿能起到一定作用。

另外，从国际油污损害赔偿人法律机制上来看，该赔偿机制是由《1969 年国际油污损害民事责任公约》和《1971 年设立国际油污损害赔偿基金公约》作保障的，即当按前一公约不足以满足受害人的赔偿时，由后一公约作补偿。我国经过多年的探讨，迄今尚未加入这一公约。在此情况下，如果按照《1969 年国际油污损害民事责任公约》设立本案的赔偿限额对油污受害人来说是不公正的。在此情况下，由被告赔偿原告相应经济损失，即养殖物的直接损失是合理的。该赔偿额为 5 108 220 元仅为原告主张损失数额的 15%。该判决既考虑到维护油污受害人的合法利益，也充分考虑了被告对油污损害巨额赔偿时的经济压力，体现了公平原则。

【相关法条】

1.《中华人民共和国民法通则》(2021 年 1 月 1 日废止)

第一百零六条 公民、法人违反合同或者不履行其他义务的，应当承担民事责任。

公民、法人由于过错侵害国家的、集体的财产，侵害他人财产、人身的，应当承担民事责任。

没有过错，但法律规定应当承担民事责任的，应当承担民事责任。

对应新法：

《中华人民共和国民法典》(2021 年 1 月 1 日施行)

第一百七十六条 民事主体依照法律规定或者按照当事人约定，履行民事义务，承担民事责任。

2.《中华人民共和国海商法》(1993 年 7 月 1 日施行)

第二百零八条 本章规定不适用于下列各项：

(一)对救助款项或者共同海损分摊的请求；

(二)中华人民共和国参加的国际油污损害民事责任公约规定的油污损害的赔偿请求；

(三)中华人民共和国参加的国际核能损害责任限制公约规定的核能损害的赔偿请求；

(四)核动力船舶造成的核能损害的赔偿请求；

(五)船舶所有人或者救助人的受雇人提出的赔偿请求，根据调整劳务合同的法律，船舶所有人或者救助人对该类赔偿请求无权限制赔偿责任，或者该项法律作了高于本章规定的赔偿限额的规定。

3.《1969 年国际油污损害民事责任公约》

第五条

……

3. 未取得本条第 1 款规定的责任限制的权利，船舶所有人应在按第九条规定的提出诉讼的任一缔约国的法院或其他主管当局设立相当于其责任限制总数的基金。建立该项基金可采取照数存入银行的办法，或是采取按设立基金的缔约国法律可以接受的，经法院或其他主管机关认可的银行担保或其他担保的方法。

……

4.《1971 年设立国际油污损害赔偿基金公约》

第二条 1. 用作赔偿油污损害的国际基金，成为“国际油污赔偿基金”以下所称的“本基金”系基于下列目的而设：

（1）在国际公约所不易提供保护的范围内提供油污损害赔偿；

（2）解除按责任公约加于船舶所有权的额外经济负担，这种解除需具备为保证符合海上安全和其他公约而规定的条件。

（3）执行本公约中所列举的有关目的。

2. “本基金”在各缔约国应被认为是按照该国法律能够享有权利及承担义务并能在向该国法院提出的诉讼中作为一方的法人，各缔约国应承认“本基金”的干事（以后称“干事”）为本基金的法律代表。

承办人：孟庆开

编写人：庄雪莉　万贵良

11. 胶南县某贻贝养殖场诉某港务局船舶污染损害责任纠纷案

——行为人不能证明自身行为与损害后果不具有因果关系的，应当承担环境污染侵权责任

【合规提示】

本案系一起因船舶跑油事故引起相关事发海域环境污染，造成在事发海域进行养殖作业的养殖场受损，养殖场诉涉事相关主体要求赔偿的船舶油污污染损害赔偿案件。我国民事相关法律明确规定此类型环境污染损害赔偿案件适用无过错原则，在因果关系上实行举证责任倒置，船舶方以及运油调配方等相关涉事主体均负有证明其行为与环境受污染之间不存在因果关系的证明责任。对于环境污染受害方来说，应在发生海域污染事件后第一时间将情况报告环境保护主管机关，并准确清点自身损失，及时与涉事单位协商或通

过诉讼解决纠纷。对于涉事单位来说，因涉及举证责任倒置，故应着重向法庭举证证明自身行为与污染结果之间不存因果关系的事实，以避免自身承担侵权责任。

【案件信息】

1. 裁判文书字号

（1987）青海法海事初字第 18 号

2. 当事人

原告：胶南县某贻贝养殖场

被告：某港务局

第三人：某石油运销有限公司

3. 关键词

民事　船舶污染损害　无过错原则　因果关系

【裁判要旨】

查明相关海域确已受油污污染造成损害结果的，若行为方及管理方不能举证证明其行为与油污海域污染所致损害后果之间不具有因果关系的，应当对损害结果承担赔偿责任。

【基本案情】

原告胶南县某贻贝养殖场诉称，被告某港务局于 1987 年 9 月 30 日发生跑油事故造成原告养殖区污染，致使原告所放养的 76 亩扇贝、50 亩成品贻贝及 100 贻贝苗种受到不同程度的污染。这次污染原油数量多，受污面积广，持续时间长。原告发现造成污染后虽然及时组织人员清污抢救，但该事故仍造成了严重污染损失。原告养殖区受污后，于 9 月 30 日将受污情况报告黄岛区环保局，该局在受污现场进行了调查。后原告又报告给青岛海监局、青岛市环保局等有关部门。10 月 5 日，青岛海监局、青岛市环保局到现场调查，确认污染损失情况属实。故原告胶南县某贻贝养殖场向法院提出诉讼请求：要求被告某港务局赔偿扇贝损失、成品贻贝死亡损失、成品贻贝变质损失、贻贝苗种损失、人工费及工具材料损失等共计 123 008 元。

被告某港务局辩称，某运输公司“华某 2 号”轮于 9 月 27 日 16 时 10 分靠泊黄岛油码头西泊位，配载27 000吨原油。9月30日凌晨3时，在正常装油过程中，“华某2号”轮4号、5号中舱满，调2号、3号中舱，“华某2号”轮在调舱时，关阀误操作导致管内油压瞬时增高，造成伸缩节脱位超限跑油造成污染。某港务局辩称，发生该环境污染案件与某港务局无关，完全是因某运输公司“华某2号”油轮调舱时未按照先后开关的操作程序所致，且某港务局在这次事故中所付出经济损失极大。本着“谁污染，谁负责”的原则，要求给予某港务局合理赔偿，一切经济损失应由第三人承担。

第三人某石油运销有限公司述称，“华某2号”轮操作无误。

【裁判说理】

争议焦点：油污污染事故的责任分配问题及损失金额的确定。

青岛海事法院认为：原告所属海域养殖区确已遭受污染。被告与第三人无明显过失。结合各方所提交证据，被告所称第三人某石油运销有限公司承担全部责任的证据也并不充分。污染环境归责原则为无过错责任，油污污染即使无过错也要承担相应责任，某港务局与某石油运销有限公司都需要承担赔偿责任。合议庭在进行大量讨论后形成了统一意见，被告与第三人各承担50%的赔偿责任。被告与第三人对此责任分配方案表示认同。在损失金额的确定上，原告缺乏相应金额认定的证据，青岛海事法院经过进一步核实后，评估本次损失在31 000元左右，该数额也得到了原告的同意。

经青岛海事法院主持调解，各方达成调解协议。1988年7月26日，青岛海事法院作出（1987）青海法海事字第18号民事调解书，对各方达成的调解协议予以确认。

【法官后语】

为应对因船舶油污事件给生态和经济所造成的重大损失，解决受害方“索赔难”问题，国际社会专门制定了由国际公约和各国油污环境污染立法组成的赔偿体系。1969年与1992年，由国际海事组织（IMO）在伦敦召开的国际会议上通过了《1969年国际油污损害民事责任公约》及《修正1969年国际油污损害民事责任公约的1992年议定书》，其将油污污染损害范围确定为油类从船上溢出或排放引起的在该船之外造成的灭失或损害，并配套规定有责任限额、强制保险制度等，我国于1980年4月29日加入该公约。1992

年，设定了《1992年国际油污损害民事责任公约》，我国于2000年加入该公约。该公约将油轮或当时实际载运散装油类的其他海船作为其规制对象，并且当时各国油污法均将非商业性服务用船排除在法律规制对象之外。①

本案是1984年青岛海事法院设立后受理的首例油污损害海上养殖纠纷案。该案以调解方式结案，合理分配了被告与第三人的赔偿责任，同时使原告能够及时获得相应赔偿并重新投入养殖生产。本案的妥善解决有力彰显了海事司法积极保障海洋渔业发展、维护海洋生态资源的职能作用。

【相关法条】

《中华人民共和国民法通则》（2021年1月1日废止）

第一百零六条 公民、法人违反合同或者不履行其他义务的，应当承担民事责任。

公民、法人由于过错侵害国家的、集体的财产，侵害他人财产、人身的，应当承担民事责任。

没有过错，但法律规定应当承担民事责任的，应当承担民事责任。

第一百二十四条 违反国家保护环境防止污染的规定，污染环境造成他人损害的，应当依法承担民事责任。

对应新法：

《中华人民共和国民法典》（2021年1月1日施行）

第一百七十六条 民事主体依照法律规定或者按照当事人约定，履行民事义务，承担民事责任。

第一千二百二十九条 因污染环境、破坏生态造成他人损害的，侵权人应当承担侵权责任。

第一千二百三十条 因污染环境、破坏生态发生纠纷，行为人应当就法律规定的不承担责任或者减轻责任的情形及其行为与损害之间不存在因果关系承担举证责任。

承办人：孟庆开

编写人：郭郑超　赵忆雪　袁子丰

① 参见王小军、戴超：《船舶油污损害赔偿民事责任主体探析》，载《中国海洋大学学报（社会科学版）》2014年第5期。

生态保护

12. 青岛市人民检察院诉李某某、吴某生态环境保护民事公益诉讼案

——非法捕捞与违法收购水产品的行为构成共同侵权，应当承担连带责任

【合规提示】

1. 从事捕捞作业的单位和个人，必须按照捕捞许可证关于作业类型、场所、时限、渔具数量和捕捞限额的规定进行作业。禁止使用炸鱼、毒鱼、电鱼等破坏渔业资源的方法进行捕捞；禁止使用小于最小网目尺寸的网具进行捕捞。

2. 捕捞者违反捕捞许可证的规定跨海区捕捞或使用炸鱼、毒鱼、电鱼等破坏渔业资源的方法捕捞的行为系非法捕捞行为。从事水产品收购应当注意查明水产品的来源是否合法，收购者对于非法捕捞所得的水产品不得收购并出售获利。

【案件信息】

1. 裁判文书字号

（2023）鲁 72 民初 360 号

2. 当事人

原告：青岛市人民检察院

被告：李某某、吴某

3. 关键词

民事　公益诉讼　非法捕捞　违法收购　侵权　连带责任

【裁判要旨】

使用禁用渔具、跨渔区非法捕捞的行为构成侵害社会公众权益的行为；明知水产品系非法捕捞而收购并出售的，与非法捕捞行为构成共同侵权，二者应当对破坏的海洋自然资源与生态环境承担连带赔偿责任。

【基本案情】

2022 年 2 月至 4 月，李某某驾驶浙普渔 68××3 船从浙江舟山沈家门码头出发，出海捕捞作业，使用电鱼方法和小于规定网目尺寸的网具分别捕捞渔获物 5 万余斤，销售金额共计 100 万余元。同时，违反其所持有的捕捞许可证关于作业类型、场所、时限等方面的批准内容，未在核准的东海 C2 区域进行捕捞作业，而是至黄海江苏、山东区域违法进行跨海域捕捞。其间，吴某和其雇用的船员驾驶浙普渔运 68××8 船，随同李某某捕捞船一同出海，实施了即时上船违法收购非法捕捞的水产品、贩卖于青岛沙子口码头和为捕捞船提供必要补给品的行为，并分别约定支付李某某渔获物收购款 50 万余元。

2022 年 7 月 25 日，青岛市市南区人民检察院在办理刑事案件时发现本案线索，立案并发布诉前公告。公告期内无法律规定的机关和有关组织提起民事公益诉讼。2023 年 3 月，青岛市人民检察院作为公益诉讼起诉人提起本案诉讼，请求判令：李某某承担海洋自然资源与生态环境修复费用 150 万元、评估费 1 万元；吴某对李某某的赔偿责任承担连带责任；李某某与吴某在国家级媒体上刊登赔礼道歉声明。

【裁判说理】

争议焦点：非法捕捞与违法收购的行为是否构成共同侵权。

青岛海事法院认为，本案系因使用禁用渔具、跨渔区非法捕捞、违法收购水产品引发的民事公益诉讼纠纷。李某某所属的“浙普渔 68××3”船的核准作业区域为浙江省 C2 类渔区，但其驾驶该船跨海区至江苏、山东海域从事捕捞作业，并且使用了不符合捕捞标准的网具，在渔船上加装电捕功能设施，违法采用电鱼和使用小于最小网目的网具的方法实施捕捞作业，违反了《渔业法》《渔业捕捞许可管理规定》的相关规定，严重破坏了海洋渔业资源和生态环境，损害了社会公共利益，其应当承担海洋自然资源与生态环境损害赔偿的民事侵权责任。

吴某作为具有十余年从事渔获物收购买卖的从业者，长期在浙江舟山区域负责收购并贩卖渔获物，其应明知“浙普渔68××3”船的捕捞许可证核准的作业范围仅为东海浙江区域C1区，亦应对捕捞船的作业资质、范围、方式和收购的渔获物的合法来源等有能力辨识，其在登上捕捞船收购时，具备观察捕捞船是否具有禁用渔具的条件，但其没有尽到注意义务，跟随多艘捕捞船跨海域从事收购活动并从中获取收益，且为捕捞船提供必要的补给品供其连续不间断地非法捕捞，存在放任侵害渔业资源和海洋生态环境破坏发生的行为与过错。

李某某的非法捕捞行为与吴某的违法收购行为相结合，共同侵害海洋自然资源与生态环境，依照《民法典》第1168条的规定，双方应对其侵权行为造成的损害后果承担连带赔偿责任。青岛海事法院判决：李某某承担海洋自然资源与生态环境修复费用150万元、评估费1万元；吴某对李某某的赔偿责任承担连带责任；李某某与吴某在国家级媒体上刊登赔礼道歉声明。

判决送达后，李某某与吴某均服判息诉，并在判决确定的期限内履行了赔偿义务。

【法官后语】

本案是青岛海事法院审理的首起跨海域、跨省域非法捕捞、违法收购水产品生态环境民事公益诉讼案件。《渔业法》《渔业捕捞许可管理规定》均规定，从事捕捞作业的单位和个人，必须按照捕捞许可证关于作业类型、场所、时限、渔具数量和捕捞限额的规定进行作业。《渔业法》还规定，禁止使用炸鱼、毒鱼、电鱼等破坏渔业资源的方法进行捕捞；禁止使用小于最小网目尺寸的网具进行捕捞。李某某使用禁用渔具、跨渔区非法捕捞的行为违反了上述规定，严重破坏了海洋渔业资源和生态环境，损害了社会公共利益，应当承担海洋自然资源与生态环境损害赔偿的民事侵权责任。吴某明知渔获物系非法捕捞所得而收购并销售从中获利的违法收购水产品的行为系放任侵害渔业资源和海洋生态环境破坏发生的行为，亦存在过错。非法捕捞行为与违法收购行为相结合，共同侵害海洋自然资源与生态环境，双方应对其侵权行为造成的损害后果承担连带赔偿责任。

非法捕捞行为成本低、利润高，在巨大利诱下，捕捞人员与收购、运输、销售人员长期勾结，已形成固定买卖关系和完整利益链条，这一链条中，各环节均从非法捕捞行为中获得利益，具有高度协同性，行为与结果之间具有法律上的因果关系，共同导致海洋自然资源与生态环境受损。预防、打击非法捕捞行为，应从源头上彻底切断利益链条，让非法收购的共同侵权者付出经济代价，与非法捕捞者共同对海洋自然资源与生态环境损害后果承担连带赔偿责任。

最高人民法院、最高人民检察院司法解释出台后，青岛海事法院依法履行海洋环境资源审判职能，在与辖区检察机关共同办理海洋环境公益诉讼案件中，深入推进海洋生态文明建设，切实保护海洋渔业资源，依法针对“捕捞—收购—销售”的系列违法行为实施全链条打击、全方位惩治，斩断非法捕捞利益链，以最严格的制度、最严密的法治保护海洋自然资源与生态环境，充分发挥司法引领作用，彰显了海事司法维护海洋自然资源与生态环境的理念与决心。

【相关法条】

1.《中华人民共和国民法典》（2021年1月1日施行）

第一千一百六十八条 二人以上共同实施侵权行为，造成他人损害的，应当承担连带责任。

第一千二百三十四条 违反国家规定造成生态环境损害，生态环境能够修复的，国家规定的机关或者法律规定的组织有权请求侵权人在合理期限内承担修复责任。侵权人在期限内未修复的，国家规定的机关或者法律规定的组织可以自行或者委托他人进行修复，所需费用由侵权人负担。

2.《中华人民共和国渔业法》（2013年12月28日修正）

第二十五条 从事捕捞作业的单位和个人，必须按照捕捞许可证关于作业类型、场所、时限、渔具数量和捕捞限额的规定进行作业，并遵守国家有关保护渔业资源的规定，大中型渔船应当填写渔捞日志。

第三十条第一款 禁止使用炸鱼、毒鱼、电鱼等破坏渔业资源的方法进行捕捞。禁止制造、销售、使用禁用的渔具。禁止在禁渔区、禁渔期进行捕捞。禁止使用小于最小网目尺寸的网具进行捕捞。捕捞的渔获物中幼鱼不得超过规定的比例。在禁渔区或者禁渔期内禁止销售非法捕捞的渔获物。

3.《中华人民共和国民事诉讼法》（2021年12月24日修正）

第五十八条 对污染环境、侵害众多消费者合法权益等损害社会公共利益的行为，法律规定的机关和有关组织可以向人民法院提起诉讼。

人民检察院在履行职责中发现破坏生态环境和资源保护、食品药品安全领域侵害众多消费者合法权益等损害社会公共利益的行为，在没有前款规定的机关和组织或者前款规定的机关和组织不提起诉讼的情况下，可以向人民法院提起诉讼。前款规定的机关或者组织提起诉讼的，人民检察院可以支持起诉。

第六十七条 当事人对自己提出的主张，有责任提供证据。

当事人及其诉讼代理人因客观原因不能自行收集的证据，或者人民法院认为审理案件需要的证据，人民法院应当调查收集。

人民法院应当按照法定程序，全面地、客观地审查核实证据。

对应新法：

《中华人民共和国民事诉讼法》（2023年9月1日修正）

第五十八条 对污染环境、侵害众多消费者合法权益等损害社会公共利益的行为，法律规定的机关和有关组织可以向人民法院提起诉讼。

人民检察院在履行职责中发现破坏生态环境和资源保护、食品药品安全领域侵害众多消费者合法权益等损害社会公共利益的行为，在没有前款规定的机关和组织或者前款规定的机关和组织不提起诉讼的情况下，可以向人民法院提起诉讼。前款规定的机关或者组织提起诉讼的，人民检察院可以支持起诉。

第六十七条 当事人对自己提出的主张，有责任提供证据。

当事人及其诉讼代理人因客观原因不能自行收集的证据，或者人民法院认为审理案件需要的证据，人民法院应当调查收集。

人民法院应当按照法定程序，全面地、客观地审查核实证据。

4.《最高人民法院关于审理环境民事公益诉讼案件适用法律若干问题的解释》（2020年12月29日修正）

第二十条 原告请求修复生态环境的，人民法院可以依法判决被告将生态环境修复到损害发生之前的状态和功能。无法完全修复的，可以准许采用替代性修复方式。

人民法院可以在判决被告修复生态环境的同时，确定被告不履行修复义务时应承担的生态环境修复费用；也可以直接判决被告承担生态环境修复费用。

生态环境修复费用包括制定、实施修复方案的费用，修复期间的监测、监管费用，以及修复完成后的验收费用、修复效果后评估费用等。

第二十三条 生态环境修复费用难以确定或者确定具体数额所需鉴定费用明显过高的，人民法院可以结合污染环境、破坏生态的范围和程度，生态环境的稀缺性，生态环境恢复的难易程度，防治污染设备的运行成本，被告因侵害行为所获得的利益以及过错程度等因素，并可以参考负有环境资源保护监督管理职责的部门的意见、专家意见等，予以合理确定。

5.《最高人民法院关于审理海洋自然资源与生态环境损害赔偿纠纷案件若干问题的规定》（2018 年 1 月 15 日施行）

第六条 依法行使海洋环境监督管理权的机关请求造成海洋自然资源与生态环境损害的责任者承担停止侵害、排除妨碍、消除危险、恢复原状、赔礼道歉、赔偿损失等民事责任的，人民法院应当根据诉讼请求以及具体案情，合理判定责任者承担民事责任。

第七条 海洋自然资源与生态环境损失赔偿范围包括：

（一）预防措施费用，即为减轻或者防止海洋环境污染、生态恶化、自然资源减少所采取合理应急处置措施而发生的费用；

（二）恢复费用，即采取或者将要采取措施恢复或者部分恢复受损害海洋自然资源与生态环境功能所需费用；

（三）恢复期间损失，即受损害的海洋自然资源与生态环境功能部分或者完全恢复前的海洋自然资源损失、生态环境服务功能损失；

（四）调查评估费用，即调查、勘查、监测污染区域和评估污染等损害风险与实际损害所发生的费用。

承办人：王妍娥

编写人：王妍娥　段琪祺

13. 山东省日照市人民检察院诉丁某某、韩某生态环境保护民事公益诉讼案

——对于海洋环境公益诉讼，可以以“增殖放流”等修复方式修复受损海洋

【合规提示】

禁渔期是保护水生生物资源，维护生态环境的重要举措，对保证生物种群稳定和渔业高质量可持续发展具有重大意义。非法捕捞水产品破坏的不仅是渔业资源，也是对海洋生态系统的破坏。落实伏季禁渔制度事关公共利益，需要全社会共同参与、共同努力，广大渔民及水产企业应自觉遵守禁渔期规定，有节有度捕捞水产品，莫让“渔网”碰“法网”，共同维护海洋渔业资源。

【案件信息】

1. 裁判文书字号

（2022）鲁72民初1586号

2. 当事人

原告：山东省日照市人民检察院

被告：丁某某、韩某

3. 关键词

民事　公益诉讼　生态环境保护　海洋渔业资源和生态环境修复　增殖放流

【裁判要旨】

以“增殖放流”方式修复海洋生态环境，促成双方达成和解，将海洋环保司法审判工作与海洋生态保护有机融合。

【基本案情】

2019 年 5 月 3 日至 6 月 3 日伏季休渔，“鲁某 65×”渔船船主丁某某，为牟取非法经济利益，雇用他人采用下流网等作业方式多次到日照近海海域禁渔区捕捞包括鲅鱼和台鲅鱼等在内的杂鱼共计 4393 斤；韩某明知丁某某实施非法捕捞行为，为牟取非法利益，仍对丁某某非法捕捞的海产品予以收购销售。两人的行为影响了海洋渔业资源的正常生产繁殖和生殖群体的补充，对海洋渔业资源造成了损害，破坏了海洋生态。日照市人民检察院对两人违法行为的损害后果进行鉴定并在确定损失后提起诉讼，要求两被告承担渔业资源生态损害恢复费用 186 917 元或增殖放流相应规格的鱼类。

【裁判说理】

争议焦点：（1）两被告行为是否破坏海洋生态环境、损害公共利益。（2）海洋渔业资源和生态环境修复费用的确定及民事赔偿责任的承担。

在青岛海事法院主持调解下，公益诉讼起诉人与两被告达成调解协议：2023 年 6 月至 10 月，由检察机关、海洋渔业部门监督，两被告在日照近海海域采用放流全长大于 40 毫米的苗种 233 464 尾的增殖方式修复被破坏的海洋生态和渔业资源。如不能增殖放流，则承担海洋渔业资源生态损害恢复费用 186 917 元，两被告承担鉴定费 2588 元。

【法官后语】

本案是青岛海事法院首次受理的由检察机关以公益诉讼起诉人身份提起的涉海民事公益诉讼案件，也是自 2022 年 5 月 11 日《最高人民法院、最高人民检察院关于办理海洋自然资源与生态环境公益诉讼案件若干问题的规定》（以下简称《规定》）发布后，山东省首例由人民检察院作为公益诉讼起诉人提起的海洋渔业资源生态环境损害赔偿类案件。

党的十八大作出了海洋强国的重大决策部署，山东作为海洋大省，省委、省政府也提出了“海洋强省建设行动计划”。青岛海事法院作为审理海事海商案件的专门法院，对辖区内海洋自然资源和生态环境进行司法保护是其义不容辞的责任。保护海洋生态环境，实现“蓝色发展，人海和谐”是海洋强国强省建设的根本要求，也是维护海洋经济可持续发展的基础保障和重要手段。

《规定》实施后，青岛海事法院积极关注相关案件，并与管辖区域内的检察院开展海洋自然资源与生态环境公益诉讼业务对接交流并最终受理本案。青岛海事法院通过本案的审理，将《规定》精神有效落到实处，充分发挥了海事法院审理涉海案件的专业优势。

党的二十大报告要求，提升生态系统多样性、稳定性、持续性，加快实施重要生态系统保护和修复重大工程。本案坚持海洋生态环境修复司法导向，将海洋环保司法审判工作与海洋生态保护有机融合，突出恢复性司法理念。“在哪里破坏，就在哪里修复”，针对海洋渔业资源破坏行为提起的公益诉讼，杜绝以罚代管，本案以“增殖放流”的海洋生态恢复措施作为核心条款，促成原、被告双方达成和解，既对非法捕捞行为进行了依法惩处，避免了财产性惩罚执行的单一性，又能对受损害的生态环境进行有效修复，是探索生态环境保护补偿制度的司法实践。青岛海事法院与检察机关、海洋渔业部门一同对被告增殖放流的过程进行监督、检查，确保生态修复真正到位。

本案的审结是青岛海事法院一直高度重视海洋环境司法保护的缩影，受理方式和裁判结果都是对未来审理海洋生态环境损害赔偿案件进行司法保护的有益探索，为促进海洋生态文明建设提供了有力支持，为保障海洋安全，保护海洋环境，推进海洋法治，服务海洋强国强省建设提供了司法支撑。

【相关法条】

1.《中华人民共和国民法典》（2021 年 1 月 1 日施行）

第一千一百六十八条　二人以上共同实施侵权行为，造成他人损害的，应当承担连带责任。

第一千二百二十九条　因污染环境、破坏生态造成他人损害的，侵权人应当承担侵权责任。

2.《中华人民共和国民事诉讼法》（2023 年 9 月 1 日修正）

第五十八条　对污染环境、侵害众多消费者合法权益等损害社会公共利益的行为，法律规定的机关和有关组织可以向人民法院提起诉讼。

人民检察院在履行职责中发现破坏生态环境和资源保护、食品药品安全领域侵害众多消费者合法权益等损害社会公共利益的行为，在没有前款规定的机关和组织或者前款规定的机关和组织不提起诉讼的情况下，可以向人民法院提起诉讼。前款规定的机关或者组织提起诉讼的，人民检察院可以支持起诉。

3.《最高人民法院、最高人民检察院关于办理海洋自然资源与生态环境公益诉讼案件若干问题的规定》（2022年5月15日施行）

第三条 人民检察院在履行职责中发现破坏海洋生态、海洋水产资源、海洋保护区的行为，可以告知行使海洋环境监督管理权的部门依据本规定第二条提起诉讼。在有关部门仍不提起诉讼的情况下，人民检察院就海洋自然资源与生态环境损害，向有管辖权的海事法院提起民事公益诉讼的，海事法院应予受理。

承办人：吕延铭

编写人：吕延铭　肖秀雯　毕德强

14. 某市海洋发展局诉胡某、徐某生态环境损害赔偿纠纷案

——国家海洋行政主管部门可作为适格原告提起诉讼

【合规提示】

本案系一起因被告使用“绝户网”捕捞海洋产品致使海洋自然生态环境受损，被告被依法判处非法捕捞水产品罪后，当地环境保护主管机关向被告提起的生态环境损害赔偿纠纷案件。我国法律将刑事责任与民事责任并行，设立生态环境损害赔偿纠纷诉讼，其目的在于保护公共利益，授权省、市级负有环境保护职责的行政机关提起生态环境损害赔偿纠纷的权利。对于环境保护主管机关来讲，要注意履行法定职责，以维护公共利益为主旨加大对破坏生态环境的行为的查处力度，并严格依照法律规定对相关行为人提起损害赔偿诉讼以修复受损的生态环境。对于破坏生态环境的行为人来说，其破坏生态环境的行为并不仅受刑事法律调整，还将面临承担生态环境修复责任的民事义务，故在生产作业中应当考虑到环境破坏性，自觉维护生态环境的健康持续发展。

【案件信息】

1. 裁判文书字号

（2019）鲁72民初846号

2. 当事人

原告：某市海洋发展局

被告：胡某、徐某

3. 关键词

民事　公益诉讼　生态环境保护　原告适格　修复费用　责任承担

【裁判要旨】

行为人所实施的行为已被人民法院生效刑事判决认定为损害海洋自然资源生态环境的行为，经具有鉴定资质的机构出具专业性鉴定意见，对受损海洋自然资源生态环境所需修复金额进行确认。依《最高人民法院关于审理海洋自然资源与生态环境损害赔偿纠纷案件若干问题的规定》第6条至第8条的规定，国家海洋行政主管部门可依法以行为人为被告提起损害海洋自然资源生态环境之诉。

【基本案情】

原告某市海洋发展局诉称：2016年12月29日至2017年1月14日，被告徐某指挥鲁某渔53177、鲁某渔53178两艘渔船及渔船上的聂某某、杨某某等29名船员，使用船主胡某提供的网目尺寸小于国家标准的禁用渔具，在中国海域捕捞水产品43 960公斤，价值112 920元，破坏了海洋生物多样性和海洋生物物种的可持续利用，对海洋渔业资源造成损害，给国家财产造成重大损失。经鉴定，修复被胡某、徐某非法捕捞行为损害的海洋渔业资源的相关费用为615 800元，鉴定评估费50 000元。原告某市海洋发展局向法院提出诉讼请求：（1）依法判令胡某、徐某修复被其破坏的海洋渔业资源，承担海洋渔业资源修复费用615 800元；（2）判令胡某、徐某承担鉴定评估费50 000元、律师费20 000元；（3）判令胡某、徐某承担本案诉讼费用。

支持起诉人某市人民检察院支持起诉称：该院在履行职责中发现，胡某、徐某等非法捕捞水产品的行为损害了海洋渔业资源。该院查明，2016年12

月29日至2017年1月14日，被告徐某指挥鲁某渔53177、鲁某渔53178两艘渔船及渔船上的聂某某、杨某某等29名船员，使用船主胡某提供的网目尺寸小于国家标准的禁用渔具，在中国海域捕捞水产品43 960公斤，价值112 920元，破坏了海洋生物多样性和海洋生物物种的可持续利用，对海洋渔业资源造成损害，给国家财产造成重大损失。法院认为，根据《侵权责任法》《最高人民法院关于审理环境民事公益诉讼案件适用法律若干问题的解释》《最高人民法院关于审理海洋自然资源与生态环境损害赔偿纠纷案件若干问题的规定》的相关规定，胡某、徐某应当承担民事赔偿责任。依据《民事诉讼法》第55条第2款之规定，特支持威海海洋局对胡某、徐某提起诉讼。

被告胡某、徐某未答辩。

法院经审理查明：2016年12月29日至2017年1月14日，被告徐某指挥鲁某渔53177、鲁某渔53178两艘渔船及渔船上的聂某某、杨某某等29名船员，使用船主胡某提供的网目尺寸小于国家标准的禁用渔具，在中国海域捕捞水产品43 960公斤，价值112 920元。上述水产品主要是鳀鱼和方氏云鳚、日本枪乌贼（俗称比管）等。鳀鱼和方氏云鳚为非经济鱼类，是蓝点马鲛等重要经济型鱼类的重要饵料，非法捕捞该类水产品会破坏海洋生物的食物链，严重破坏了海洋生物多样性和海洋生物物种的可持续利用。使用小于国家规定的网目尺寸的网具进行捕捞，影响了渔业资源的正常生长繁殖和生殖群体的补充，对海洋渔业资源造成损害。依据以上事实，山东省威海市文登区人民法院认定胡某、徐某的行为构成非法捕捞水产品罪，并分别判处胡某、徐某有期徒刑9个月和10个月。上述刑事判决生效后，某市海洋发展局向青岛海事法院提起海洋生态环境损害赔偿诉讼，某市人民检察院支持起诉。经某市人民检察院对胡某、徐某非法捕捞水产品行为是否造成海洋渔业资源损害以及修复被损害的海洋渔业资源的方法及修复费用委托鉴定，山东海事司法鉴定中心出具鉴定意见为：胡某、徐某非法捕捞水产品行为造成了海洋渔业资源的损害；建议采用增殖放流水产苗种的方式进行海洋渔业资源的恢复；胡某、徐某非法捕捞水产品造成海洋渔业资源损害所需恢复费用为61.58万元。

【裁判说理】

争议焦点：被告的捕捞行为是否破坏海洋渔业资源并承担相应的修复责

任以及修复所需费用。

青岛海事法院认为：被告的捕捞行为是否破坏海洋渔业资源并承担修复责任。被告胡某、徐某使用禁渔网具在中国海域实施捕捞水产品的行为，已经人民法院生效刑事判决确认，证据充分，事实确凿，经司法鉴定确已造成了海域内渔业资源的损害。根据《最高人民法院关于审理海洋自然资源与生态环境损害赔偿纠纷案件若干问题的规定》第 6 条至第 8 条的规定，威海海洋局主张由胡某、徐某修复被其破坏的海洋渔业资源并承担修复费用，系合理主张，法院予以支持；修复所需费用。山东海事司法鉴定中心系具有相关鉴定评估资质的机构，其鉴定程序合法、鉴定结论明确，被告对该鉴定报告未提出异议，法院对该报告确定的“采用增殖放流水产苗种的方式进行海洋渔业资源的恢复，所需恢复费用为 61.58 万元”的鉴定意见予以认可，据此认定胡某、徐某应承担的修复费用为 615 800 元。威海海洋局主张的鉴定评估费 50 000 元、律师代理费 20 000 元系为提起本案损害赔偿诉讼并确定涉案海域损害结果、修复方式和修复费用所产生的合理费用，应由胡某、徐某承担。

2019 年 12 月 24 日，青岛海事法院作出（2019）鲁 72 民初 846 号民事判决书，判决：被告胡某、徐某应于本判决生效之日起 10 日内赔偿海洋渔业资源恢复费用 615 800 元、鉴定评估费 50 000 元、律师代理费 2000 元，合计 685 800 元；原告某市海洋发展局受领上述赔款后 10 日内向国库账户缴纳。一审判决后，各方均未上诉，现该判决已发生法律效力。

【法官后语】

2017 年 12 月，中共中央办公厅、国务院办公厅印发《生态环境损害赔偿制度改革方案》（以下简称《改革方案》），对赔偿义务人、赔偿范围、赔偿机制等均作出明确。但《改革方案》对涉及海洋自然资源与生态环境损害类案件，使用旁引性规定，将其表述为“适用海洋环境保护法等法律及相关规定”。因此，若明确海洋生态环境损害赔偿类案件中适格原告的范围，还需回归《海洋环境保护法》的相关规定。对于原告的适格范围，我国 2023 年修订的《海洋环境保护法》第 114 条规定：“对污染海洋环境、破坏海洋生态，造成他人损害的，依照《中华人民共和国民法典》等法律的规定承担民事责任。对污染海洋环境、破坏海洋生态，给国家造成重大损失的，由依照本法规定行使海洋环境监督管理权的部门代表国家对责任者提出损害赔偿要求。前款规定的部门不提起诉讼的，人民检察院可以向人民法院提起诉讼。前款规定的部门提起诉讼的，人民检察院可以支持起诉。”将海洋生态环境损害赔偿纠纷的适格原告范围限定为“行使海洋环境监督管理权的部门或人民检察院”。《海洋环境保护法》第4条、第5条明确了国务院各部门的监督管理职责，并提出县级以上人民政府的监督管理权限。损害赔偿的适格原告，其范围应当包括海洋环境监督管理部门、符合条件的社会组织和检察机关。[①]

本案是山东省首例由国家海洋行政主管部门依据2017年修正的《海洋环境保护法》第89条规定的程序代表国家向相关责任人提起的海洋自然资源与生态环境损害赔偿纠纷案件，在受理及审理程序上具有重要的典型意义。首先，该案明确了海洋行政主管部门是提起海洋自然资源与生态环境损害赔偿纠纷诉讼的适格主体。其次，检察机关可以支持起诉人的身份参加海洋自然资源与生态环境损害赔偿诉讼的程序，代表国家行使法律监督权。在这种情况下，海洋公益诉讼成为海洋行政管理的重要补充和有效监督。该类诉讼能够实现对海洋生态环境和公共利益更加严格全面的保护。再次，尽管海洋自然资源与生态环境损害赔偿纠纷诉讼具有一定的公益诉讼性质，但鉴于《海洋环境保护法》明确规定此类诉讼由海洋行政主管机关作为原告，故其不同于一般公益诉讼案件，它是呵护碧海的一把“利剑”。最后，在行为人损害海洋自然资源与生态环境行为构成犯罪的情况下，行为人既要承担刑事责任，也要承担海洋自然资源与生态环境损害赔偿责任。就程序衔接而言，宜“先刑后民”。

【相关法条】

1.《中华人民共和国海洋环境保护法》（2017年11月4日修正）

第八十九条 造成海洋环境污染损害的责任者，应当排除危害，并赔偿损失；完全由于第三者的故意或者过失，造成海洋环境污染损害的，由第三者排除危害，并承担赔偿责任。

对破坏海洋生态、海洋水产资源、海洋保护区，给国家造成重大损失的，

① 陈惠珍、白续辉：《海洋环境民事公益诉讼中的适格原告确定：困难及其解决路径》，载《华南师范大学学报（社会科学版）》2018年第2期。

由依照本法规定行使海洋环境监督管理权的部门代表国家对责任者提出损害赔偿要求。

对应新法：

《中华人民共和国海洋环境保护法》（2023年10月24日修订）

第一百一十四条 对污染海洋环境、破坏海洋生态，造成他人损害的，依照《中华人民共和国民法典》等法律的规定承担民事责任。

对污染海洋环境、破坏海洋生态，给国家造成重大损失的，由依照本法规定行使海洋环境监督管理权的部门代表国家对责任者提出损害赔偿要求。

前款规定的部门不提起诉讼的，人民检察院可以向人民法院提起诉讼。前款规定的部门提起诉讼的，人民检察院可以支持起诉。

2.《中华人民共和国民事诉讼法》（2017年6月27日修正）

第六十四条 当事人对自己提出的主张，有责任提供证据。

当事人及其诉讼代理人因客观原因不能自行收集的证据，或者人民法院认为审理案件需要的证据，人民法院应当调查收集。

人民法院应当按照法定程序，全面地、客观地审查核实证据。

对应新法：

《中华人民共和国民事诉讼法》（2023年9月1日）

第六十七条 当事人对自己提出的主张，有责任提供证据。

当事人及其诉讼代理人因客观原因不能自行收集的证据，或者人民法院认为审理案件需要的证据，人民法院应当调查收集。

人民法院应当按照法定程序，全面地、客观地审查核实证据。

3.《最高人民法院关于审理海洋自然资源与生态环境损害赔偿纠纷案件若干问题的规定》（2018年1月15日施行）

第六条 依法行使海洋环境监督管理权的机关请求造成海洋自然资源与生态环境损害的责任者承担停止侵害、排除妨碍、消除危险、恢复原状、赔礼道歉、赔偿损失等民事责任的，人民法院应当根据诉讼请求以及具体案情，合理判定责任者承担民事责任。

第七条 海洋自然资源与生态环境损失赔偿范围包括：

（一）预防措施费用，即为减轻或者防止海洋环境污染、生态恶化、自然资源减少所采取合理应急处置措施而发生的费用；

（二）恢复费用，即采取或者将要采取措施恢复或者部分恢复受损害海洋自然资源与生态环境功能所需费用；

（三）恢复期间损失，即受损害的海洋自然资源与生态环境功能部分或者完全恢复前的海洋自然资源损失、生态环境服务功能损失；

（四）调查评估费用，即调查、勘查、监测污染区域和评估污染等损害风险与实际损害所发生的费用。

第八条 恢复费用，限于现实修复实际发生和未来修复必然发生的合理费用，包括制定和实施修复方案和监测、监管产生的费用。

未来修复必然发生的合理费用和恢复期间损失，可以根据有资格的鉴定评估机构依据法律法规、国家主管部门颁布的鉴定评估技术规范作出的鉴定意见予以确定，但当事人有相反证据足以反驳的除外。

预防措施费用和调查评估费用，以实际发生和未来必然发生的合理费用计算。

责任者已经采取合理预防、恢复措施，其主张相应减少损失赔偿数额的，人民法院应予支持。

第十条 人民法院判决责任者赔偿海洋自然资源与生态环境损失的，可以一并写明依法行使海洋环境监督管理权的机关受领赔款后向国库账户交纳。

发生法律效力的裁判需要采取强制执行措施的，应当移送执行。

承办人：于喜富

编写人：吕延铭　肖秀雯　毕德强

15. 蓬莱市某镇某村委会诉某县海运公司海上财产损害责任纠纷案

——采砂行为与损害后果之间因果关系的认定

【合规提示】

本案系一起被侵权人（村委会）诉侵权人（自然资源开采人）因其采砂造成海岸线破坏，而要求其赔偿经济损失并支付护岸工程费用的海上采矿损害赔偿纠纷案件，双方对侵权人的采砂行为与海岸遭受侵蚀的损害后果之间是否存在因果关系产生了争议。相对于案件审理时所适用的法律，我国现在生态环境保护的相关法律规定已经更加完善。对于被侵权人（村委会）而言，应谨记“绿水青山就是金山银山”的生态环境保护理念，对于在其管辖范围内的自然资源，应按照法律的规定和政府部门的审批进行开采和授权开采。对于自然资源开采人而言，其开采自然资源之前应取得正规合法资质，在开采自然资源的过程中要时刻注重对自然环境的保护。

【案件信息】

1. 裁判文书字号

（1994）青海法海事初字第 54 号、（1996）鲁经终字第 196 号

2. 当事人

原告：蓬莱市某镇某村委会

被告：某县海运公司

3. 关键词

民事　海上采矿损害赔偿　采砂行为　损害事实　因果关系

【裁判要旨】

在生态破坏类侵权案件中，在不涉及惩罚性赔偿的情形下，侵权行为与损害后果之间的因果关系是案件审理的重点和难点，一般需要借助权威的鉴

定机构来进行判断。

【基本案情】

山东省蓬莱市某镇某村以西的浅滩，在1974年版海图上的5米等深线范围内，该浅滩最小水深为1.1米，平均水深为3.2米，面积为3.96平方千米。据海洋一所1990年11月和12月的现场实测，登州浅滩5米等深线以内的面积，已经由1974年的3.96平方千米缩小为0.5平方千米，其平均水深也降到了1.1米。

被告某县海运公司（以下简称海运公司）从1986年7月开始在登州浅滩采砂，1989年9月16日取得为期两年的“临时采矿许可证”。1991年1月10日，烟台市矿产资源管理局发布通告，决定自同年2月1日起，严禁任何单位和个人在登州浅滩一带采砂，但直至同年5月21日，海运公司才停止采砂。从1987年至1991年，海运公司在登州浅滩采砂的总量为969 849吨。同在登州浅滩采砂的单位，还有某县鹊某海运公司和烟台港某公司，但其采砂量均少于被告。另外，原告某村从20世纪70年代后期至1986年，曾经组织村民在遭受侵蚀的海岸沙滩上挖砂外卖，沿岸其他村民也有类似的情况，采砂量难以统计。原告承认每年采砂量为3000吨至5000吨。

20世纪80年代后期，原告某村以西的海岸遭海水侵蚀的现象加剧，许多地段沙滩已不复存在，土地被冲毁。从1985年至1993年，某村沿海土地面积减少了165.29亩，直接经济损失达343.65万元。为避免损失继续扩大而修建的护岸工程，预计费用为561.2万余元。原告以被告在浅滩挖沙，侵蚀海岸给其造成经济损失为由，起诉要求被告赔偿经济损失430万元，并支付护岸工程费650万元。

1990年4月，烟台市政府聘请国家海洋局烟台海洋管区（以下简称烟台管区）对某村海岸遭受海蚀的情况进行调查论证。烟台管区于9月上旬写出《蓬莱县某村以西海岸侵蚀的调查研究》报告。9月中旬，烟台市政府邀请了11位海洋方面的专家对该报告进行了评审。评审意见认为：某村以西一带海岸遭受侵蚀，是多年自然演变、暴风浪及人为岸边挖砂所致。

1990年11月15日，蓬莱市政府委托国家海洋局第一海洋研究所（以下简称海洋一所）对“海岸侵蚀的原因，海岸侵蚀发展的可能程度，解决海蚀的主要对策和方法”进行研究。海洋一所于1992年12月提交了《蓬莱某村至栾家口海岸侵蚀原因及治理对策研究》的报告。该报告认为，某村至栾家口海岸侵蚀的原因是自然侵蚀、岸边取砂和登州浅滩被破坏，其中在登州浅滩采砂是该段海岸侵蚀加速的主要原因。该报告获得山东省科委颁发的《科学技术成果鉴定证书》。

青岛海事法院受理后鉴于本案涉及复杂的专业问题，而且存在两个意见不同的调查报告，委托中国科学院海洋研究所（以下简称科学院海洋所）对两份报告的科学性进行鉴定。该所指派了在海洋环境、海洋波浪、海流、海岸工程地质和海洋地质等方面的研究员和副研究员共5人进行了鉴定，并于1995年5月15日出具了《中国科学院海洋研究所关于蓬莱某村一带海岸侵蚀加剧原因的鉴定报告》。该报告认为，海洋一所的报告“实测数据较多，论述与分析较全面”“有关海岸侵蚀原因分析等篇章论述较为客观”。该报告还认为，“某村海岸侵蚀加剧的主要原因是登州浅滩的消退，而登州浅滩消退的直接原因是人为在登州浅滩大量挖砂所致”。

原告提起诉讼称：要求被告赔偿经济损失430万元，并支付护岸工程费650万元，同时要求判令被告承担本案的诉讼费用。

被告辩称：原告对登州浅滩的砂石既无所有权，也无专有使用权，我公司挖砂是经过上级有关部门批准的，根本没有侵害原告的合法权益，也与原告无关；即使原告与挖砂有利害关系，根据《民法通则》的规定，该案也已超过诉讼时效；我公司在登州浅滩的潮待洲采砂与海岸侵蚀无关。根据国家海洋局烟台管区的调查报告，和有关专家对该报告的评审意见，原告的海岸侵蚀是多年自然演变、暴风及人为岸边挖砂所致。被告请求法院驳回原告的起诉，并保留向原告反诉的权利。

【裁判说理】

争议焦点：被告的采砂行为与原告的损害后果之间是否存在相应的因果关系。

青岛海事法院认为：科学院海洋所是我国海洋科学研究的权威性机构，其指派的鉴定人员均具有鉴定能力，且人员构成合理；鉴定人员在鉴定过程中对原告、被告双方举证的调查报告及所依据的资料进行了认真的研究和审查，听取了有关专家的意见，因此，其得出的意见审慎认真、客观全面、科学公正，可以作为本案认定事实、采纳证据和划分责任的依据。被告海运公司在登州浅滩长期、大量采砂，是造成原告某村因海蚀加剧遭受损失的原因之一。海运公司在取得《临时采矿许可证》以前的采砂行为，是对某村合法权益的侵害，应当依照《民法通则》第106条第2款（该条款已修改为《民法典》第1165条）的规定，承担侵权的民事责任。《矿产资源法》第30条第3款（该条款已修改为2009年《矿产资源法》第32条）规定："开采矿产资源给他人生产、生活造成损失的，应当负责赔偿，并采取必要的补救措施。"海运公司在取得《临时采矿许可证》以后的采砂行为，虽然主观上没有过错，但是依照《民法通则》第106条第3款（该条款已修改为《民法典》第1165条）"没有过错，但法律规定应当承担民事责任的，应当承担民事责任"的规定，亦应承担民事责任。某村遭受的损害，是自然侵蚀、岸边取砂和登州浅滩消退等多种原因形成的，海运公司只能承担与其行为相应的赔偿责任。某村主张由海运公司承担全部责任的理由不能成立。

青岛海事法院于1995年12月26日作出（1994）青海法海事初字第54号民事判决，判决被告赔偿原告因海岸侵蚀造成的土地损失94.5万元，其他损失由原告自行承担；被告补偿原告155.98万元，作为其采取必要的护岸措施，防止损失进一步扩大的费用。被告不服一审判决，提出上诉，山东省高级人民法院判决驳回上诉，维持原判。

【法官后语】

本案是一起因采砂行为引发的海事侵权损害赔偿纠纷。侵权责任构成要件包括侵权行为、主观过错、损害后果以及侵权行为与损害后果之间存在因果关系。相对于案件审理时所适用的法律，我国现在生态保护的相关法律规定已经更加完善。

根据我国《民法典》第1229条、《最高人民法院关于审理生态环境侵权责任纠纷案件适用法律若干问题的解释》第4条的规定，环境污染与生态破坏侵权案件均采取无过错归责原则，即无论行为人有无过错，都应当依照法律规定承担侵权责任。但作为例外，环境侵权惩罚性赔偿责任的承担却需证明侵权行为人在主观上具有过错。而就本案而言，被告主观过错以是否取得《临时采矿许可证》为节点存在不同状态，即被告在取得《临时采矿许可证》以前的采砂行为，是非法采砂，存在主观过错；在取得《临时采矿许可证》期间的采砂行为不存在主观过错。但因为本案不涉及惩罚性赔偿的问题，主观过错不是本案审理的重点。

本案审理的难点在于被告采砂行为与原告的损害事实之间是否存在因果关系，这是非常复杂的专业问题，一般都需要鉴定机构进行鉴定。烟台市政府与蓬莱市政府分别委托专业机构进行鉴定，但得出两种不同的矛盾意见。在这种情况下，法院为查明事实，委托科学院海洋所对两份报告进行鉴定，并出具了鉴定报告。该报告认定登州浅滩消退的直接原因是人为在登州海滩挖砂所致，确认了被告的采砂行为与损害事实之间的直接因果关系。科学院海洋所是我国海洋研究的权威机构，其受法院委托对两份矛盾的调查报告的科学性进行的鉴定从程序上是合法的，其鉴定人员均具有鉴定能力，意见权威，足可采信，因此将它作为认定事实、采纳证据和划分责任的依据，符合我国《民事诉讼法》对证据的要求。

【相关法条】

1.《中华人民共和国民法通则》（2021 年 1 月 1 日废止）

第一百零六条 公民、法人违反合同或者不履行其他义务的，应当承担民事责任。

公民、法人由于过错侵害国家的、集体的财产，侵害他人财产、人身的，应当承担民事责任。

没有过错，但法律规定应当承担民事责任的，应当承担民事责任。

第一百三十一条 受害人对于损害的发生也有过错的，可以减轻侵害人的民事责任。

第一百三十四条 承担民事责任的方式主要有：

（一）停止侵害；

（二）排除妨碍；

（三）消除危险；

（四）返还财产；

（五）恢复原状；

（六）修理、重作、更换；

（七）赔偿损失；

（八）支付违约金；

（九）消除影响、恢复名誉；

（十）赔礼道歉。

以上承担民事责任的方式，可以单独适用，也可以合并适用。

人民法院审理民事案件，除适用上述规定外，还可以予以训诫、责令具结悔过、收缴进行非法活动的财物和非法所得，并可以依照法律规定处以罚款、拘留。

对应新法：

《中华人民共和国民法典》（2021 年 1 月 1 日施行）

第一百七十六条 民事主体依照法律规定或者按照当事人约定，履行民事义务，承担民事责任。

第一千一百七十三条 被侵权人对同一损害的发生或者扩大有过错的，可以减轻侵权人的责任。

第一百七十九条 承担民事责任的方式主要有：

（一）停止侵害；

（二）排除妨碍；

（三）消除危险；

（四）返还财产；

（五）恢复原状；

（六）修理、重作、更换；

（七）继续履行；

（八）赔偿损失；

（九）支付违约金；

（十）消除影响、恢复名誉；

（十一）赔礼道歉。

法律规定惩罚性赔偿的，依照其规定。

本条规定的承担民事责任的方式，可以单独适用，也可以合并适用。

2.《中华人民共和国矿产资源法》（1985 年 10 月 1 日施行）

第三十条 开采矿产资源，必须遵守有关环境保护的法律规定，防止污染环境。

开采矿产资源，应当节约用地。耕地、草原、林地因采矿受到破坏的，矿山企业应当因地制宜地采取复垦利用、植树种草或者其他利用措施。

开采矿产资源给他人生产、生活造成损失的，应当负责赔偿，并采取必要的补救措施。

对应新法：

《中华人民共和国矿产资源法》（2009年8月27日修正）

第三十二条 开采矿产资源，必须遵守有关环境保护的法律规定，防止污染环境。

开采矿产资源，应当节约用地。耕地、草原、林地因采矿受到破坏的，矿山企业应当因地制宜地采取复垦利用、植树种草或者其他利用措施。

开采矿产资源给他人生产、生活造成损失的，应当负责赔偿，并采取必要的补救措施。

承办人：黄永申

编写人：庄雪莉　万贵良

海域使用

养殖损害

16. 日照市某海洋开发有限公司诉浙江某海运有限公司海上养殖损害责任纠纷案

——单方委托所作检验报告的证明力审查

【合规提示】

本案系一起海上养殖损害责任纠纷案件，双方对于养殖场是否具备养殖资格和当事人单方委托机构出具的鉴定意见是否具有证明力的问题存在争议。随着海上养殖业的不断发展，养殖活动可能导致与其他渔业活动的冲突，引发海上养殖损害责任纠纷，海上养殖损害侵权责任纠纷作为财产损害侵权纠纷的一种特殊类型，因生产作业环境的复杂性、多变性，养殖设施、养殖方法的多样性、专业性，养殖生物的不易计算性与价值波动性，侵权行为发生现场的不易保存性与不可复原性，导致侵权行为发生后侵权因果关系的认定及侵权后果的确认成为此类案件审判的疑点和难点，多方评估、重复鉴定引发的争议也成为案件审理的一个难点。对于养殖场来说首先是要具备养殖资格，非法养殖不受法律保护，一旦发生损害，难以获得相应赔偿，而且在此基础上，要及时申请海事主管部门发布航海警告、航行通告，设置警示标识，尽量避免损害事故的发生。对于该类案件的侵权方、被侵权方，都需要注意的问题是，一定要尽量注意证据的保存和现场的保护，比如现场勘查报告和照片，包括养殖设施的破坏程度和养殖生物损失情况等以及渔船黑匣子数据、养殖记录和监测数据等。

【案件信息】

1. 裁判文书字号

（2022）鲁72民初66号、（2022）鲁民终2193号

2. 当事人

原告：日照市某海洋开发有限公司

被告：浙江某海运有限公司

3. 关键词

民事　海上养殖损害　非法养殖　航行警告　举证责任分配

【裁判要旨】

1. 养殖户具备海域使用权证与养殖证，其在单证载明范围内的海域具有合法使用权与合法养殖权利。若养殖户没有成功申请海事主管部门发布航海警告、航行通告，未设置或者设置警示标识不当，作为养殖损害的被侵权人，对本次事故的发生承担相应的过错责任。

2. 单方自行委托出具的鉴定报告，不属于《民事诉讼法》规定的鉴定意见，不具有权威鉴定报告的效力，只是具有专门知识的人员就专业问题提出的意见，即“专家意见”。

【基本案情】

2021年5月23日零时左右，浙江某海运有限公司（以下简称某海运公司）所有“航某海运”轮在日照岚山区附近海域航行时进入日照市某海洋开发有限公司（以下简称某海洋开发公司）海上养殖区，对养殖区内养殖物资等造成损害。某海洋开发公司依法取得了涉案海域使用权证和养殖许可证，为确定事故损失，某海洋开发公司单方面委托第三方评估机构赴现场进行查勘，对“航某”轮进入原告养殖区，对养殖区内养殖物资造成损失以及产生相关清理和恢复费用，经评估认定损失共计182 814.84元。

原告诉称：某海运公司作为“航某”轮船舶所有人，应对因船舶侵权行为造成的损害承担全部赔偿责任。

被告辩称：（1）“航某”轮在交管中心的引导下进入日照岚山港，最新版纸质海图、电子海图和船讯网上均无原告所称养殖区的标志，进港过程中

并未发现原告所称养殖区，原告未能证明所称养殖区在事发前实际存在且处于完好无损的合法状态。（2）某海洋开发公司未发布航行通告、航行警告并且未在养殖区设立警示标志，在通航水域擅自养殖直接构成对正常航行船舶的危险与妨碍，具有重大过错，原告应自行承担因未履行法律强制性义务而给过往船舶造成危险、损害船舶安全航行权益、放任自身财产损失的全部风险与责任。（3）涉案养殖区即使实际存在，原告提供的水域滩涂养殖证中的宗海界址图和宗海位置图早已过有效期；且原告所主张的实际养殖区范围大于产权证确权范围，存在非法养殖的情形，原告主张的损失和费用不应予以保护。

【裁判说理】

争议焦点：（1）原告的养殖是否构成非法养殖，养殖户对养殖损失是否存在过错。（2）案涉原告检验报告证明力的认定。

青岛海事法院认为：原告某海洋开发公司已提交海域使用权证与养殖证，证明对其主张的四至范围内的海域具有合法使用权与合法养殖权利，原告在其持证海域四至范围内的合法养殖行为受法律保护。《民法典》第1173条规定，被侵权人对同一损害的发生或者扩大有过错的，可以减轻侵权人的责任。关于养殖户是否对其养殖区域设置警示标志，“航某”轮于事故发生航次使用的电子海图以及纸质版海图中未标注某海洋开发公司持证海域四至范围为养殖区，原告在案涉海域进行养殖，没有成功申请海事主管部门发布航海警告、航行通告，对事故的发生具有过错。案涉检验报告记载某海洋开发公司在其所属养殖区设置了网位移警示标志，但是并未分析说明网位移数量以及布设间距是否合理，网位移能否正常使用，应认定某海洋开发公司即使设置了警示标识却不足以引起提醒以避免本次事故的发生，作为被侵权人应对本次事故的发生承担相应的过错责任。

关于案涉检验报告的证明力。案涉检验报告系由原告单方委托鲁某公估公司进行评估，鲁某公估公司并非具有鉴定养殖损害资质的鉴定机构，其出具的报告不属于《民事诉讼法》规定的鉴定意见，不具有权威鉴定报告的效力，只是具有专门知识的人员就专业问题提出的意见，即“专家意见”。经过综合审查认为鲁某公估报告存在的主要问题在于报告明确指出“养殖户回收的部分受损浮球—无使用价值”，出庭的检验师解释称“2021年5月31日到现场查勘，在查勘之前我们检查了养殖户已经回收的受损浮球已经没有使用价值”。原告于事故发生后进入事故海域现场对相关养殖设施 / 浮球进行了回收，会不同程度破坏现场，之后的查勘不能如实客观反映事故现场，因此案涉检验报告的鉴定意见缺乏证明力与说服力，因此对该报告评估的受损区损失数额不予采信。

青岛海事法院以判决方式结案，认定原告要求某海运公司赔偿损失及相应利息的诉讼请求，证据不足，不予支持。该案经二审审理，维持一审判决。

【法官后语】

近年来，因船舶进入养殖区对养殖海域造成经济损失的损害赔偿纠纷案件日趋增多。此类案件的审理难度在于事故现场不易保存证据，取证难度大，导致事实认定困难。一般来说，人民法院会从以下三个方面对案件事实进行审查：一是养殖户养殖的合法性；二是船舶触碰侵权的事实；三是养殖损失的核定。其中，第一项和第三项争议最大。关于养殖合法性，非法养殖行为的行政违法属性确认无疑，故养殖户提出的关于非法养殖期间养殖物的预期收益、养殖区生产恢复费用等赔偿要求因违反行政法律、法规的强制性规定而不受法律保护，但应注意的是养殖户合法途径取得的养殖器具、养殖设施和养殖苗种等合法财产的物权保护并不因养殖户的非法养殖行为而无效；关于养殖损失的核定，海上养殖损害责任纠纷因事故现场不易保存、调查取证难、损失认定难，实务中也常会出现多头评估的情况，当对损失程度及数量的认定存在多份不同的评估或鉴定意见且分歧较大时，应当在结合日常经验的基础上运用专家辅助人制度综合评判评估或鉴定意见内容的客观性与合理性。

【相关法条】

1.《中华人民共和国民法典》（2021 年 1 月 1 日施行）

第三百二十八条　依法取得的海域使用权受法律保护。

第一千一百七十三条　被侵权人对同一损害的发生或者扩大有过错的，可以减轻侵权人的责任。

2.《中华人民共和国海商法》（1993 年 7 月 1 日施行）

第二十一条　船舶优先权，是指海事请求人依照本法第二十二条的规定，向船舶所有人、光船承租人、船舶经营人提出海事请求，对产生该海事请求的船舶具有优先受偿的权利。

3.《中华人民共和国海域使用管理法》（2002 年 1 月 1 日施行）

第三条 海域属于国家所有，国务院代表国家行使海域所有权。任何单位或者个人不得侵占、买卖或者以其他形式非法转让海域。

单位和个人使用海域，必须依法取得海域使用权。

第七条 国务院海洋行政主管部门负责全国海域使用的监督管理。沿海县级以上地方人民政府海洋行政主管部门根据授权，负责本行政区毗邻海域使用的监督管理。

渔业行政主管部门依照《中华人民共和国渔业法》，对海洋渔业实施监督管理。

海事管理机构依照《中华人民共和国海上交通安全法》，对海上交通安全实施监督管理。

第十七条 县级以上人民政府海洋行政主管部门依据海洋功能区划，对海域使用申请进行审核，并依照本法和省、自治区、直辖市人民政府的规定，报有批准权的人民政府批准。

海洋行政主管部门审核海域使用申请，应当征求同级有关部门的意见。

第十九条 海域使用申请经依法批准后，国务院批准用海的，由国务院海洋行政主管部门登记造册，向海域使用申请人颁发海域使用权证书；地方人民政府批准用海的，由地方人民政府登记造册，向海域使用申请人颁发海域使用权证书。海域使用申请人自领取海域使用权证书之日起，取得海域使用权。

4.《中华人民共和国渔业法》（2013 年 12 月 28 日修正）

第十一条 国家对水域利用进行统一规划，确定可以用于养殖业的水域和滩涂。单位和个人使用国家规划确定用于养殖业的全民所有的水域、滩涂的，使用者应当向县级以上地方人民政府渔业行政主管部门提出申请，由本级人民政府核发养殖证，许可其使用该水域、滩涂从事养殖生产。核发养殖证的具体办法由国务院规定。

集体所有的或者全民所有由农业集体经济组织使用的水域、滩涂，可以由个人或者集体承包，从事养殖生产。

承办人：周黛娜

编写人：周黛娜　褚　茜

17. 长岛某水产有限责任公司诉某船舶股份有限公司海上养殖损害责任纠纷案

——合法养殖与非法养殖损失赔偿范围的界定

【合规提示】

本案是一起养殖损害责任纠纷。首先，从事海事养殖活动，应当依法办理海域使用权证与养殖证，实现合法养殖，只有持有两证的合法养殖受损后，才可获得预期养殖收益的损失赔偿，否则，仅能获得苗种、物资等养殖成本的损失赔偿。其次，船舶触碰事故发生后，应当第一时间保存现场，及时向当地海事部门报案，由海事部门进行现场勘验、划定损失范围、确定损失情况。同时向海事部门查询事故船舶信息并通知船东联合现场检验，双方尽可能地、尽早地达成关于损失范围与损失程度等方面的共识，便于日后赔偿纠纷的处理。

【案件信息】

1. 裁判文书字号

（2021）鲁72民初2129号

2. 当事人

原告：长岛某水产有限责任公司

被告：某船舶股份有限公司

3. 关键词

民事　海上养殖损害　非法养殖　侵权责任　赔偿范围

【裁判要旨】

1. 合法养殖与非法养殖的损失赔偿范围。取得海域使用权证与养殖证的，为合法养殖。养殖户有权请求预期收益以及受损养殖区整修、清理、恢复养殖设施的费用赔偿，同时应扣除生产中止无须继续投入的费用；未取得两证的养殖行为系非法养殖，养殖户对其投入的养殖物苗种和养殖设施享有财产权益，有权请求物权损害赔偿，但不保护预期养殖收益。

2. 海事部门调查报告系公文书证，具有证明事故情况及损害范围的证明力，除非有证据能够推翻报告。

3. 在双方当事人均提交损失评估报告的情形下，应综合考量双方报告的合法性、科学性，双方报告中的合理内容均可予采信，用以最终评判损失金额。

【基本案情】

长岛某水产有限责任公司（以下简称某水产公司）诉请：（1）其船舶股份有限公司（以下简船舶公司）赔偿其养殖损失人民币 8 497 701.40 元及利息（自 2020 年 10 月 3 日起按照全国银行间同业拆借中心公布的贷款市场报价利率计算至实际支付之日止）；（2）本案诉讼费、保全费、担保费、律师费等费用由船舶公司负担。

船舶公司辩称：某水产公司并非其所主张的海域的使用权人，无权主张损失。其主张的部分损失并非案涉船舶造成，船舶公司不应承担责任。某水产公司未履行发布航行警告、航行通告、设置专用警示标志的法定义务，对事故发生具有重大过错，至少应承担 50% 的责任。某水产公司主张的损失没有事实及法律依据。（1）某水产公司的评估报告不具有合法性、科学性、客观性和公正性，不应被采信。（2）船舶公司不应承担某水产公司超范围养殖部分的养殖收益损失赔偿责任。（3）绝大部分损坏区域已经清理并恢复，某水产公司仅应主张合理的清理恢复费用。（4）鲍鱼和牡蛎可以随时补种，损失最多为受损时同规格养殖物的市场价格以及补种费用，某水产公司主张的养殖收益损失计算方法错误。

法院经审理查明，某水产公司持有海域使用权证书与养殖证。2020 年 10 月 3 日，船舶公司的船舶进入某水产公司经营的养殖海域造成养殖区内鲍鱼、牡蛎及扇贝等养殖物受损。海事部门现场勘验，出具《水上交通事故现场勘验记录》。法院依船舶公司申请向交通运输部北海航海保障中心发函调取了案外船舶 AIS 数据及轨迹。某水产公司与船舶公司分别委托评估公司进行损失评估，两家评估公司均进行了现场勘查，评估报告中记载了受损情况、认定了损失数额，但两份报告的数据与意见有相同之处，也有不同之处。双方当事人对对方的报告不予认可，但均未提供否定报告效力的充足理由与证据。两份评估报告的评估程序均合法。

青岛海事法院于 2022 年 6 月 27 日作出（2021）鲁 72 民初 2129 号民事判决：一、船舶公司于判决生效之日起十日内赔偿某水产公司养殖损失共计 2 877 271 元；二、驳回某水产公司的其他诉讼请求。判决后，双方当事人未提出上诉，判决已发生法律效力。

【裁判说理】

争议焦点：船舶公司是否应当承担侵权责任以及某水产公司的损失如何认定。

青岛海事法院经审理认为：船舶公司系境外法人，依照《涉外民事关系法律适用法》第 44 条的规定，处理本案实体争议应适用中华人民共和国法律。本案侵权事实发生于 2020 年，依照《最高人民法院关于适用〈中华人民共和国民法典〉时间效力的若干规定》第 1 条第 2 款的规定，本案应当适用《侵权责任法》《物权法》的规定。船舶公司的船舶进入某水产公司经营的养殖海域造成养殖区内养殖物受损，某水产公司有权向船舶公司主张侵权损害赔偿。船舶公司具有过错，应当承担赔偿责任。对某水产公司的损失认定，事故发生后，海事部门经现场勘验作出的调查报告系由国家行政主管机关依职权作出的公文书证，具有较高的证明效力，其中记载的养殖区受损情况可以作为损失认定依据。受某水产公司委托的评估公司与受船舶公司委托的评估公司分别出具评估报告，两份报告的评估程序均合法，但双方当事人均不认可对方提交的评估报告，亦均未提供否定评估报告效力的充足理由与证据，不能全部否认评估报告的证明效力。对两份报告中的合理内容予以采信，作为认定受损情况与损失数额的依据。采用以下认定原则与数据采信方法：（1）采信测量点位数较多，对损失位置、损失范围、损失程度详细区分，且能够与海事部门调查报告中记录数据一致或可以相互印证的数据。（2）采信符合受损养殖物养殖规范、生长规律、市场行情等情形的数据。（3）某水产公司报告数据与船舶公司报告数据均符合上述两点，但数据不一致时，以有利于船舶公司的原则认定。（4）在充分、全面考虑案涉养殖区实际养殖情况以及市场行情的基础上，调整某水产公司报告与船舶公司报告中均不合理的数据。经过对两份报告中合理数据与结论的分析认定，确定某水产公司的养殖区因船舶公司的船舶进入所遭受的损失金额共计 2 877 271 元。

【法官后语】

海上养殖损害责任纠纷因事故现场不易保存、调查取证难、损失认定难而成为一类疑难复杂海事案件。本案是一起境外船舶因未全面掌握我国海域海况误入养殖区而发生的海上养殖损害责任纠纷，典型意义在于：第一，本案是青岛海事法院长岛海洋生态文明综合试验区巡回审判庭设立后审结的第一起案件，运用“马锡五审判方式”充分发挥巡回审判庭的前沿阵地作用，打通了便民诉讼服务“最后一公里”，是青岛海事法院服务保障海洋生态文明建设、主动融入基层社会治理大格局、积极回应人民群众司法需求的生动体现。一审判决送达后双方当事人均未上诉，被告及时履行了付款义务，判决起到了良好的法治宣传与裁判指引作用。第二，明确了合法养殖与非法养殖的损失赔偿范围，重申了未同时取得养殖许可证和海域使用权证的情况下养殖收益不能受到法律保护的基本原则，同时对养殖户在非法养殖区投入的养殖物苗种和养殖设施等财产权益予以适当保护，对于规范海上养殖行为、维护海洋开发秩序，保障海上通航安全，促进海洋经济健康发展具有积极推动作用。第三，本案对海上养殖损害责任纠纷案件中的损失认定方法这一难点问题进行了积极探索，在双方当事人均提交了损失评估报告，但在两份报告各自存在瑕疵又相互矛盾、无法作为认定损失数额的直接依据又不具备重新鉴定条件的情况下，法院对评估报告中的客观统计数据予以认定，同时参照同类养殖物的养殖规范与市场价值，酌定损失赔偿数额，依法作出公平合理的判决，妥善高效化解了国际海事纠纷，平等保护了中外当事人的合法权益。

【相关法条】

1.《中华人民共和国侵权责任法》（2021 年 1 月 1 日废止）

第六条第一款 行为人因过错侵害他人民事权益，应当承担侵权责任。

对应新法：

《中华人民共和国民法典》（2021 年 1 月 1 日施行）

第一千一百六十五条第一款 行为人因过错侵害他人民事权益造成损害的，应当承担侵权责任。

2.《中华人民共和国物权法》（2021年1月1日废止）

第三十七条 侵害物权，造成权利人损害的，权利人可以请求损害赔偿，也可以请求承担其他民事责任。

对应新法：

《中华人民共和国民法典》（2021年1月1日施行）

第二百三十八条 侵害物权，造成权利人损害的，权利人可以依法请求损害赔偿，也可以依法请求承担其他民事责任。

3.《中华人民共和国海域使用管理法》（2002年1月1日施行）

第三条 海域属于国家所有，国务院代表国家行使海域所有权。任何单位或者个人不得侵占、买卖或者以其他形式非法转让海域。

单位和个人使用海域，必须依法取得海域使用权。

4.《中华人民共和国渔业法》（2004年8月28日修正）

第十一条第一款 国家对水域利用进行统一规划，确定可以用于养殖业的水域和滩涂。单位和个人使用国家规划确定用于养殖业的全民所有的水域、滩涂的，使用者应当向县级以上地方人民政府渔业行政主管部门提出申请，由本级人民政府核发养殖证，许可其使用该水域、滩涂从事养殖生产。核发养殖证的具体办法由国务院规定。

对应新法：

《中华人民共和国渔业法》（2013年12月28日修正）

第十一条第一款 国家对水域利用进行统一规划，确定可以用于养殖业的水域和滩涂。单位和个人使用国家规划确定用于养殖业的全民所有的水域、滩涂的，使用者应当向县级以上地方人民政府渔业行政主管部门提出申请，由本级人民政府核发养殖证，许可其使用该水域、滩涂从事养殖生产。核发养殖证的具体办法由国务院规定。

5.《中华人民共和国涉外民事关系法律适用法》（2011年4月1日施行）

第四十四条 侵权责任，适用侵权行为地法律，但当事人有共同经常居所地的，适用共同经常居所地法律。侵权行为发生后，当事人协议选择适用法律的，按照其协议。

6.《中华人民共和国民事诉讼法》（2021年12月24日修正）

第六十七条第一款 当事人对自己提出的主张，有责任提供证据。

对应新法：

《中华人民共和国民事诉讼法》（2023年9月1日修正）

第六十七条第一款 当事人对自己提出的主张，有责任提供证据。

承办人：王妍娥

编写人：王妍娥 段琪祺

18. 胡某某与某钻石有限公司海上养殖损害责任纠纷案

——养殖户从事海上养殖的主体资格认定

【合规提示】

本案是一起养殖损害责任纠纷，长岛地区海况复杂，养殖区紧邻航道，船舶触碰养殖区的事故时有发生。事故发生后，为实现损失赔偿，被侵权人负有证明自己是养殖户、海区内有养殖物以及养殖物受到了损害等举证责任。提醒当地养殖户、无论是个人养殖还是企业养殖，都应当依法办理海域使用权证与养殖证，实现合法养殖。如不能取得两证，但实际从事养殖活动，应当注意保存养殖活动中产生的各类单据，包括投苗单据、工人工资发放单据、养殖物销售单据等能够证明养殖活动实际发生的证据。

【案件信息】

1. 裁判文书字号

（2020）鲁72民初2007号

2. 当事人

原告：胡某某

被告：某钻石有限公司

3. 关键词

民事　海上养殖损害　侵权责任　实际养殖主体

【裁判要旨】

海上养殖损害责任纠纷案件中，养殖户作为被侵权人请求侵权人赔偿养殖损失但在养殖户未取得相关海区合法养殖证件即同时取得海域使用权证与养殖证的情况下，养殖户应当举证证明其在相关海区实际从事了养殖。

【基本案情】

胡某某主张其在下列海域范围内从事牡蛎养殖：（1）37° 47′59″.96N，120° 18′18″.20E；（2）37° 48′28″.4N，120° 18′17″.60E；（3）37° 48′28″.75N，120° 19′35″.14E；（4）37° 47′59″.94N,120° 19′35″.45E。

2019 年 11 月 13 日 2257 时，某钻石有限公司（以下简称钻石公司）所属的“I× T×”轮驶入了上述海域，当日 2340 时驶出该海域。

事发后，胡某某及案外人曹某某与某公司签订了《协议书》，由某公司委托大洋所对“I× T×”轮进入胡某某与曹某某所称的养殖区而造成的养殖筏架损毁数量、养殖物资及养殖的牡蛎、扇贝损失的价值进行鉴定和评估。2019 年 12 月 2 日，胡某某的委托代理人刘某超向某保险公司提出担保申请，请求该公司协调各方向胡某某出具保函 270 万元。其后，境外的亚洲标准保赔协会（The Standard Club Asia Ltd）向胡某某出具了担保函，保证因涉案事故产生的经有管辖权法院作出的生效裁判文书或仲裁机构作出的终局裁决确定的或胡某某与钻石公司同意的应由“I× T×”轮向胡某某支付的各项费用不超过人民币 162 万元的担保责任。

大洋所于 2019 年 12 月 25 日出具了《司法鉴定意见书》(以下简称大洋意见书），其中载明：2019 年 11 月 21 日，大洋所派员（朱某、高某）与相关当事人（刘某林、曹某某、证人胡某）对受损现场进行了联合勘验，用手持 GPS 仪记录了受损养殖区范围、养殖筏架走向、长度、间距等信息，并对相关当事人进行了现场询问。受损养殖区位于龙口市某村沿岸的某礁西南 7 公里处，一块属于曹某某，养殖品种是海湾扇贝；另一块属于胡某某，养殖品种是牡蛎。受损现场能见到不少纠缠在一起的浮漂，个别浮球上留有清晰的船用防锈漆印迹，但大部分区域只留下零星的浮漂。受损范围：经现场勘测测量，曹某某的扇贝养殖区受损范围为 A1：37° 47′58″.83N，120° 18′22″.41E；A2：37° 48′20″.94N，120° 18′09″.19E；A3：37° 48′16″.31N，120° 17′45″.97E；A4：37° 47′53″.72N，120° 18′04″.75E；胡某某的牡蛎养殖区受损范围为 B1：37° 48′07″.98N，120° 18′18″.46E；B2：37° 48′22″.56N，120° 18′10″.45E；B3：37° 48′20″.56N，120° 19′04″.05E；B4：37° 48′07″.07N，120° 19′06″.31E。筏架走向、长度与间距：在未受损养殖区现场随意抽测了一台筏架的 2 个端点，以确认筏架走向与长度，筏架走向为 168.1°（正北为 0°），筏架长度 194.46 米；在未受损养殖区现场随意抽测了 4 台筏架的 2 个端点，以确认筏架间距，计算结果为筏架间距 20 米。漂间距、笼间距测量：现场测量扇贝养殖筏架笼间距分别为 48 厘米、53 厘米、52 厘米，平均笼间距为 51 厘米，漂间距分别为 106 厘米、73 厘米、85 厘米，平均漂间距为 88 厘米；现场测量牡蛎养殖筏架笼间距分别为 153 厘米、171 厘米、171 厘米，平均笼间距为 165 厘米，漂间距分别为 149 厘米、139 厘米、126 厘米，平均漂间距为 138 厘米。扇贝养殖笼为 13 层聚丙烯网笼，现场随机抽样每笼扇贝平均毛重 38.90 斤，去杂后净重 38.50 斤，平均壳高 6.1 厘米，受损扇贝处于即将收获阶段。牡蛎养殖笼为 8 层聚丙烯网笼，现场随机抽样每笼扇贝（牡蛎）平均毛重 77.10 斤，去杂后净重 64.8 斤，平均壳长 11.4 厘米，受损牡蛎正处于批量上市阶段。养殖物资：浮绠与橛绠为 Φ15 毫米聚乙烯绠，浮漂为 Φ130 厘米塑料球，浮系和吊绳为 Φ5 毫米丙纶绳，漂系长 1.5 米，吊绳长 3.0 米，养殖海域水深 15 米，橛绠长度 35 米。现场问询：2012 年曹某某经朋友介绍，从山东省龙口市龙岗街道屺㟂岛村人胡某某手中承租 2000 亩海域从事海湾扇贝筏式养殖，筏架长度 200 米，筏架间距 20 厘米，采用 2 连橛布设，每台筏架吊养 350 ~ 400 个养殖笼，每笼可卖 100 ~ 140 元；胡某某从 2017 年开始牡蛎筏式养殖，养殖面积约 2000 亩，筏架长度 200 米，筏架间距 20 厘米，每台筏架吊养 100 ~ 120 个养殖笼，每笼可卖 350 元左右。现场勘验的受损养殖区范围均位于“I× T×”轮航迹线的两侧，航迹显示“I× T×”轮在进入养殖区以后不久航速明显下降，船显然受到养殖筏架的拖拽与缠绕，另外残留浮漂上因刮擦留下的船漆等均有力证明养殖区受损与“I× T×”轮有关。“I× T×”轮在扇贝养殖区的航迹线长 0.285 海里，合 527.82 米，航迹走向为 254.1°（正北为 0°），与筏架走向呈 86°，切割线长度为 526.5 米。由于扇贝养殖筏架采用 2 连橛排布，往往是2台筏架同时受损，因此受损筏架数量 = “I× T×” 轮在扇贝养殖区的切割线长度 ÷ 筏架间距 ×2 ≈ 52台。“I× T×” 轮在牡蛎养殖区的航迹线长0.573海里，合1061.2米，航迹走向为253.7°（正北为0°），与筏架走向呈85.6°，切割线长度为1055.36米。受损筏架数量 = “I× T×” 轮在牡蛎养殖区的切割线长度 ÷ 筏架间距≈ 52台。鉴定人通过市场调研获得各单项物资价格，计算单台扇贝养殖筏架物质价值7487.9元，具体计算为木橛2支，60元/支，共120元；浮绠194.46米，2.4元/米，共466.7元；绠缆70米，2.4元/米，共168元；浮漂221个，7.5元/个，共1657.5元；浮系331.5米，0.6元/米，共198.9元；吊绳1143米，0.6元/米，共685.8元；养殖笼381个，11元/个，共4191元，合计7487.9元。事故共损失52台扇贝养殖筏架，物资折旧率按70%，计算本次事故造成扇贝养殖筏架损失价值为272 559.56元。鉴定人通过市场调研获得各单项物资价格，计算单台牡蛎养殖筏架物质价值3213.5元，具体计算为木橛2支，60元/支，共120元；浮绠194.46米，2.4元/米，共466.7元；绠缆70米，2.4元/米，共168元；浮漂141个，7.5元/个，共1057.5元；浮系211.5米，0.6元/米，共126.9元；吊绳354米，0.6元/米，共212.4元；养殖笼118个，9元/个，共1062元，合计3213.5元。事故共损失52台牡蛎养殖筏架，物资折旧率按70%，本次事故造成牡蛎养殖筏架损失价值为116 971.4元。大洋意见书中还评估了胡某某的受损生物价值为1 829 018.88元、可回收物资价值11 697.14元、可回收生物价值182 901.88元、受损生物收获费用159 045.12元、受损养殖恢复生产费用29 380.00元。意见为，本次事故共给胡某某的长牡蛎养殖造成的综合损失金额为1 621 726.14元。

本案庭审中，大洋所的鉴定人朱某出庭接受了质询。钻石公司询问“有没有对完好的养殖筏架进行勘查和拍照”，鉴定人回答“我们到达现场后，首先要围着受损区域转一圈，目的就是考察受损区与周边区域的差别，转完一圈后，才开始定点测量受损范围，至于说有没有必要将未受损的范围体现出来，以往的报告中从来没有出现这样的情况”；钻石公司询问“对受损区域的四至坐标点以及区域内的受损情况有没有拍照，特别是受损区域与完好区域对比的照片”，鉴定人回答“有很多，但是报告中不可能把所有的照片都加入”；钻石公司询问“报告第五页，大部分区域基本上是空白的，那如何在一片空白区域中确定受损的区域”，鉴定人回答“我们通过先在整个养殖区转一圈，发现有大片空白区和大片受损的浮漂，据此能够确定受损区域”；鉴定人还陈述，涉案海域中“在受损区外肯定存在好的筏架区”“船舶进入养殖区必然会船速下降或受到缠绕，根据船舶轨迹表中的距离与时间得出船速下降的结论”。

龙口市海洋发展和渔业局于2019年4月20日发布的《关于清理整治龙口市海域非法养殖的通告》载明：龙口市海洋发展和渔业局对龙口市辖区海水养殖水域内的非法养殖设施、养殖物进行清理整治，2019年5月20日前全部自行清理，逾期不自行清理的，依法强制清理。

2019年11月5日，龙口市海洋发展和渔业局作出《责令停止违法行为通知书》，通知胡某某以下事宜：经查你于2019年6月中旬开始，在龙口市北部海域37° 48′25″.309N，120° 18′12″.636E附近，实施未取得海域使用权非法占用海域进行筏式养殖海蛎子的行为，违反了《海域使用管理法》第3条第2款的规定，依据《海域使用管理法》第39条的规定，现责令立即停止正在进行的筏式养殖海蛎子的行为。2019年11月9日，龙口市海洋发展与渔业局向胡某某作出“责令退还非法占用海域，恢复海域原状并处罚款三万元”的行政处罚。上述处罚坐标点位于另案曹某某诉称养殖区内的东北边缘处。

2019年11月26日，胡某某与案外人证人胡某共同出具了一份《证明》，载明：我们长年在龙口市北部海域进行牡蛎养殖，养殖坐标点是（1）37° 47′59″.96N，120° 18′18″.20E；（2）37° 48′28″.4N，120° 18′17″.60E；（3）37° 48′28″.75N，120° 19′35″.14E；（4）37° 47′59″.94N,120° 19′35″.45E，面积约167公顷；曹某某于2017年开始在我隔壁海域进行扇贝养殖，坐标点是：（1）37° 47′35″.88N，120° 18′16″.54E；（2）37° 48′28″.08N，120° 18′16″.50E；（3）37° 48′28″.14N，120° 17′47″.53E；（4）37° 47′36″.03N，120° 17′47″.84E，面积约113公顷；2019年11月13日，“I× T×”轮进入我们和曹某某的养殖区并造成重大经济损失。该《证明》的末尾加盖了龙口市吉润渔业捕捞养殖专业合作社的印章，印章上方手写“以上情况属实，经办人胡某某”；还加盖了龙口市某渔业养殖专业合作社的印章与该合作社法定代表人胡某某的姓名章并手写“以上情况属实”。胡某某提交了龙口市某渔业捕捞养殖专业合作社与龙口市海丰某养殖专业合作社的营业执照。

2019年11月27日，龙口市龙港街道某村村民委员会出具了一份《证明》，载明我村胡某某经纬度为：（1）37° 47′59″.96N，120° 18′18″.20E；（2）37° 48′28″.4N，120° 18′17″.60E；（3）37° 48′28″.75N，120° 19′35″.14E；（4）37° 47′59″.94N,120° 19′35″.45E，该海域养殖牡蛎；隔壁为曹某某养殖扇贝，经纬度为：（1）37° 47′35″.88N，120° 18′16″.54E；（2）37° 48′28″.08N，120° 18′16″.50E；（3）37° 48′28″.14N，120° 17′47″.53E；（4）37° 47′36″.03N，120° 17′47″.84E。该《证明》为手写，其中加盖了“龙口市龙港街道某村村民委员会”印章，无相关负责人的签名。

2020 年 7 月 31 日，证人胡某出具了一份《证明》，载明：我是胡某某海上牡蛎养殖区工作船轮机长，同时负责胡某某海上牡蛎养殖管理工作，我本人具备多年牡蛎和扇贝养殖经验，我证明胡某某海上牡蛎养殖区四至坐标是：（1）37° 47′59″.96N，120° 18′18″.20E；（2）37° 48′28″.4N，120° 18′17″.60E；（3）37° 48′28″.75N，120° 19′35″.14E；（4）37° 47′59″.94N,120° 19′35″.45E，2019 年 11 月 13 日，胡某某海上牡蛎养殖区深水区的扇贝（牡蛎）尚未收获，根据牡蛎生长的自然规律，2019 年 12 月初胡某某海上养殖区才进行大规模牡蛎收获作业。2019 年 11 月 13 日，“I× T×”轮横穿胡某某海上牡蛎养殖区，现场损失惨重，我发现后立即通知胡某某现场损失情况。胡某某提交了证人胡某的职务船员证书，证书中载明职务为轮机长，船舶类别为捕捞船。

本案庭审中，证人胡某出庭接受质询时称：4 年前开始负责胡某某的牡蛎养殖；胡某某在海里打完桩后，出海时按照桩的坐标作业；11 月 14 日出海时发现养殖区受损；受损牡蛎刚开始收样品，基本没有大量收获；每排筏架 120 ~ 130 个笼子。

案外人刘某某于 2020 年 11 月 24 日出具的《证明》中记载：兹证明胡某某于 2019 年 3 月中旬至 2019 年 5 月末在我处购买牡蛎苗，我共发了 80 多车的牡蛎苗，苗种规格为 8 厘米以上，每车牡蛎苗重 4 万斤左右，单价每斤 0.8 元至 1 元。刘某某在本案庭审中出庭接受质询时称：五六年前即给胡某某供应牡蛎；2019 年 3 月至 5 月，共向胡某某供应 80 多车牡蛎苗种，每斤 0.8 元至 1 元，刘某某找车，胡某某自己支付车费；胡某某支付货款的方式有的是现金，有的是微信，有的是转账，转账得多；向胡某某供应的牡蛎，如果环境好，生长一个月就能收获，如果环境不好，一年都收获得不好。

经胡某某申请，法院向交通运输部北海航海保障中心调取了“I× T×”

轮自2019年11月12日零时至2019年11月14日24时的航行轨迹，调取数据显示，“I× T×”轮在2019年11月13日2257时进入胡某某诉称的养殖区，当日2340时驶出。钻石公司对该轮进入胡某某诉称养殖区的事实予以认可。

与本案事故同时，“I× T×”轮还进入了与另案曹某某诉称的养殖区相邻的养殖户姜某的扇贝养殖区。2020年9月23日，钻石公司与姜某达成了和解，约定钻石公司向姜某赔偿人民币26万元，在双方签订的《和解协议》中载明“当地扇贝在十月中下旬进入收获季，事故前部分养殖物已经收获”，钻石公司认为据此可以证明事发时当地大部分养殖物已经收获，即使胡某某诉称的养殖区内存在牡蛎养殖，也基本收获完毕，不存在损失。

2019年12月20日，青岛某保险公估有限公司（以下简称某保险公估公司）受钻石公司委托对胡某某诉称的养殖区进行现场查验，该公司于2020年11月19日出具的检验报告意见如下：根据我们的现场勘验和索赔方的证据材料以及大洋的司法鉴定意见书，都无法确定船舶穿越索赔方声称的养殖区域当时海域内有养殖物的存在，依据海洋发展和渔业局的相关通知文书和处罚文书，索赔方所声称的养殖区域为非法养殖，应该自行清理和强制清理，该海域内的养殖物应该在事故前已经基本清理或收获完毕，大洋的司法鉴定意见书及相关技术分析以及勘验评估结论缺乏理论和实践基础，报告结论自相矛盾且是错误的。该检验报告的第13 ~ 15页所附的来自船讯网的船舶航行轨迹列表显示，“I× T×”轮于2019年11月13日1745时左右开始处于“失控状态”，航速从3.3节开始逐渐下降，当日2001时下降至1节以下；2257时进入胡某某诉称的养殖区时速1.2节，2340时驶出时速1.1节；2350时进入曹某某另案诉称的养殖区时速1.2节，次日0007时驶出时速1.0节，船舶持续处于“失控状态”。

本案庭审中，某保险公估公司的检验人于某出庭接受质询时称：船舶进入大片养殖区后会碰到筏架、物资、养殖物，船速肯定会降低，甚至会停住。

【裁判说理】

争议焦点：在养殖户作为被侵权人请求侵权人赔偿养殖损失但养殖户未取得相关海区合法养殖证件即同时取得海域使用权证与养殖证的情况下，如何认定养殖户在相关海区实际从事了养殖。

青岛海事法院认为，胡某某主张“I× T×”轮进入其牡蛎养殖区并造成养殖物与养殖物资的损失而要求船方赔偿，本案应首要审查的是胡某某是否在其诉称的养殖区内实际从事了牡蛎养殖。胡某某未依法取得其诉称养殖区的海域使用权证书与养殖证，其是否实际养殖应根据本案的有效证据综合予以认定。本案中，胡某某提交了鉴定报告、村委会出具的证明、自然人证明、证人证言、行政机关执法文书等五类证据用以证明其在涉案海区存在实际养殖行为。法院经审查认为，出具证明材料的村委会与自然人均不是海域使用的监督管理单位，无权出具证明养殖海域范围的材料，且证明材料的形式上不符合《最高人民法院关于适用〈中华人民共和国民事诉讼法〉的解释》的相关规定；证人证言是证人的单方陈述，没有证据佐证证言的真实性；行政机关执法文书记载的内容与胡某某主张的养殖区范围不符；鉴定报告是胡某某单方委托作出，相当于民事诉讼法中规定的“专家意见”，根据鉴定报告记载的内容可以发现，鉴定依据不足，鉴定过程任意性强、规范性差，鉴定意见不具有关联性、客观性，缺乏证明力与说服力。综上，胡某某提交该等证据不能形成证明其实际养殖牡蛎行为以及实际养殖范围的完整证据链，各证据之间亦不能相互印证，故对胡某某在其诉称的养殖范围内进行牡蛎养殖的事实不予认定，其以“I× T×”轮进入该海域造成养殖损失为由要求钻石公司赔偿的主张，本院不予支持。依照《民事诉讼法》第 64 条的规定，判决如下：驳回胡某某的诉讼请求。

【法官后语】

本案系海上养殖损害责任纠纷，既是一起涉外案件，也是一起典型的海事侵权纠纷案件。海上养殖损害责任纠纷案件中，在养殖户作为被侵权人请求侵权人赔偿养殖损失但养殖户未取得相关海区合法养殖证件即未同时取得海域使用权证与养殖证的情况下，如何认定养殖户在相关海区实际从事了养殖，是该类纠纷审查的重点和难点。本案中，养殖户提交了鉴定报告、单位证明、自然人证明、证人证言、行政机关执法文书等五类证据用以证明其在涉案海区存在实际养殖行为这一焦点问题，本判决书根据各类证据的认证规则逐一对当事人提交的证据作出认定，准确、清晰地查明了案件事实，对争议焦点进行了详细、深入的说理，对同类纠纷中如何审查养殖户的实际养殖事实这一问题具有可借鉴意义。

【相关法条】

《中华人民共和国民事诉讼法》（2017年6月27日修正）

第六十四条第一款 当事人对自己提出的主张，有责任提供证据。

第一百七十条 第二审人民法院对上诉案件，经过审理，按照下列情形，分别处理：

（一）原判决、裁定认定事实清楚，适用法律正确的，以判决、裁定方式驳回上诉，维持原判决、裁定；

（二）原判决、裁定认定事实错误或者适用法律错误的，以判决、裁定方式依法改判、撤销或者变更；

（三）原判决认定基本事实不清的，裁定撤销原判决，发回原审人民法院重审，或者查清事实后改判；

（四）原判决遗漏当事人或者违法缺席判决等严重违反法定程序的，裁定撤销原判决，发回原审人民法院重审。

原审人民法院对发回重审的案件作出判决后，当事人提起上诉的，第二审人民法院不得再次发回重审。

第一百七十一条 第二审人民法院对不服第一审人民法院裁定的上诉案件的处理，一律使用裁定。

对应新法：

《中华人民共和国民事诉讼法》（2023年9月1日修正）

第六十七条第一款 当事人对自己提出的主张，有责任提供证据。

第一百七十七条 第二审人民法院对上诉案件，经过审理，按照下列情形，分别处理：

（一）原判决、裁定认定事实清楚，适用法律正确的，以判决、裁定方式驳回上诉，维持原判决、裁定；

（二）原判决、裁定认定事实错误或者适用法律错误的，以判决、裁定方式依法改判、撤销或者变更；

（三）原判决认定基本事实不清的，裁定撤销原判决，发回原审人民法院重审，或者查清事实后改判；

（四）原判决遗漏当事人或者违法缺席判决等严重违反法定程序的，裁定撤销原判决，发回原审人民法院重审。

原审人民法院对发回重审的案件作出判决后，当事人提起上诉的，第二审人民法院不得再次发回重审。

第一百七十八条 第二审人民法院对不服第一审人民法院裁定的上诉案件的处理，一律使用裁定。

承办人：王妍娥

编写人：王妍娥 段琪祺

19. 山东某海洋生物科技有限公司诉长岛某油轮运输有限公司海上养殖损害责任纠纷案

——鉴定意见的审查认定

【合规提示】

本案是一起因船舶误入养殖区导致的海上养殖损害赔偿责任纠纷。由于养殖事故往往是偶发突发，事故的现场需要及时进行证据保全，并且应由具有相应资质的机构进行鉴定确定损失。事故发生并不必然导致诉讼，而且短期内通过法院确定鉴定机构存在困难，因此当事人往往会自行委托鉴定机构进行定损。此时相关方应当精诚配合，共同到场，根据现场情况规范进行定位、取样、称量，争取为公平公正解决纠纷打好基础。如果遇到肇事方不配合到场的情况，受委托的鉴定单位也应依法依规进行操作。而本案中受损方单方面委托的鉴定机构取样偏离现场，样本孤立不具客观性，导致委托方的索赔受到极大影响。诉讼就是证据的比量，没有科学客观的证据，很难保证本方权利获得全面保护。

【案件信息】

1. 裁判文书字号

（2019）鲁 72 民初 1792 号、（2020）鲁民终 3142 号、（2021）最高法

民申 5900 号

2. 当事人

原告：山东某海洋生物科技有限公司

被告：长岛某油轮运输有限公司

3. 关键词

民事　海上养殖损害　养殖合法性　养殖损害评估

【裁判要旨】

海上养殖损害纠纷主要涉及三方面的事实需要查清：一是养殖户养殖的合法性；二是船舶触碰侵权的事实；三是养殖损失的核定。三方面的证据主要有三个来源：一是由海洋渔业部门证明养殖情况；二是由海事交管部门证明事故情况；三是由鉴定机构评估损失情况。

当事人单方委托作出的“鉴定意见书”采用的鉴定方法违背技术操作规范，鉴定过程任意性强、规范性差，计算损失适用方法错误，不尊重科学规律，其鉴定意见不具有关联性、客观性、合法性，缺乏证明力时，法院对其不予采信。

【基本案情】

2016 年 11 月 14 日，原告取得 198.67 公顷开放式养殖海洋牧场《海域使用权证书》。2019 年 11 月 6 日，长岛自然资源局出具《证明》，确认由于受海洋规划等因素影响，2019 年年初养殖证发放工作暂停。2019 年 8 月 20 日，原告报案称其海洋牧场海区因船舶驶入致使养殖架及附属物受损。接报后长岛海事处依法组织海事调查，认定被告所属“某油 12”轮于 2019 年 8 月 19 日驶入原告所属养殖区，致使该水域养殖筏架及附属物受损。2019 年 10 月，山东某海事司法鉴定所受原告委托，对前述养殖损害事故进行司法鉴定，结论为此次事故共造成经济损失总计 4 060 386.30 元。2020 年 4 月 10 日，被告向某县公证处申请对相关海域的勘查行为进行保全证据公证，公证处委派公证员根据现场情况制作了公证书。5 月 28 日，山东某司法鉴定中心接受被告委托对本案事故造成养殖损失进行评估鉴定，结论为此次造成养殖总损失费用为 1 515 721 元。

原告向青岛海事法院提出诉讼请求：（1）判令被告赔偿原告养殖损失人

民币 4 060 386.30 元及利息；（2）确认原告对被告的“某油 12”轮享有船舶优先权。

原告诉称：（1）判令被告赔偿原告养殖损失人民币 4 060 386.30 元及利息（以 4 060 386.30 元为本金，按照中国人民银行同期贷款利率计算至款项实际付清之日止，暂计至申请之日即 2019 年 12 月 5 日为 52 988.04 元）；（2）确认原告对被告的“某油 12”轮享有船舶优先权；（3）案件受理费、保全费、保全保险费、司法鉴定费、律师费等，由被告承担。

被告辩称：（1）原告诉讼主体不适格。《水上交通事故现场勘验记录》中“被勘察方负责人签名”处为“刘某亮”，即使存在养殖区损坏，被损财产所有权人系刘某某，而非原告，原告在没有刘某亮的授权情况下，诉讼主体资格存在瑕疵，应予驳回起诉。（2）即使被告所属涉案船舶穿越了原告提交的《海域使用权证书》中的海域，但原告没有证据证明，在被告穿越该海域前存在养殖或者存在的养殖完好的情形，穿越享有海域使用权的海域与造成养殖损害是两个独立的事实。（3）原告仅有海域使用权证书、不动产权证书，没有养殖证，依据《渔业法实施细则》第 10 条的相关规定，即使其存在养殖，其养殖行为违法，违法行为产生的后果，不应保护。（4）原告不能证明原告的损失情况，存在重大瑕疵，依法不能作为证据使用。（5）原告增加请求的赔偿利息损失，没有事实及法律依据，被告对其主张及具体计算方式，均不予认可，不同意支付，不认可原告关于船舶优先权的请求。（6）原告主张的本案法律费用等，没有事实及法律依据，请求全部驳回。

【裁判说理】

争议焦点：（1）海事部门的事故调查报告关于养殖品种的数据能否直接作为定损依据。（2）养殖户单方委托的鉴定机构取样不规范、不相关、不严谨产生的专家意见，法院应否采纳。

青岛海事法院一审认为：

1. 海事部门作为海上交通主管机关，对于相关的触碰事故有权进行调查处理，并查明原因判明责任。海事处具备法定的职责权限，其作出行政行为遵循了法定的步骤和程序，事故报告书的事故意见所依据的事实清楚、证据充分、内容合法适当。本案触碰事故是被告“某油 12”轮擅自驶入养殖区而引发，被告负有该事故的全部责任。

原告受损区的养殖属于合法养殖。原告已取得受损养殖区的海域使用权证书，有权根据该证书授予的权限合法使用海域。原告虽不持有养殖证，但不应认定其养殖行为非法。（1）通过自然资源局《证明》可以认定原告未办理养殖证系因为渔业主管机关存在特殊因素不予办证。（2）海域使用权证和养殖证的颁发机关同为当地县政府，因此原告不属于擅自养殖。

养殖户未办理养殖证系因为养殖区所在的地方人民政府渔业主管机关存在特殊因素不予办证；养殖户的海域使用权证已经标明了项目名称为海洋牧场项目、用海类型为开放式养殖用海，养殖户进行养殖应属根据政府授权合法经营；受损区扇贝苗的投放时间在渔业主管机关出现不能颁证事由之后；养殖户不属于擅自养殖，可以在渔业主管机关知情并许可的情况下继续养殖；养殖户的养殖行为合法有效，不应因在本案触损事故时未持有养殖证而减轻致损方的责任。

2. 养殖户单方委托鉴定单位作出《鉴定意见书》只是具有专门知识的人就专业问题提出的意见，简称“专家意见”，不属于《民事诉讼法》法定的鉴定。对于该《鉴定意见书》，应视为当事人的陈述进行审查。该《鉴定意见书》应符合客观、公正、诚实原则，法院对其所依据的材料、原理、方法、过程以及得出的意见可进行全面审查。

原告根据“专家意见”主张养殖经济损失 4 060 386.30 元，依据不足，法院不予支持。原告“专家意见”存在的问题主要有以下方面：现场取样样品过少，违背技术规范；取样偏离受损养殖区，与案件没有关联性；多处引用海事部门报告中相关数据，而准确定损养殖具体损失并非海事部门职责，海事工作人员并非定损专家；进行经济价值评估依据不足；适用污染标准计算养殖损失方法错误，不尊重科学规律。其鉴定意见不具有关联性、客观性、合法性，缺乏证明力，法院对该意见书不予采信。

被告委托公证人员及到场人员勘验的地点均未到达证书养殖范围，更没有进入海事处确定的受损范围内，与本案没有关联性。但被告委托专家的“海事意见书”构成被告对触损赔偿责任的自认。

3. 船舶触损养殖区损害纠纷中，养殖户的索赔属于船舶在营运中因侵权行为产生的海事请求，具有船舶优先权性质。养殖户在优先权产生之日起一年内未通过扣押船舶行使优先权，因此该优先权因养殖户未及时行使而消灭。

依照《民法通则》第 117 条、《海商法》第 29 条的规定，判决：一、被告长岛某油轮运输有限公司赔偿原告山东某海洋生物科技有限公司养殖损失1 515 721元及利息。二、驳回原告山东某海洋生物科技有限公司的其他诉讼请求。

一审宣判后，原告不服提出上诉。山东省高级人民法院审理后判决：驳回上诉，维持原判。

【法官后语】

本案系海上养殖损害纠纷，此类案件因现场不易保存取证难度大而构成疑难海事案件。此类案件主要涉及三个方面的事实需要查清：一是养殖户养殖的合法性；二是船舶触碰侵权的事实；三是养殖损失的核定。三方面的证据主要有三个来源：一是由海洋渔业部门证明养殖情况；二是由海事交管部门证明事故情况；三是由鉴定机构评估损失情况。本案中，法院对第一个方面和第三个方面的事实作出了特别的认定，对其他同类案件的审理也具有参考意义。

一、关于养殖合法性

根据《海域使用管理法》《渔业法实施细则》的规定，单位和个人使用海域，从事养殖生产，应当申请并领取海域使用权证书、养殖使用证，自取得证书时起取得相应使用权。因此是否持有两证是判定养殖户养殖合法性的直接证据。但本案是由于非养殖户原因造成未能持证，本案中构成两证不全的原因是发证机关引发的客观因素，因此法院根据有权发证机关的证明判定养殖户仍是合法养殖。

二、关于养殖损害的评估

养殖户遇到海上事故受损后，可以单方委托有相应资质的机构进行损失评估，单方委托具有更快捷高效的优势。但单方委托专家作出《鉴定意见书》只是具有专门知识的人就专业问题提出的意见，不属于《民事诉讼法》法定的鉴定，而只是“专家意见”。对于“专家意见”，应视为当事人的陈述进行审查。“专家意见”应符合客观、公正、诚实原则，法院对其所依据的材料、原理、方法、过程以及得出的意见可进行全面审查。

法官进行全面审查，不仅要正确适用法律，还要准确引用养殖技术规范、产量验收方法、经济损失计算方法等国家标准、行业标准。本案中，法官逐一明确阐明了原告单方委托专家鉴定意见在关联性、客观性、合法性的缺陷，最终否定了该“专家意见”。由于该“专家意见”违背鉴定基本原则未被法院采纳，原告单方委托该机构进行鉴定没有必要性，相应的鉴定支出也应根据“谁主张，谁负担”的原则而由原告自行承担。

【相关法条】

1.《中华人民共和国民法通则》（2021 年 1 月 1 日废止）

第一百一十七条 侵占国家的、集体的财产或者他人财产的，应当返还财产，不能返还财产的，应当折价赔偿。

损坏国家的、集体的财产或者他人财产的，应当恢复原状或者折价赔偿。

受害人因此遭受其他重大损失的，侵害人并应当赔偿损失。

第一百三十一条 受害人对于损害的发生也有过错的，可以减轻侵害人的民事责任。

对应新法：

《中华人民共和国民法典》（2021 年 1 月 1 日施行）

第一百二十条 民事权益受到侵害的，被侵权人有权请求侵权人承担侵权责任。

第一千一百七十三条 被侵权人对同一损害的发生或者扩大有过错的，可以减轻侵权人的责任。

2.《中华人民共和国海商法》（1993 年 7 月 1 日施行）

第二十一条 船舶优先权，是指海事请求人依照本法第二十二条的规定，向船舶所有人、光船承租人、船舶经营人提出海事请求，对产生该海事请求的船舶具有优先受偿的权利。

第二十二条 下列各项海事请求具有船舶优先权：

（一）船长、船员和在船上工作的其他在编人员根据劳动法律、行政法规或者劳动合同所产生的工资、其他劳动报酬、船员遣返费用和社会保险费用的给付请求；

（二）在船舶营运中发生的人身伤亡的赔偿请求；

（三）船舶吨税、引航费、港务费和其他港口规费的缴付请求；

（四）海难救助的救助款项的给付请求；

（五）船舶在营运中因侵权行为产生的财产赔偿请求。

载运 2000 吨以上的散装货油的船舶，持有有效的证书，证明已经进行油污损害民事责任保险或者具有相应的财务保证的，对其造成的油污损害的赔偿请求，不属于前款第（五）项规定的范围。

第二十八条 船舶优先权应当通过法院扣押产生优先权的船舶行使。

第二十九条 船舶优先权，除本法第二十六条规定的外，因下列原因之一而消灭：

（一）具有船舶优先权的海事请求，自优先权产生之日起满一年不行使；

（二）船舶经法院强制出售；

（三）船舶灭失。

前款第（一）项的一年期限，不得中止或者中断。

3.《中华人民共和国海上交通安全法》（2021年4月29日修订）

第八十条 船舶、海上设施发生海上交通事故，应当及时向海事管理机构报告，并接受调查。

4.《中华人民共和国海域使用管理法》（2002年1月1日施行）

第三条 海域属于国家所有，国务院代表国家行使海域所有权。任何单位或者个人不得侵占、买卖或者以其他形式非法转让海域。

单位和个人使用海域，必须依法取得海域使用权。

第十九条 海域使用申请经依法批准后，国务院批准用海的，由国务院海洋行政主管部门登记造册，向海域使用申请人颁发海域使用权证书；地方人民政府批准用海的，由地方人民政府登记造册，向海域使用申请人颁发海域使用权证书。海域使用申请人自领取海域使用权证书之日起，取得海域使用权。

5.《中华人民共和国渔业法》（2013年12月28日修正）

第十一条 国家对水域利用进行统一规划，确定可以用于养殖业的水域和滩涂。单位和个人使用国家规划确定用于养殖业的全民所有的水域、滩涂的，使用者应当向县级以上地方人民政府渔业行政主管部门提出申请，由本级人民政府核发养殖证，许可其使用该水域、滩涂从事养殖生产。核发养殖证的具体办法由国务院规定。

集体所有的或者全民所有由农业集体经济组织使用的水域、滩涂，可以由个人或者集体承包，从事养殖生产。

未依法取得养殖证擅自在全民所有的水域从事养殖生产的，责令改正，补办养殖证或者限期拆除养殖设施。

第四十条 使用全民所有的水域、滩涂从事养殖生产，无正当理由使水域、滩涂荒芜满一年的，由发放养殖证的机关责令限期开发利用；逾期未开发利用的，吊销养殖证，可以并处一万元以下的罚款。

未依法取得养殖证或者超越养殖证许可范围在全民所有的水域从事养殖生产，妨碍航运、行洪的，责令限期拆除养殖设施，可以并处一万元以下的罚款。

6.《中华人民共和国民事诉讼法》（2023 年 9 月 1 日修正）

第七十九条　当事人可以就查明事实的专门性问题向人民法院申请鉴定。当事人申请鉴定的，由双方当事人协商确定具备资格的鉴定人；协商不成的，由人民法院指定。

当事人未申请鉴定，人民法院对专门性问题认为需要鉴定的，应当委托具备资格的鉴定人进行鉴定。

7.《中华人民共和国渔业法实施细则》（2020 年 11 月 29 日修订）

第十条　使用全民所有的水面、滩涂，从事养殖生产的全民所有制单位和集体所有制单位，应当向县级以上地方人民政府申请养殖使用证。

全民所有的水面、滩涂在一县行政区域内的，由该县人民政府核发养殖使用证；跨县的，由有关县协商核发养殖使用证，必要时由上级人民政府决定核发养殖使用证。

8.《最高人民法院关于审理船舶碰撞和触碰案件财产损害赔偿的规定》（2020 年 12 月 29 日修正）

一、请求人可以请求赔偿对船舶碰撞或者触碰所造成的财产损失，船舶碰撞或者触碰后相继发生的有关费用和损失，为避免或者减少损害而产生的合理费用和损失，以及预期可得利益的损失。

因请求人的过错造成的损失或者使损失扩大的部分，不予赔偿。

9.《最高人民法院关于民事诉讼证据的若干规定》（2019 年 10 月 14 日修正）

第三条　在诉讼过程中，一方当事人陈述的于己不利的事实，或者对于己不利的事实明确表示承认的，另一方当事人无需举证证明。

在证据交换、询问、调查过程中，或者在起诉状、答辩状、代理词等书面材料中，当事人明确承认于己不利的事实的，适用前款规定。

第四十一条　对于一方当事人就专门性问题自行委托有关机构或者人员出具的意见，另一方当事人有证据或者理由足以反驳并申请鉴定的，人民法院应予准许。

10.《最高人民法院关于适用〈中华人民共和国民事诉讼法〉的解释》（2022 年 3 月 22 日修正）

第一百二十二条 当事人可以依照民事诉讼法第八十二条的规定，在举证期限届满前申请一至二名具有专门知识的人出庭，代表当事人对鉴定意见进行质证，或者对案件事实所涉及的专业问题提出意见。

具有专门知识的人在法庭上就专业问题提出的意见，视为当事人的陈述。

人民法院准许当事人申请的，相关费用由提出申请的当事人负担。

11.《中华人民共和国海上交通事故调查处理条例》（1990 年 3 月 3 日施行）

第十五条 港务监督应当根据对海上交通事故的调查，作出《海上交通事故调查报告书》，查明事故发生的原因，判明当事人的责任；构成重大事故的，通报当地检察机关。

第十六条 《海上交通事故调查报告书》应包括以下内容：

（一）船舶、设施的概况和主要数据；

（二）船舶、设施所有人或经营人的名称和地址；

（三）事故发生的时间、地点、过程、气象海况、损害情况等；

（四）事故发生的原因及依据；

（五）当事人各方的责任及依据；

（六）其他有关情况。

12.《司法鉴定程序通则》（2016 年 3 月 2 日修订）

第四条 司法鉴定机构和司法鉴定人进行司法鉴定活动，应当遵守法律、法规、规章，遵守职业道德和执业纪律，尊重科学，遵守技术操作规范。

承办人：李　军

编写人：李　军

20. 威海市某水产养殖有限公司诉平潭某船务有限公司海上养殖损害责任纠纷案

——非法养殖损害赔偿责任的认定

【合规提示】

本案是一起在涉案海域没有合法养殖权的养殖户因被告船舶驶入养殖区造成损失而诉请侵权人承担养殖损害赔偿责任纠纷的案件。未取得海域使用权和养殖许可证进行养殖，一旦发生损害，法院仅保护养殖鱼苗等合法财产损失，恢复生产费用及可得利益损失不被保护。因此，对于养殖户而言，开展养殖要经有关行政部门批准并取得《海域使用权证书》和《水域滩涂养殖证》等相应证书，并按照规定发布航行警告、设置警示标志，以免因非法养殖部分损失无法得到支持。对于侵权人而言，要从侵权关系是否成立的角度进行积极答辩，若对方系非法养殖但诉讼请求中亦主张了可得利益损失、养殖区生产恢复等费用，可申请法院根据法律规定对该部分损失予以剔除。

【案件信息】

1. 裁判文书字号

（2018）鲁 72 民初 480 号

2. 当事人

原告：威海市某水产养殖有限公司

被告：平潭某船务有限公司

3. 关键词

民事　海上养殖损害　海事侵权　损害赔偿

【裁判要旨】

1. 养殖损害发生时养殖户未经有关行政部门批准、未取得涉案海域的海域使用权证和养殖许可证的，属于非法养殖，即使后续行政机关出具证明，也不能以此证明其养殖行为的合法性。

2. 在非法养殖情况下，对养殖户损失的损害赔偿范围仅限于养殖户合法途径取得的养殖器具、养殖设施和养殖苗种等合法财产，非法养殖期间养殖物的预期收益、养殖区生产恢复费用等赔偿要求因违反行政法律法规的强制性规定而不受法律保护。

3. 养殖户及侵权人对养殖损害责任的发生均有过错时，双方应当按照双方相应的过错比例承担责任。

【基本案情】

威海市某水产养殖有限公司（以下简称某水产养殖公司）持有〔2003〕第Q×××9中华人民共和国水域滩涂养殖使用证，根据该证记载，某水产养殖公司对位于威海市经济技术开发区崮山镇沟北村东北侧海域具有水域滩涂养殖使用权，核准使用期限为2003年1月1日至2012年12月31日。该证使用期限到后期某水产养殖公司申请续期但未获准。

2018年1月22日，平潭某船务有限公司（以下简称某船务公司）所属“长某安”轮进入某水产养殖公司所属养殖区，造成损害。涉案养殖损害发生时某水产养殖公司未办理《海域使用权证书》和《水域滩涂养殖证》，也未申请行政主管机关发布海上航行警告或航行通告。

某水产养殖公司于2018年1月23日向青岛海事法院申请诉前扣押船舶，并于2018年2月2日对因“长某安”轮进入其所有的养殖区后造成的损失的申请证据保全。后青岛某海事服务有限公司对本案海上养殖损害进行司法鉴定，估损本次事故共造成某水产养殖公司直接经济损失合计519 688.02元，某水产养殖公司为此支付鉴定费71 997元。

某水产养殖公司同时主张因青岛某服务有限公司要求其另行支付费用出庭费、差旅费补充估损报告费等32 239元，加上某水产养殖公司已支付的鉴定费71 997元，共计104 236元的鉴定相关费用应由某船务公司承担。

某水产养殖公司提出诉讼请求：（1）法院依法判令被告某船务公司赔偿因其所属“长某安”轮进入养殖区造成损失约245万元，具体损失数额待鉴定后确定。（2）本案诉讼费用、保全费、担保费、鉴定费由某船务公司承担。

某船务公司辩称：（1）某水产养殖公司主体资格不适格。某水产养殖公司未提供证据证明其是涉案海域实际养殖人。（2）即使某水产养殖公司是案涉海域的实际养殖人，但其未提供证据证明在诉称事故发生时案涉海域内实际有养殖物和实际遭受了损失（如苗种费用和养殖设施费用），即在本案中没有实际财产损失发生。（3）某水产养殖公司未提供《海域使用权证》和《养殖许可证》，在涉案海域养殖属于非法养殖。（4）某水产养殖公司未提供证据证明某船务公司有驾驶船舶进入养殖区的侵权行为。（5）即使某水产养殖公司存在损失、“长某安”轮进入养殖区，其亦未提供证据证明二者之间存在因果关系，无法排除其诉称的损失在“长某安”轮进入养殖区之前即已存在。（6）某水产养殖公司养殖户违法在航道附近设置妨碍海上交通安全的养殖设施且未申请发布航行通告、航行警告和设置警示标志，导致发生损失，自身存在过失。

【裁判说理】

争议焦点：（1）双方对于海事事故的发生应承担的过错责任。（2）某水产养殖公司的损失赔偿问题。

青岛海事法院认为：本案系因船舶进入养殖区造成损害而产生的海事侵权纠纷。原告某水产养殖公司养殖区在事故发生时未办理《海域使用权证书》和《水域滩涂养殖证》，仅有威海经济技术开发区农业经济发展局、威海经济技术开发区崮山镇人民政府出具的证明，不符合《渔业法》和《海域使用管理法》的相关要求，应认定为非法养殖。被告某船务公司虽然对“长某安”轮进入原告养殖区造成损害的事实予以否认，但根据该轮事发期间的航行轨迹及青岛某海事服务有限公司出具的鉴定报告，足以认定“长某安”轮已进入养殖区并造成了损害。

一、原、被告对于海事事故的发生应承担的过错责任

《侵权责任法》第6条规定：“行为人因过错侵害他人民事权益，应当承担侵权责任……”在事故航次中，“长某安”轮对于进入养殖区造成损害存在过错，某船务公司应对本案海事事故的发生承担主要的过错责任。

《侵权责任法》第26条规定：“被侵权人对损害的发生也有过错的，可以减轻侵权人的责任。”某水产养殖公司养殖区未报经主管机关核准公告，也未向主管机关申请发布海上航行警告或航行通告，违反了《海上安全交通法》和《海上航行警告和航行通告管理规定》的相关规定，对于损害的发生也有过错，应承担相应的过错责任。

因此，原、被告双方对于本案海事事故的发生均有过错，综合考虑本案的实际情况及双方的过错程度，确定某船务公司承担70%的过错责任、某水产养殖公司承担30%的过错责任较为合理。

二、原告某水产养殖公司的损失赔偿问题

某水产养殖公司的养殖虽系非法养殖，但其对于养殖物和养殖物资具有合法的财产权利，因此对于“长某安”轮进入某水产养殖公司养殖区造成的损害，被告某船务公司应赔偿相应的直接经济损失。

青岛某海事服务有限公司接受法院的委托，已作出了SGM（2018）0×××4和SGM（2018）04×××B《“长某安”轮关于声称损坏威海养殖区案件检验报告》及补充报告，认定本次事故共造成某水产养殖公司养殖筏架损坏，直接经济损失合计519 688.02元。该鉴定报告无证据表明鉴定程序违法或鉴定意见依据不足，虽原、被告双方对报告中部分内容有异议但并未提供足以反驳的相反证据，因此法院确认该鉴定报告的证据效力。

综上所述，原告某水产养殖公司因本案海事事故产生直接经济损失519 688.02元，被告某船务公司应承担70%的过错责任，即赔偿原告某水产养殖公司养殖损失363 781.614元。

原告某水产养殖公司主张应由被告某船务公司承担鉴定费104 236元，但仅提交了71 997元支付凭证，其中补充鉴定费32 239元，原告某水产养殖公司未提交实际支付的凭证，且补充鉴定费用中的费用项目重复计算，法院对补充鉴定费不予支持。关于某水产养殖公司主张的71 997元鉴定费，法院认为，在本案事故发生后，某船务公司否认进入某水产养殖公司养殖海域并造成损害，并声称无法提供涉案“长某安”轮的事故发生期间航行轨迹，青岛某海事服务有限公司出具的鉴定报告结合法院向天津海事局调取的“长某安”轮航行轨迹足以认定损害事实的发生及损失数额，故该鉴定费应由侵权人某船务公司承担。青岛海事法院判决某船务公司赔偿某水产养殖公司损失363 781.614元并驳回原告的其他诉讼请求。

本案判决出具后双方当事人均未上诉，判决已发生法律效力。

【法官后语】

本案是一起典型的海上养殖损害责任纠纷案件。在海上养殖损害案件中，通常因养殖方法专业多样、养殖环境复杂多变，加之养殖损害造成后的不易保存、不可复原，为此类案件的审理带来诸多难题。对此，应认定因果关系，确定各方责任；判断养殖合法性，确定赔偿范围。

侵权行为的认定。本案中，被告所有的船舶航行至原告养殖区域，直接造成原告养殖筏架损害，侵犯了原告的合法权益，符合一般侵权行为构成要件，被告应当根据其过错程度承担侵权责任。根据涉案船舶事发期间的航行轨迹及青岛某海事服务有限公司出具的鉴定报告，足以认定“长某安”轮违规进入养殖区，对损害的发生存在过错；原告未报经主管机关核准公告，也未向主管机关申请发布海上航行警告或航行通告，违反法律规定，对于损害的发生也有过错，因此，综合考虑本案实际情况，确定原、被告分别承担30%、70%的过错比例。

原告损失的认定。对于原告损失的认定涉及对其养殖行为合法性的判断。根据《海域使用管理法》第3条规定，单位和个人使用海域，必须依法取得海域使用权。本案原告并未取得海域使用权证书，后续其提供行政机关的证明，不足以证明其养殖行为的合法性，应认定为非法养殖。但根据《民法典》物权编及侵权责任编之精神和相关规定，参照《最高人民法院关于审理船舶油污损害赔偿纠纷案件若干问题的规定》，非法养殖人仍享有就其合法途径取得的养殖器具、养殖设施和养殖苗种等财产请求损害赔偿的权利。

因船舶航行或其他作业活动造成的海上养殖损害，应当根据当事人养殖行为的合法性确定赔偿范围。具备《海域使用权证书》《水域滩涂养殖证》的当事人在相关海域从事的养殖行为属于合法养殖，其养殖物资、养殖收益等合法权益受法律保护；而不具备相应证书的当事人，仅凭损害发生后行政机关临时出具的证明养殖合法性的说明不能作为主张合法养殖的依据，其养殖活动应当认定为非法养殖，在非法养殖情况下，其养殖物和养殖物资权利仍然具有合法的财产权利。对于因他人侵权行为造成的非法养殖户的损害赔偿范围仅限于养殖物和养殖物资的损失，而养殖收益等因其系非法养殖活动所产生的非法利益，不受法律保护。

本案在确定养殖行为非法的前提下，仅支持了原告的养殖物资损失，以判决的形式指引当事人规范进行海上养殖，维护正常的海上养殖秩序，既维护了原告的合法权益，也一定程度上惩治了非法养殖行为。

【相关法条】

1.《中华人民共和国侵权责任法》（2021年1月1日废止）

第六条 行为人因过错侵害他人民事权益，应当承担侵权责任。

根据法律规定推定行为人有过错，行为人不能证明自己没有过错的，应当承担侵权责任。

第二十六条 被侵权人对损害的发生也有过错的，可以减轻侵权人的责任。

对应新法：

《中华人民共和国民法典》（2021年1月1日施行）

第一千一百六十五条 行为人因过错侵害他人民事权益造成损害的，应当承担侵权责任。

依照法律规定推定行为人有过错，其不能证明自己没有过错的，应当承担侵权责任。

第一千一百七十三条 被侵权人对同一损害的发生或者扩大有过错的，可以减轻侵权人的责任。

2.《中华人民共和国海上交通安全法》（2016年11月7日修正）

第二十六条 设施的搬迁、拆除，沉船沉物的打捞清除，水下工程的善后处理，都不得遗留有碍航行和作业安全的隐患。在未妥善处理前，其所有人或经营人必须负责设置规定的标志，并将碍航物的名称、形状、尺寸、位置和深度准确地报告主管机关。

对应新法：

《中华人民共和国海上交通安全法》（2021年4月29日修订）

第五十一条第一款 碍航物的所有人、经营人或者管理人应当按照有关强制性标准和技术规范的要求及时设置警示标志，向海事管理机构报告碍航物的名称、形状、尺寸、位置和深度，并在海事管理机构限定的期限内打捞清除。碍航物的所有人放弃所有权的，不免除其打捞清除义务。

3.《中华人民共和国海上航行警告和航行通告管理规定》（1993年2月1日施行）

第五条 在中华人民共和国沿海水域从事下列活动，必须事先向所涉及的海区的区域主管机关申请发布海上航行警告、航行通告：

（一）改变航道、航槽；

（二）划定、改动或者撤销禁航区、抛泥区、水产养殖区、测速区、水上娱乐区；

（三）设置或者撤除公用罗经标、消磁场；

（四）打捞沉船、沉物；

（五）铺设、撤除、检修电缆和管道；

（六）设置、撤除系船浮筒及其他建筑物；

（七）设置、撤除用于海上勘探开发的设施和其安全区；

（八）从事扫海、疏浚、爆破、打桩、拔桩、起重、钻探等作业；

（九）进行使船舶航行能力受到限制的超长、超高、笨重拖带作业；

（十）进行有碍海上航行安全的海洋地质调查、勘探和水文测量；

（十一）进行其他影响海上航行和作业安全的活动。

军事单位划定、改动或者撤销军事禁航区、军事训练区，由国家主管机关或者区域主管机关发布海上航行警告、航行通告。

承办人：孙　鹏

编写人：孙　鹏　刘文文

21. 烟台某海参苗种培育有限公司诉某核电有限公司、某送变电工程公司海上养殖损害责任纠纷案

——核电项目周边海域非法养殖损害赔偿的责任确定

【合规提示】

本案系一起供电企业从事海上施工引起周边养殖户索赔的纠纷。本案中供电企业具有施工资质，并已办理了海域使用权证书。但海上施工不同于陆地施工，由于海水介质的存在，会使施工产生的悬浮泥沙影响到周边的海水养殖物。对于施工可能导致的损失索赔，建议施工单位在开工前采取相应措

施，如委托公证处保全证据，委托评估机构评估周边养殖物养殖规模、养殖物价值等方式，提前固定证据，准备应对可能产生的索赔。对于养殖单位，建议依法用海，办理海域使用权证书和养殖证书，否则会因为非法养殖而自行承担高额损失。

【案件信息】

1. 裁判文书字号

（2015）青海法海事初字第 138 号

2. 当事人

原告：烟台某海参苗种培育有限公司

被告：某核电有限公司、某送变电工程公司

3. 关键词

民事　海上养殖损害　施工污染　养殖合法性

【裁判要旨】

1. 养殖合法性问题在海洋环境污染案件中是认定损失的重要前提条件。在国家重点核电项目附近进行养殖，该片海域的养殖合法性问题必须在法律认定上予以明确。

2. 海上施工虽然已办理了海域使用权登记手续，但施工搅起的海底泥沙仍有可能对周边养殖物造成损害。

3. 无证养殖虽为非法养殖，但法院仍可考虑养殖户的合法所有权，给予适当补偿。

【基本案情】

2005 年 4 月 19 日，被告某核电有限公司与某核电建设工作委员会办公室签订《某核电厂使用海域补偿费用包干协议》，约定将使用海域移交，并负责完成回收、吊销用海海域范围内的集体、单位和个人的海域、滩涂使用证。2008 年 8 月 8 日，山东省人民政府发布《关于烟台市海洋功能区划的批复》，其中大辛家镇某村周围 5 公里海域为核电利用区。2013 年 4 月 16 日，原告烟台某海参苗种培育有限公司与某核电装备制造工业园区某村委签订《虾池租赁合同》，双方约定村委将小码头南的虾池租赁给原告，租赁期自 2013 年

4月16日起至2062年4月16日止，租金每年20万元。同年，某电力集团公司与被告某送变电工程公司签订《某核电500千伏送出至莱阳线路工程施工合同》，由该被告承包该线路工程。2014年9月28日，山东省海洋与渔业厅向被告某送变电工程公司颁发海域使用权证书。后该被告在上述涉案塔基海域施工并完成了塔基建设。2015年5月29日，原告及农业部黄渤海区渔业生态环境监测中心的工作人员同公证员对养殖生物进行现场采样，并对采样过程进行公证，烟台市鲁东公证处对上述保全证据事项予以公证。烟台市海洋环境监测预报中心作出测量报告，农业部黄渤海区渔业生态环境监测中心作出损失评估报告。原告要求判令二被告赔偿原告因核电项目输电线路塔基工程建设造成原告经济损失149.0175万元，并赔偿原告所花费评估费、公证费计7.3万元。

原告烟台某海参苗种培育有限公司诉称：判令二被告赔偿原告因核电项目输电线路塔基工程建设造成原告经济损失2562.2186万元；判令二被告赔偿原告生产用配套房屋及构筑物损失182.3371万元；判令二被告赔偿原告生产用网箱及安装费损失150万元；判令二被告赔偿原告所花费评估费、公证费计7.3万元；本案诉讼费用全部由二被告承担。案件审理过程中，原告将诉讼请求三次变更，最终确认为：判令二被告赔偿原告因核电项目输电线路塔基工程建设造成原告经济损失149.0175万元；判令二被告赔偿原告所花费评估费、公证费计7.3万元；本案诉讼费用全部由二被告承担。

被告某核电有限公司辩称：按照国家法律和政策规定，该被告不能成为电网投资和建设的主体。参与投资、建设和经营相关的跨区域输变电和联网工程是国家电网的主要职责之一。某核电有限公司是某核电项目的业主单位，为发电企业，仅从事核电电厂建设和发电业务，按照规定，不能从事电网投资和建设业务。某核电500千伏输变电工程是国家电网为满足山东省内电力输送需求而规划建设的送出工程。因此该被告不能也不应成为电网投资和建设的主体，原告起诉错误，应裁定驳回起诉。

被告某送变电工程公司辩称：该被告不是本工程的民事补偿及民事协调主体，原告主张的养殖损害责任与该被告无关，请求驳回原告对该被告的诉讼请求。

【裁判说理】

争议焦点：（1）未经国家批准进行非法养殖是否可以请求赔偿。（2）在已经取得海域使用权的范围内进行施工是否应该对周边养殖物损害进行赔偿。（3）如何认定施工行为和养殖损害之间的因果关系。

青岛海事法院经审理认为，本案系养殖污染损害赔偿纠纷。原告提交的损失评估报告未提及存在养殖物死亡的具体事实和数据，但根据现场照片、录像，同时显示有活体养殖物和死亡养殖物的画面，可以证明在原告养殖区有部分养殖物受损事实的存在。被告某送变电工程公司施工中的抛石产生悬浮泥沙等客观事实会对原告的养殖物的栖息生长造成一定环境影响，其未能举证存在法定免责事由，也未能提供证据证明其行为与损害结果之间不存在因果关系，认定原告养殖物受损与该被告施工之间具有因果关系。关于损害责任的划分及计算标准，原告的养殖行为未经国家批准，系非法养殖。被告某送变电工程公司的施工是在其已经取得海域使用权的范围内进行，因此原告根据养殖物的预期年产值请求损失，属于主张非法利益，法院不予支持。原告未能举证证明其养殖物实际死亡的具体数量或比例，但考虑到塔基占用部分海区养殖物已无存活可能，施工污染导致部分养殖物死亡的事实客观存在，并且当时尚存活的养殖物仍有继续因污染死亡的可能性，因此可以参考原告投放养殖物在勘验当时（施工结尾时）的实际价值来确定原告可得到法院支持的合法利益。综合考虑各方行为的合法性基础、施工方的污染影响程度和范围、养殖物的实际受损程度和养殖户的减损义务，确定双方的责任分担比例为，原告自负 55%，被告某送变电工程公司承担 45%，即该被告应向原告支付 22 0531.88 元人民币。被告某核电有限公司既非项目施工单位，也不是项目发包单位。原告请求该被告承担赔偿责任，无法证明该被告存在侵权事实，没有事实和法律依据，法院不予支持。

【法官后语】

本案最具有参考意义的部分在于损害责任的划分及计算标准问题，判决对双方当事人提交的证据材料进行了悉心比对，并从细节中发现问题，作出了准确的判断，并且把握住了合法性原则，最终双方当事人心服口服，均未提出上诉，并且被告主动履行了判决事项。

本案最重要的一点在于对养殖合法性的认定。养殖合法性问题在海洋环境污染案件中是认定损失的重要前提条件。本案原告在国家重点核电项目附近进行海参养殖，该片海域的养殖合法性问题必须在法律认定上予以明确。对于非法养殖，仍有必要尊重养殖户的合法所有权，应给予适当补偿。本案确定根据鉴定报告认定养殖物经济价值进行适当补偿，但同时综合考虑各方行为的合法性基础、施工方的污染影响程度和范围、养殖物的实际受损程度和养殖户的减损义务，确定双方的责任分担比例，也是一种有益尝试。实践证明，各方对法院的处理结果都认为公平公正，均欣然接受。

【相关法条】

1.《中华人民共和国物权法》（2021年1月1日废止）

第四十六条 矿藏、水流、海域属于国家所有。

第五十六条 国家所有的财产受法律保护，禁止任何单位和个人侵占、哄抢、私分、截留、破坏。

对应新法：

《中华人民共和国民法典》（2021年1月1日施行）

第二百四十七条 矿藏、水流、海域属于国家所有。

第二百五十八条 国家所有的财产受法律保护，禁止任何组织或者个人侵占、哄抢、私分、截留、破坏。

2.《中华人民共和国侵权责任法》（2021年1月1日废止）

第二十六条 被侵权人对损害的发生也有过错的，可以减轻侵权人的责任。

第六十五条 因污染环境造成损害的，污染者应当承担侵权责任。

第六十六条 因污染环境发生纠纷，污染者应当就法律规定的不承担责任或者减轻责任的情形及其行为与损害之间不存在因果关系承担举证责任。

对应新法：

《中华人民共和国民法典》（2021年1月1日施行）

第一千一百七十三条 被侵权人对同一损害的发生或者扩大有过错的，可以减轻侵权人的责任。

第一千二百二十九条 因污染环境、破坏生态造成他人损害的，侵权人应当承担侵权责任。

第一千二百三十条 因污染环境、破坏生态发生纠纷，行为人应当就法律规定的不承担责任或者减轻责任的情形及其行为与损害之间不存在因果关系承担举证责任。

3.《中华人民共和国海洋环境保护法》（2023年10月24日修订）

第一百一十四条 对污染海洋环境、破坏海洋生态，造成他人损害的，依照《中华人民共和国民法典》等法律的规定承担民事责任。

对污染海洋环境、破坏海洋生态，给国家造成重大损失的，由依照本法规定行使海洋环境监督管理权的部门代表国家对责任者提出损害赔偿要求。

前款规定的部门不提起诉讼的，人民检察院可以向人民法院提起诉讼。前款规定的部门提起诉讼的，人民检察院可以支持起诉。

第一百一十六条 完全属于下列情形之一，经过及时采取合理措施，仍然不能避免对海洋环境造成污染损害的，造成污染损害的有关责任者免予承担责任：

（一）战争；

（二）不可抗拒的自然灾害；

（三）负责灯塔或者其他助航设备的主管部门，在执行职责时的疏忽，或者其他过失行为。

4.《中华人民共和国海域使用管理法》（2002年1月1日施行）

第三条 海域属于国家所有，国务院代表国家行使海域所有权。任何单位或者个人不得侵占、买卖或者以其他形式非法转让海域。

单位和个人使用海域，必须依法取得海域使用权。

第二十五条 海域使用权最高期限，按照下列用途确定：

（一）养殖用海十五年；

（二）拆船用海二十年；

（三）旅游、娱乐用海二十五年；

（四）盐业、矿业用海三十年；

（五）公益事业用海四十年；

（六）港口、修造船厂等建设工程用海五十年。

第四十二条 未经批准或者骗取批准，非法占用海域的，责令退还非法占用的海域，恢复海域原状，没收违法所得，并处非法占用海域期间内该海域面积应缴纳的海域使用金五倍以上十五倍以下的罚款；对未经批准或者骗取批准，进行围海、填海活动的，并处非法占用海域期间内该海域面积应缴纳的海域使用金十倍以上二十倍以下的罚款。

5.《中华人民共和国渔业法》（2013 年 12 月 28 日修正）

第十一条第一款 国家对水域利用进行统一规划，确定可以用于养殖业的水域和滩涂。单位和个人使用国家规划确定用于养殖业的全民所有的水域、滩涂的，使用者应当向县级以上地方人民政府渔业行政主管部门提出申请，由本级人民政府核发养殖证，许可其使用该水域、滩涂从事养殖生产。核发养殖证的具体办法由国务院规定。

承办人：李　军

编写人：李　军

22. 孟某某诉某航运有限公司海上养殖损害责任纠纷案

——养殖合法性的认定

【合规提示】

本案系一起海上养殖损害赔偿纠纷，被告所属船舶在锚地锚泊避风期间走锚，误入原告的海上养殖区，造成养殖物扇贝和贻贝及养殖物资的大量损毁。本案依据评估报告对损失进行认定，推动外方当事人设立海事赔偿责任限制基金，保证赔偿款从基金中按顺序按比例受偿。

【案件信息】

1. 裁判文书字号

（2006）青海法海事初字第 5 号

2. 当事人

原告：孟某某

被告：某航运有限公司

3. 关键词

民事　海上养殖损害　养殖合法性　海事赔偿责任限制

【裁判要旨】

被告所属“海某”轮进入原告等107名养殖户的养殖区造成损失，应予赔偿。被告在法院设立海事赔偿责任限制基金，赔偿款应从基金中按顺序、按比例受偿。

经法院主持调解，养殖户与船舶所有人达成调解方案，在海事赔偿限制基金中受偿。

【基本案情】

2005年12月4日，被告所属的“海某”轮在烟台龙口港锚地锚泊时，进入原告等107名养殖户所属的养殖海区，造成原告海区内养殖的扇贝和贻贝及养殖物资的大量损毁。2006年2月15日，原告等107名养殖户诉至法院，要求被告赔偿损失。

被告对原告委托的损失评估报告不予认可，并自行委托评估机构对船舶是否进入养殖区、产生损害的大小进行了鉴定。

被告于2006年12月13日向法院申请设立海事赔偿责任限制基金，法院于2007年2月7日以（2007）青海法限字第1号民事裁定书准许。经法院主持调解，2007年3月12日以（2007）青海法烟保字第1号民事裁定书进行了责任限制基金分配，清偿了已登记的全部债权。

【裁判说理】

争议焦点：（1）原告养殖合法性的认定。（2）损失的认定。（3）海事赔偿责任限制的适用。

青岛海事法院认为：

1. 原告养殖合法性的认定。107名养殖户大部分持有渔业主管部门发放的水域滩涂养殖使用证，无海域使用权证书，更没有在海图上发布航行警告。且养殖范围与养殖证所标识的位置不符，存有超过养殖范围等情形，被告对养殖合法性不予认可。

关于养殖确权发证，《渔业法》规定是由县级以上人民政府颁发，故法院函询龙口市人民政府，回复凡持有养殖证的养殖户均为合法养殖。

2. 损失的认定。原告、被告分别委托了专家进行现场勘验，出具了损失评估报告。最终以评估报告为依据，下浮损失比例达成了调解基础。

3. 海事赔偿责任限制的适用。被告在法院设立了海事赔偿责任限制基金，因养殖损害均为同一顺序受偿，故根据受偿比例养殖户在债权登记期间进行登记，调解结案并在基金中分配受偿。

经审理查明，被告所属“海某”轮进入原告等 107 名养殖户的养殖区造成损失，应予赔偿。被告在法院设立海事赔偿责任限制基金，赔偿款应从基金中按顺序、按比例受偿。

经法院主持调解，养殖户与船舶所有人达成调解方案，在海事赔偿限制基金中受偿。

【法官后语】

本案是一起典型的海上养殖损害赔偿侵权案件，被告所属船舶在锚地锚泊避风期间走锚，误入原告的海上养殖区，造成养殖物扇贝和贻贝及养殖物资的大量损毁，被告应负侵权责任赔偿原告损失。系列案件中，法官充分运用“枫桥经验”，面对众多情绪激动的养殖户，下沉到社区和驻地政府沟通协调。依据评估报告对损失进行认定，一方面推动外方当事人设立海事赔偿责任限制基金；另一方面稳定养殖户情绪，逐一做思想工作。最终全部调解结案，养殖户迅速拿到赔款，原告、被告双方均对结果表示满意，体现了政治效果、法律效果和社会效果的统一。稳定了社会秩序，促进了软环境的改善，彰显了派出法庭在驻地保障作用，本案平等保护了中外当事人的合法权利。

【相关法条】

1.《中华人民共和国民法通则》（2021 年 1 月 1 日废止）

第一百零六条第一款　公民、法人违反合同或者不履行其他义务的，应当承担民事责任。

第一百一十七条　侵占国家的、集体的财产或者他人财产的，应当返还财产，不能返还财产的，应当折价赔偿。

损坏国家的、集体的财产或者他人财产的，应当恢复原状或者折价赔偿。

受害人因此遭受其他重大损失的，侵害人并应当赔偿损失。

对应新法：

《中华人民共和国民法典》（2021年1月1日施行）

第五百零九条 当事人应当按照约定全面履行自己的义务。

当事人应当遵循诚信原则，根据合同的性质、目的和交易习惯履行通知、协助、保密等义务。

当事人在履行合同过程中，应当避免浪费资源、污染环境和破坏生态。

第一千一百六十五条第一款 行为人因过错侵害他人民事权益造成损害的，应当承担侵权责任。

2.**《中华人民共和国海事诉讼特别程序法》**（2000年7月1日施行）

第一百零一条 船舶所有人、承租人、经营人、救助人、保险人在发生海事事故后，依法申请责任限制的，可以向海事法院申请设立海事赔偿责任限制基金。

船舶造成油污损害的，船舶所有人及其责任保险人或者提供财务保证的其他人为取得法律规定的责任限制的权利，应当向海事法院设立油污损害的海事赔偿责任限制基金。

设立责任限制基金的申请可以在起诉前或者诉讼中提出，但最迟应当在一审判决作出前提出。

第一百一十八条 债权人会议可以协商提出船舶价款或者海事赔偿责任限制基金的分配方案，签订受偿协议。

受偿协议经海事法院裁定认可，具有法律效力。

债权人会议协商不成的，由海事法院依照《中华人民共和国海商法》以及其他有关法律规定的受偿顺序，裁定船舶价款或者海事赔偿责任限制基金的分配方案。

承办人：于文斌

编写人：于文斌　毕德强

23. 荣成某水产有限公司诉王某海上养殖损害责任纠纷案

——船舶进入养殖区的过错责任分配

【合规提示】

本案系船舶进入养殖区损害赔偿案件，诉讼中双方就原告的养殖合法性、被告的航行过错等发生争议。本案对航养双方给予以下提示：（1）取得海域使用权，并在审批使用许可的范围及区域内从事养殖，是海上养殖合法性的必要前提。（2）从事养殖区域发布的航行通告，应对外公示并告知船舶航行应尽到谨慎注意，以避免船舶进入已知的公示养殖区域，切实减少航养矛盾的发生。（3）在经年习惯的航线上航行的船只，不能以没有养殖禁告的养殖瑕疵去对抗知道而且应当知道的养殖区域的客观存在。

【案件信息】

1. 裁判文书字号

（2001）青海法石海事初字第 11 号

2. 当事人

原告：荣成某水产有限公司

被告：王某

3. 关键词

民事　海上养殖损害　养殖合法性　航行过错　先予执行

【裁判要旨】

1. 养殖合法性审查是审理案件必须首先查明的事实。

2. 海损事故归责认定是判定赔偿责任的基础。

3. 养殖损害金额认定是损害程度的事实基础。破解关键问题，才能公正高效定分止争。

【基本案情】

荣成某水产有限公司（以下简称原告）前身为某水产养殖场（以下简称养殖场），1998 年函请荣成市海洋与水产局后，于 5 月在港西镇鸡鸣岛以西约 2000 亩海域进行了海带、裙带的养殖开发利用。后养殖场改组为原告，1998 年 8 月，经工商局登记成立。

1998 年 8 月 29 日，原告函请荣成市海洋与水产局，买断养殖场资产及海域、各类证件、许可的使用权。1999 年 1 月 8 日，原告填写《海域使用登记表》，荣成市海洋与水产局审核后签署“同意”意见。2001 年 6 月 8 日，荣成市人民政府向原告颁发了《国家海域使用证》。经荣成渔港监督证明，原告在其养殖区的外侧设置两处浮标。

“鲁某渔 1225/1226”对拖网渔轮为被告王某所有，头船为“鲁某渔 1225”（以下简称头船），二船为“鲁某渔 1226”（以下简称二船），从事外海捕鱼。

2000 年 12 月 1 日，“鲁某渔 1225/1226”对渔船在 82 海区作业。当日 1730 时，开始返航威海渔港。返航途中，在无风且视线良好的情况下，12 月 2 日 0200 时，头船误入原告的海带养殖区并缠摆；约一个小时后，二船前往拖带头船，驶入原告的海带养殖区，亦被缠摆。

当日 1120 时，荣成渔港监督就该海事情况向被告船员进行了调查，并主持原告与被告船方调解，双方代表签署了《协议书》，载明“一、全损裙带 38 台架子、海带 7 台架子。二、半损海带 18 台架子”。

12 月 26 日，应原告的申请，青岛海事法院作出（2001）青海法石海事初字第 5 号民事裁定书和诉前扣押命令，次日依法扣押了肇事对渔船。因原告就本次养殖区事故损失事宜诉至法院，请求判令被告赔偿 17 万元损失并承担保全费、诉讼费。诉前扣船程序转入本案诉讼程序，诉前扣船案件审理终结。

被告王某辩称：（1）原告所属的养殖区不具备合法的养殖条件，对于原、被告所发生的损失，过错在原告，被告不应承担赔偿责任；（2）原告在诉状中称“损失情况已由双方确认”，与事实不符，被告从未与原告就损失达成一致，故拒绝赔偿。双方矛盾不断激化，面临着由海损事故到诉讼，矛盾升级的态势。

因被告未提交担保，应原告申请，2001 年 3 月 13 日法院作出（2001）

青海法石海事初字第 11–1 号拍卖该肇事对渔船的民事裁定。5 月 30 日，在法院主持下，该对渔船被依法公开拍卖。

2001 年 5 月 22 日、7 月 20 日，青岛海事法院两次公开开庭审理本案，法庭辩论终结。

2001 年 8 月 15 日，原告因养殖损害导致生产经营和资金周转困难，申请自卖船款中先予执行 10 万元。8 月 27 日，法院作出（2001）青海法石海事初字第 11–2 号准予先予执行民事裁定，自拍卖价款中先予执行给原告 6 万元。

2001 年 8 月 31 日，法院作出一审民事判决后，双方均服判。

2001 年 10 月 24 日，在法院主持下召集原、被告双方召开债权人会议，共同对账、达成《债权分配和解书》，案结事了，并避免了因矛盾激化导致矛盾升级的事件发生。

【裁判说理】

争议焦点：（1）原告的养殖行为是否合法。（2）本案的事故原因及各方过错程度。（3）原告的损失金额。（4）是否符合先予执行的要件。

青岛海事法院认为：第一，原告从事的海上裙带、海带养殖是在国家海域使用证的范围内进行的，当属合法养殖。原告的海域使用证是否超权限核发等行为，当属行政法规调整的范畴，不属本案审理的范围。第二，原告海域的养殖情况，未发布航海通告是本次事故发生的原因之一；威海港是被告船舶的驻泊港，被告之船员应当熟知驻泊地港口沿岸的情况，且被告之船长在该海域的习惯航线上航行数年，更应了解、熟知鸡鸣岛以西至威海港沿岸的海上养殖状况；被告的头船由于驾驶操作失误，误入原告的养殖区被缠摆，随后，二船前往拖带头船，系主动进入原告养殖区，从而加重了损失的发生。故原告应对海损事故承担 25% 的责任，被告承担 75% 的责任。第三，因被告对原告的实体证据材料不进行抗辩，且双方在渔港监督主持下已在调解时对原告受损情况进行了确认，被告不能提供原告实际受损情况的证据，故法院结合原告提交的证据材料，取不利于原告的证据进行认定，最终判令被告赔偿原告养殖裙带、海带、物资损失和整理及恢复养殖筏架的工时费等损失 124 335.68 元。第四，原告在法庭辩论终结后，向法院提出先予执行 10 万元的申请。经审查认为，被告承担赔偿责任的基本事实属实，为保证原告生产经营的正常进行，应当准予原告的申请。考虑到原告受损情况及临时应对生产经营之需，准予先予执行 6 万元。

青岛海事法院以民事判决结案，因双方均未上诉，一审判决生效。

【法官后语】

本案系船舶进入养殖区的损害赔偿纠纷案。审判中需要解决以下四个问题。

一、关于养殖合法性审查

在海上养殖损害赔偿纠纷中，受损害的主体是否系合法养殖是案件首先应当查明的事实。在司法实践中，一般对持有权利证书的主体会认定为合法养殖。至于权利证书审批中是否存在问题或不当，属于行政法律、法规调整的范畴，在民事案件中，通常不进行审理和评判。

但由于政府对海域使用审批存在时间滞后、用海区域界址不明或与相关方存在权利审批冲突、未按照法律规定办理海域使用权续期等情况，相关主体也存在非法用海的情况，故损失发生后主张权利的项目和定损金额会受到影响。

二、关于海损事故归责认定

（1）原告海域的养殖情况，未发布航海通告是本次事故发生的原因之一。（2）威海港是被告船舶的驻泊港，出海与返港船舶均须航行于固定的航线区域，海事法官凭航海知识与经验判定：被告之船员应当熟知驻泊地港口沿岸的情况，且被告之船长在该海域的习惯航线上航行数年，更应了解、熟知鸡鸣岛以西至威海港沿岸的海上养殖状况。（3）被告的头船由于驾驶操作失误，误入原告的养殖区被缠摆，随后，二船前往拖带头船，系主动进入原告养殖区，从而加重了损失的发生。故原告应对海损事故承担 25% 的责任，被告承担 75% 的责任。

三、关于养殖损害金额认定

海事司法实践中养殖损害的受损方应提供充分的证据。本案由于双方在事故发生时对损失情况进行了基本的确认。但因被告对原告的实体证据材料不进行抗辩，法院结合原告当庭提交的证据材料，取不利于原告的证据材料作为证据，加以认定。经计算，原告养殖物资损坏并扣除合理的折旧后的实际为 60 496.20 元、裙带 36 936.00 元、海带 55 915.20 元、整理及恢复养殖筏架的工时费 12 433.50 元，共计损失 165 780.90 元。

四、关于先予执行的要件

根据《民事诉讼法》(1991年)第97条第3项规定,“因情况紧急需要先予执行的”,根据当事人的申请,人民法院可以裁定先予执行。《最高人民法院关于适用〈中华人民共和国民事诉讼法〉若干问题的意见》(1992年)第106条进一步规定:“民事诉讼法规定的先予执行,人民法院应当在受理案件后终审判决作出前采取。先予执行应当限于当事人诉讼请求的范围,并以当事人的生活、生产经营的急需为限。”第107条第4项规定:“民事诉讼法第九十七条第(三)项规定的紧急情况,包括:追索恢复生产、经营急需的保险理赔费的。”因此,原告在法庭辩论终结后,以养殖损害致其生产经营和资金周转困难为由,向法院提出先予执行10万元的申请,符合法律规定。法院在法庭审理终结后,在判定被告承担赔偿责任的基本事实属实后,为保证原告生产经营的正常进行,认为应当准予原告的申请,但考虑到原告受损情况及临时应对生产经营之需,裁定准予在拍卖对渔船的款项中先予执行6万元。

该案从船舶进入养殖区开始,到诉前扣船、转入诉讼、诉中拍卖船舶,当事双方的矛盾日渐加深。再从当事人历经法院两次严格依法公开开庭庭审、先予执行、公正说理、依法裁判,双方当事人服判息诉。在法院主持下,双方最终心悦诚服地达成《债权分配和解书》,做到案结事了,并避免了因矛盾激化导致矛盾升级的事件发生。

【相关法条】

1.《中华人民共和国民法通则》(2021年1月1日废止)

第一百零六条 公民、法人违反合同或者不履行其他义务的,应当承担民事责任。

公民、法人由于过错侵害国家的、集体的财产,侵害他人财产、人身的,应当承担民事责任。

没有过错,但法律规定应当承担民事责任的,应当承担民事责任。

第一百三十四条 承担民事责任的方式主要有:

(一)停止侵害;

(二)排除妨碍;

(三)消除危险;

(四)返还财产;

（五）恢复原状；

（六）修理、重作、更换；

（七）赔偿损失；

（八）支付违约金；

（九）消除影响、恢复名誉；

（十）赔礼道歉。

以上承担民事责任的方式，可以单独适用，也可以合并适用。

人民法院审理民事案件，除适用上述规定外，还可以予以训诫、责令具结悔过、收缴进行非法活动的财物和非法所得，并可以依照法律规定处以罚款、拘留。

对应新法：

《中华人民共和国民法典》（2021 年 1 月 1 日施行）

第一千一百六十五条　行为人因过错侵害他人民事权益造成损害的，应当承担侵权责任。

依照法律规定推定行为人有过错，其不能证明自己没有过错的，应当承担侵权责任。

第一千一百七十三条　被侵权人对同一损害的发生或者扩大有过错的，可以减轻侵权人的责任。

第一百七十九条　承担民事责任的方式主要有：

（一）停止侵害；

（二）排除妨碍；

（三）消除危险；

（四）返还财产；

（五）恢复原状；

（六）修理、重作、更换；

（七）继续履行；

（八）赔偿损失；

（九）支付违约金；

（十）消除影响、恢复名誉；

（十一）赔礼道歉。

法律规定惩罚性赔偿的，依照其规定。

本条规定的承担民事责任的方式，可以单独适用，也可以合并适用。

2.《中华人民共和国民事诉讼法》（1991 年 4 月 9 日施行）

第九十七条 人民法院对下列案件，根据当事人的申请，可以裁定先予执行：

（一）追索赡养费、扶养费、抚育费、抚恤金、医疗费用的；

（二）追索劳动报酬的；

（三）因情况紧急需要先予执行的。

第九十八条 人民法院裁定先予执行的，应当符合下列条件：

（一）当事人之间权利义务关系明确，不先予执行将严重影响申请人的生活或者生产经营的；

（二）被申请人有履行能力。

人民法院可以责令申请人提供担保，申请人不提供担保的，驳回申请。申请人败诉的，应当赔偿被申请人因先予执行遭受的财产损失。

对应新法：

《中华人民共和国民事诉讼法》（2023 年 9 月 1 日修正）

第一百零九条 人民法院对下列案件，根据当事人的申请，可以裁定先予执行：

（一）追索赡养费、扶养费、抚养费、抚恤金、医疗费用的；

（二）追索劳动报酬的；

（三）因情况紧急需要先予执行的。

第一百一十条 人民法院裁定先予执行的，应当符合下列条件：

（一）当事人之间权利义务关系明确，不先予执行将严重影响申请人的生活或者生产经营的；

（二）被申请人有履行能力。

人民法院可以责令申请人提供担保，申请人不提供担保的，驳回申请。申请人败诉的，应当赔偿被申请人因先予执行遭受的财产损失。

3.《最高人民法院关于适用〈中华人民共和国民事诉讼法〉若干问题的意见》（2015 年 2 月 4 日废止）

106. 民事诉讼法规定的先予执行，人民法院应当在受理案件后终审判决作出前采取。先予执行应当限于当事人诉讼请求的范围，并以当事人的生活、生产经营的急需为限。

107. 民事诉讼法第九十七条第（三）项规定的紧急情况，包括：

（1）需要立即停止侵害、排除妨碍的；

（2）需要立即制止某项行为的；

（3）需要立即返还用于购置生产原料、生产工具货款的；

（4）追索恢复生产、经营急需的保险理赔费的。

110. 对当事人不服财产保全、先予执行裁定提出的复议申请，人民法院应及时审查。裁定正确的，通知驳回当事人的申请；裁定不当的，作出新的裁定变更或者撤销原裁定。

对应新法：

《最高人民法院关于适用〈中华人民共和国民事诉讼法〉的解释》（2022年3月22日修正）

第一百六十九条　民事诉讼法规定的先予执行，人民法院应当在受理案件后终审判决作出前采取。先予执行应当限于当事人诉讼请求的范围，并以当事人的生活、生产经营的急需为限。

第一百七十条　民事诉讼法第一百零九条第三项规定的情况紧急，包括：

（一）需要立即停止侵害、排除妨碍的；

（二）需要立即制止某项行为的；

（三）追索恢复生产、经营急需的保险理赔费的；

（四）需要立即返还社会保险金、社会救助资金的；

（五）不立即返还款项，将严重影响权利人生活和生产经营的。

承办人：郭彦滨

编写人：郭彦滨

24. 宋某某诉王某海上养殖损害责任纠纷案

——海域使用权的权利归属与权利滥用

【合规提示】

本案系一起海域承包权人与海域实际占有人之间，就海域使用权的归属与权利的行使问题发生的纠纷。海域使用权属于物权的一种，其取得必须经过合法的程序；但在实践中，由于各种原因，海域的实际占有使用者可能并未通过合法程序取得使用权。对于依法有效取得海域承包权利的人来说，一方面要注意，其是否通过法定程序取得了合法有效的使用权；另一方面也要注意行使权利的方式，面对纠纷时应尽可能通过法律途径解决，谨慎使用自身私力进行救济。

【案件信息】

1. 裁判文书字号

（2001）青海法海事初字第 23 号

2. 当事人

原告：宋某某

被告：王某

3. 关键词

民事　海上养殖损害　海域使用权　禁止权利滥用原则

【裁判要旨】

1. 海域使用权是一种用益物权，必须经过法律规定的程序才能取得。

2. 民事主体虽然享有合法权利，但权利的行使必须符合诚信原则，不能构成权利的滥用。当事人如欲通过自助行为保护自身权利，必须存在紧迫情势并采取适当的手段，否则构成权利滥用，需要承担相应的侵权责任。

【基本案情】

2000年3月6日，青岛市人民政府向青岛市四方区某街道办事处（以下简称某街道办）颁发《国家海域临时使用许可证》，某街道办获得青岛某湾4号养殖区（以下简称4号养殖区）海域的海域使用权。同年3月28日，某街道办与被告签订《承包合同》，约定将4号养殖区承包给被告。然而，4号养殖区当时由原告等养殖户占有并从事养殖生产，故某街道办通知包括原告在内的4号养殖区养殖户于2000年7月1日前清除养殖设施，但原告到期并未清除。后被告于2000年8月2日带人到4号养殖区割除了原告33行养殖筏架。原告由此向青岛海事法院起诉要求被告赔偿因割除筏架产生的经济损失83 580元人民币。

青岛海事法院公开开庭审理了该案，在审理过程中，被告抗辩称：一是被告享有对4号养殖区的合法使用权，其权利有其与某街道办签订的《承包合同》、某街道办与青岛市海洋与水产局签订的《青岛市国家海域临时使用合同》为依据。二是被告承包4号养殖区后投入大量人力、物力进行开发准备，但原告等其他养殖户经多次通知仍拒不搬离，导致被告损失不断扩大，被告不得已割除原告一部分养殖筏架；事件发生后政府已承诺给予被割除养殖户补偿，但原告拒不接受。三是原告提出的损失数额过高，并不合理。

【裁判说理】

争议焦点：（1）原、被告哪一方对4号养殖区拥有合法使用权。（2）如被告享有而原告不享有使用权，被告拆除原告养殖设施的行为系行使自身权利的行为还是侵权行为。

青岛海事法院认为：

一、原、被告哪一方对4号养殖区拥有合法使用权

根据案件发生时有效的《民法通则》（1986年）第81条、《渔业法》（1986年）第10条的规定，海域使用权属于物权中的用益物权，该权利的取得需履行法定程序，即由县级以上人民政府颁发合法许可证确权。本案被告与某街道办签订了承包合同，而某街道办拥有涵盖4号养殖区的《海域使用许可证》，故被告对4号养殖区拥有合法的使用权。与之相对的是，原告尽管自1996年起一直在4号养殖区养殖，但其并没有4号养殖区的使用许可证，

也未与拥有使用许可证的主体签订承包合同，因此原告不享有对该海域的使用权。

二、被告拆除原告养殖筏架的行为系行使自身权利的行为还是侵权行为

根据禁止权利滥用原则，权利人行使权利超过正当界限，有损他人利益或社会公共利益的，即构成权利滥用，不受到法律保护。本案被告的拆除行为系以私力救济自身权利的行为，但该行为并不构成合法的自助行为，原因在于：其一，被告 2000 年 4 月 1 日取得海域承包经营权，但直至 2000 年 8 月 2 日才采取割除措施，说明当时并不存在紧迫情势，被告完全有时间通过法定程序请求公权力救济自身权利；其二，即便被告需采取措施，其本可在拆除养殖筏架的同时将有关物资捞起交还原告，但被告却在割除筏架后任其自沉海底以致发生毁损，手段明显不适当。因此，被告的行为超过正当界限，是对权利的滥用，构成侵犯原告合法财产的侵权行为，应当承担赔偿责任。然而，原告主张的损害赔偿数额过高，因其对相关海域无合法使用权，所以其无权请求恢复生产费用和出售养殖扇贝的既得利益损失，法院仅支持合理的养殖物资损失。

依照《民法通则》第 106 条第 2 款、第 117 条第 2 款的规定，判决如下：一、被告王某于本判决生效之日起 15 日内一次性赔偿原告宋某林损失 6028.8 元人民币；二、驳回原告宋某某的其余诉讼请求。

【法官后语】

本案主要涉及以下两个问题：第一，海域使用权的性质和取得方式；第二，非法的权利滥用与合法的私力救济之间的界限。

关于海域使用权的性质和取得方式。海域使用权作为一项民事权利，其首次被我国法律确认是在 2002 年生效的《海域使用管理法》中，该法第 3 条规定我国海域的所有权由国家享有，单位和个人可以取得对海域的使用权。2007 年生效的《物权法》对海域使用权再次确认，明确其为一种用益物权，该规定被《民法典》沿袭至今。由于本案发生时上述法律均未生效，只能根据当时生效的《民法通则》和《渔业法》等法律对海域使用权的性质和取得方式加以认定。《民法通则》第 81 条规定有自然资源使用权及承包经营权，其中即包括对水面的使用权和承包经营权。该种权利并未被立法者规定在“债权”章节下，而是规定在“财产所有权和与财产所有权有关的财产权”

章节下，可见立法者将该权利作为一种物权而非债权看待。由于海域使用权的内容为占有、使用海域并获得收益，故该权利属于物权中的用益物权。

关于海域使用权的取得方式问题，作为一种对世权，物权特别是不动产物权效力强大且价值较高，法律需要保障权利交易的安全并确保权利边界的清晰。因此，法律往往要求物权的取得需遵循法定条件并向社会进行公示。对于海域使用权，《渔业法》第 10 条就规定利用海域养殖的权利需要由县级以上人民政府核发养殖使用证确认，在此后生效的《海域使用管理法》中更是进一步确立了海域使用权的登记和证书公告制度。因此，无论是根据案件发生时生效的法律，还是根据物权法的基本原理和精神，当事人只有经过法定程序才能对海域拥有合法的使用权。本案原告虽在案涉海域从事养殖活动多年，但其既未依法定程序取得使用权证，也未与取得使用权证的主体签订承包合同，故其不应享有对案涉海域的使用权。

关于非法的权利滥用与合法的私力救济之间的界限。合法的权利受到法律的保护，在公权力来不及救济时，当事人亦可能需要使用私力保护自己的权利；但权利的行使应有边界，而权利人在使用私力救济权利的过程中往往会滥用权利，导致国家利益、社会公共利益或第三人合法权益受到损害。为了在合法的私力救济与非法的滥用行为间找到边界，民法中存在自助行为制度，对私力救济设置诸多条件，从而在允许权利人以私力救济权利的同时避免权利人滥用自身权利。

具体到我国法律而言，我国民事立法中自《民法通则》开始便含有对禁止权利滥用原则的规定，但直到《民法典》颁布，法律才第一次在条文中明确肯定自助行为的合法性（参见《民法典》第 1177 条），因此本案发生时自助行为尚无明确的法律依据。但一方面，当事人在特定情形下行使自助行为救济权利存在合理性，不宜因法律未加规定就一概予以否定；另一方面，民法学说理论中对于自助行为有着比较丰富的讨论，可以为案件审判提供依据。因此，本案参考了民法学说理论中对于自助行为条件的讨论，来认定被告的行为是否构成合法的自助行为，这些条件包括：第一，权利人保护的是自身享有的合法权益；第二，情势紧迫来不及请求公权力救济；第三，权利人采取的手段适当。上述条件也为后来《民法典》所采纳。

本案中被告取得海域承包经营权且该权利被原告妨害的时间远远早于被告采取割除措施的时间，可见并不存在紧迫情势要求被告立即采取私力进行救济；且被告拆除养殖筏架的同时本可将有关物资捞起交还原告，但被告却在割除筏架后任其自沉海底以致发生毁损，这一手段并不适当。综合上述考量，本案认定被告的行为并非合法的自助行为，已构成权利滥用，应当向原告承担侵权损害赔偿责任。

本案系青岛海事法院在缺少法律具体规定的情况下，通过对法律进行合理解释和对学理观点的参考，正确适用法律，妥善解决了当事人之间的纠纷，为日后同类案件的审判提供了较高的参考价值。

【相关法条】

1.《中华人民共和国民法通则》（2021 年 1 月 1 日废止）

第七条 民事活动应当尊重社会公德，不得损害社会公共利益，破坏国家经济计划，扰乱社会经济秩序。

第一百零六条 公民、法人违反合同或者不履行其他义务的，应当承担民事责任。

公民、法人由于过错侵害国家的、集体的财产，侵害他人财产、人身的，应当承担民事责任。

没有过错，但法律规定应当承担民事责任的，应当承担民事责任。

第一百一十七条 侵占国家的、集体的财产或者他人财产的，应当返还财产，不能返还财产的，应当折价赔偿。

损坏国家的、集体的财产或者他人财产的，应当恢复原状或者折价赔偿。

受害人因此遭受其他重大损失的，侵害人并应当赔偿损失。

对应新法：

《中华人民共和国民法典》（2021 年 1 月 1 日施行）

第一百三十二条 民事主体不得滥用民事权利损害国家利益、社会公共利益或者他人合法权益。

第一百七十九条 承担民事责任的方式主要有：

（一）停止侵害；

（二）排除妨碍；

（三）消除危险；

（四）返还财产；

（五）恢复原状；

（六）修理、重作、更换；

（七）继续履行；

（八）赔偿损失；

（九）支付违约金；

（十）消除影响、恢复名誉；

（十一）赔礼道歉。

法律规定惩罚性赔偿的，依照其规定。

本条规定的承担民事责任的方式，可以单独适用，也可以合并适用。

第一千一百六十五条 行为人因过错侵害他人民事权益造成损害的，应当承担侵权责任。

依照法律规定推定行为人有过错，其不能证明自己没有过错的，应当承担侵权责任。

第一千一百六十六条 行为人造成他人民事权益损害，不论行为人有无过错，法律规定应当承担侵权责任的，依照其规定。

第一千一百七十七条 合法权益受到侵害，情况紧迫且不能及时获得国家机关保护，不立即采取措施将使其合法权益受到难以弥补的损害的，受害人可以在保护自己合法权益的必要范围内采取扣留侵权人的财物等合理措施；但是，应当立即请求有关国家机关处理。

受害人采取的措施不当造成他人损害的，应当承担侵权责任。

2.《中华人民共和国渔业法》（1986年7月1日施行）

第十条 县级以上地方人民政府根据国家对水域利用的统一安排，可以将规划用于养殖业的全民所有的水面、滩涂，确定给全民所有制单位和集体所有制单位从事养殖生产，核发养殖使用证，确认使用权。

全民所有制单位使用的水面、滩涂，集体所有的水面、滩涂和集体所有制单位使用的全民所有的水面、滩涂，可以由集体或者个人承包，从事养殖生产。

水面、滩涂的所有权和使用权受法律保护，任何单位和个人不得侵犯。

对应新法：

《中华人民共和国渔业法》（2013年12月28日修正）

第十一条 国家对水域利用进行统一规划，确定可以用于养殖业的水域和滩涂。单位和个人使用国家规划确定用于养殖业的全民所有的水域、滩涂的，使用者应当向县级以上地方人民政府渔业行政主管部门提出申请，由本级人民政府核发养殖证，许可其使用该水域、滩涂从事养殖生产。核发养殖证的具体办法由国务院规定。

集体所有的或者全民所有由农业集体经济组织使用的水域、滩涂，可以由个人或者集体承包，从事养殖生产。

《中华人民共和国民法典》（2021 年 1 月 1 日施行）

第三百二十八条 依法取得的海域使用权受法律保护。

3.《中华人民共和国海域使用管理法》（2002 年 1 月 1 日施行）

第十九条 海域使用申请经依法批准后，国务院批准用海的，由国务院海洋行政主管部门登记造册，向海域使用申请人颁发海域使用权证书；地方人民政府批准用海的，由地方人民政府登记造册，向海域使用申请人颁发海域使用权证书。海域使用申请人自领取海域使用权证书之日起，取得海域使用权。

承办人：遇　峰

编写人：遇　峰

25.韩某某诉鄞县某海运公司等海上养殖损害责任纠纷案

——光租未登记船舶进入养殖区赔偿主体的认定

【合规提示】

本案是一起养殖区承包人诉被告船舶进入其养殖区造成损害的案件。原告诉请被告赔偿损失，双方在养殖区的合法性问题上存在争议。类似案件中裁判的核心即原告损失是不是合法利益，亦即养殖区的设置是否合法。在海上从事水产养殖的权利，从权利性质上讲，应是国有滩涂、水面使用权或者是承包经营权，这种使用权的取得须履行法定程序，由政府核发使用证以确权；这种承包经营权的取得须签订承包合同。符合这样的程序或条件，其使用权或者承包经营权便为合法，即应受法律保护，任何单位和个人不得侵犯。

【案件信息】

1. 裁判文书字号

（1999）青海法海事初字第6号

2. 当事人

原告：韩某某

被告：鄞县某海运公司、上海某船务有限公司、上海市某物资总公司、上海某投资咨询有限公司

3. 关键词

民事　海产养殖损害　养殖区

【裁判要旨】

海产养殖损害赔偿的关键为是否存在损害事实，损害事实的构成要件之一是“损害是侵害合法利益的结果”。所以，船舶进养殖区，养殖单位要求损害赔偿，裁判的核心即原告损失是不是合法利益，亦即养殖区的设置是否合法。

【基本案情】

1998年12月12日，由鄞县某海运公司、上海市某物资总公司、上海某投资咨询有限公司三司共有，上海某船务有限公司光租的“浙某66”轮进入原告韩某某的扇贝养殖区，原告诉至青岛海事法院，要求被告鄞县某海运公司、上海某船务有限公司赔偿海产养殖损失165 324元。因肇事船“浙某66”轮系鄞县某顺海运公司等三司共有，所以法院依法追加上海市某物资总公司、上海某投资咨询有限公司为共同被告。

四被告辩称，“浙某66”轮没有进入原告的养殖区；原告在日照市岚山港港区内养殖是违法行为，即使“浙某66”轮进入了原告的养殖区，也应由原告自负；即使撇开“浙某66”轮没有进入原告的养殖区、原告在港区内养殖违法不谈，原告提出的所谓损失也严重失实。

青岛海事法院经审理查明，1998年12月12日凌晨，“浙某66”轮确系进入原告的养殖区。原告的养殖区具有合法有效的日照市人民政府发放的养殖使用证，也在中国人民解放军海军司令部航海保证部的《航海通告》上发

布了通告，但该养殖区处于日照市岚山港港区内。

【裁判说理】

争议焦点：（1）养殖的合法性问题。（2）船舶营运中侵权，受害人同时起诉船舶所有人及光租人，如何判决的问题。

青岛海事法院认为：本案是较为典型的船舶进入养殖区而引起的海产养殖损害赔偿纠纷案。这类案件经常涉及的问题主要有船舶是否进入了养殖区、养殖区是否合法、损失数额等。其中，船舶是否进入了养殖区及损失数额是事实问题，应就各案具体情形确定。

虽然我国《海上交通安全法》第20条、第22条规定，在沿海水域进行水上水下施工以及划定相应的安全作业区（包括养殖区），必须报经港监核准公告，未经港监批准，不得在港区、锚地、航道、通航密集区以及港监公布的航路内设置、构筑设施或者进行其他有碍航行安全的活动。但我们认为，有了合法的养殖使用证或者有效的承包合同，海上养殖的合法性要件即已满足。养殖区是否经港监核准公告，并不影响其合法性。在一些养殖损害赔偿纠纷案件中，船方经常以养殖区未经港监核准公告为非法来抗辩，我们认为这一主张是不能成立的。

养殖区是否经过港监核准公告，关系到船舶进入养殖区造成损害船方的责任问题。也就是说，如果养殖区未经港监核准公告，船进养殖区造成损害，养殖单位也有过错，根据混合过错理论（《民法通则》第131条），会减轻或免除船方的责任。具体言之，如果养殖区有养殖使用证，又经港监核准公告，船进养殖区造成损害，船方应给予全部赔偿；如果养殖区有养殖使用证，但未经港监核准公告，如因船的重大过失（连一般的普通人都能尽到的注意却没有尽到），应该看到养殖区而未看到，或故意进入养殖区，船方理应负全部责任；如果因船的一般过失（未遵守谨慎驾驶的要求）而进入养殖区，应适当减轻船方的责任；如果船根本不可能看到养殖区，如海上大雾或夜晚，养殖区又未设明显标志等，船方无过错，不应该承担责任。养殖单位为了更好地保护其养殖利益，应该向港监报告，由港监予以核准并公告，同时这也是《海上交通安全法》对其的要求。

原告的养殖区具有合法有效的日照市人民政府发放的养殖使用证，也在中国人民解放军海军司令部航海保证部的《航海通告》上发布了通告，所以被告的船舶进入该养殖区，应该予以全部赔偿。

关于船舶营运中侵权，受害人同时起诉船舶所有人及光租人，如何判决的问题。

在光租期间，船舶侵权，应由光租人承担责任。按外国法律一般如此。但我国《船舶登记条例》第6条规定，船舶光租应登记，未经登记的，不得对抗第三人。所以，如果光租未登记，受害人可起诉船舶所有人要求损害赔偿，船舶所有人不能以船已光租为由抗辩。

当受害人同时起诉船舶所有人及光租人时，如果光租登记了，则应由光租人承担责任；如果光租未登记，该如何判决，有以下三种意见：一是判船舶所有人承担责任；二是判光租人承担责任；三是判船舶所有人对受害人承担侵权责任，由光租人对船舶所有人因此受到的损失负赔偿责任。

青岛海事法院同意第二种意见。光租未经登记不得对抗第三人，其立法本旨不是不让光租人承担光租期间船舶的侵权责任，而是在光租未登记时，受害人可起诉船舶所有人要求损害赔偿，船舶所有人不得以船已光租为由抗辩。船舶所有人赔偿了受害人以后，可以依据光租合同或《海商法》向光租人追偿，最终责任是要光租人来承担的。但如果受害人知道船已光租，并只起诉了光租人或同时起诉了光租人及船舶所有人，法院只要查明船确实是在光租期间侵权，就应判光租人承担责任，船舶所有人不承担责任。

【法官后语】

侵权法认为，损害事实的构成要件之一是“损害是侵害合法利益的结果”。所以，船舶进养殖区，养殖单位要求损害赔偿，海事法院需要审查的一个重要方面就是养殖是否合法。

我国《民法通则》第81条规定：“国家所有的森林、山岭、草原、荒地、滩涂、水面等自然资源，可以依法由全民所有制单位使用，也可以依法确定由集体所有制单位使用，国家保护它的使用、收益的权利……公民、集体依法对集体所有的或者国家所有由集体使用的森林、山岭、草原、荒地、滩涂、水面的承包经营权，受法律保护……”《渔业法》第10条规定：“县级以上地方人民政府根据国家对水域利用的统一安排，可以将规划用于养殖业的全民所有的水面、滩涂，确定给全民所有制单位和集体所有制单位从事养殖生产，核发养殖使用证，确认使用权。全民所有制单位使用的水面、滩涂，集体所有的水面、滩涂和集体所有制单位使用的全民所有的水面、滩涂，可以由集体或者个人承包，从事养殖生产。水面、滩涂的所有权和使用权受法律保护，任何单位和个人不得侵犯。”

由此可见，在海上从事水产养殖的权利，从权利性质上讲，应是国有滩涂、水面使用权（与作为所有权权能的使用权不同）或者是承包经营权，它们属于物权，进一步讲，是物权中的用益物权。这种使用权的取得须履行法定程序，由政府核发使用证以确权；这种承包经营权的取得须签订承包合同。符合这样的程序或条件，其使用权或者承包经营权便为合法，即应受法律保护，任何单位和个人不得侵犯。

【相关法条】

1.**《中华人民共和国民法通则》**（2021年1月1日废止）

第八十一条 国家所有的森林、山岭、草原、荒地、滩涂、水面等自然资源，可以依法由全民所有制单位使用，也可以依法确定由集体所有制单位使用，国家保护它的使用、收益的权利……

公民、集体依法对集体所有的或者国家所有由集体使用的森林、山岭、草原、荒地、滩涂、水面的承包经营权，受法律保护……

对应新法：

《中华人民共和国民法典》（2021年1月1日施行）

第二百六十条 集体所有的不动产和动产包括：

（一）法律规定属于集体所有的土地和森林、山岭、草原、荒地、滩涂；

（二）集体所有的建筑物、生产设施、农田水利设施；

（三）集体所有的教育、科学、文化、卫生、体育等设施；

（四）集体所有的其他不动产和动产。

2.**《中华人民共和国渔业法》**（1986年1月7日施行）

第十条 县级以上地方人民政府根据国家对水域利用的统一安排，可以将规划用于养殖业的全民所有的水面、滩涂，确定给全民所有制单位和集体所有制单位从事养殖生产，核发养殖使用证，确认使用权。

全民所有制单位使用的水面、滩涂，集体所有的水面、滩涂和集体所有制单位使用的全民所有的水面、滩涂，可以由集体或者个人承包，从事养殖生产。

水面、滩涂的所有权和使用权受法律保护，任何单位和个人不得侵犯。

对应新法：

《中华人民共和国渔业法》（2013 年 12 月 28 日修正）

第十一条 国家对水域利用进行统一规划，确定可以用于养殖业的水域和滩涂。单位和个人使用国家规划确定用于养殖业的全民所有的水域、滩涂的，使用者应当向县级以上地方人民政府渔业行政主管部门提出申请，由本级人民政府核发养殖证，许可其使用该水域、滩涂从事养殖生产。核发养殖证的具体办法由国务院规定。

集体所有的或者全民所有由农业集体经济组织使用的水域、滩涂，可以由个人或者集体承包，从事养殖生产。

3.《中华人民共和国船舶登记条例》（1995 年 1 月 1 日施行）

第六条 船舶抵押权、光船租赁权的设定、转移和消灭，应当向船舶登记机关登记；未经登记的，不得对抗第三人。

对应新法：

《中华人民共和国船舶登记条例》（2014 年 7 月 29 日修订）

第六条 船舶抵押权、光船租赁权的设定、转移和消灭，应当向船舶登记机关登记；未经登记的，不得对抗第三人。

承办人：潘心苏

编写人：原浩洋　肖秀雯

26. 山东省长岛县砣矶镇某渔业公司诉上海某海运公司海上养殖损害责任纠纷案

——运用间接证据认定海上交通事故肇事船只的参考思路

【合规提示】

本案系一起养殖公司养殖水产品受损，在未能直接确定肇事船只的情况下，养殖公司运用间接证据证明具体肇事船只并要求船东承担赔偿责任的海上养殖损害赔偿责任纠纷案件。对于受损害方来说，要求其全面、直接观测到肇事船只显然是不现实的，若未于事故发生时直接确定肇事船只，可通过附近港务监督船舶动态申报记录和雷达观测情报记录等形成间接证据链用以确定具体肇事船只并要求赔偿。对于肇事方来说，应遵循海上航行规定如实记载航海日志，在事故发生后及时响应受害方的损害赔偿主张，以免造成自身损失的加重。

【案件信息】

1. 裁判文书字号

（1997）青海法海事初字第 37 号

2. 当事人

原告：山东省长岛县砣矶镇某渔业公司

被告：上海某海运公司

3. 关键词

民事　海上养殖损害　间接证据　事实认定　肇事船

【裁判要旨】

在仅有肇事船只一方的海上养殖损害赔偿责任纠纷中，当肇事船只逃逸，且没有直接证据能够证明加害船身份时，可以根据相互印证、相互结合的间接证据所形成的证据链条，判断权利受侵害一方所指控的嫌疑船只是否确系肇事方，并确定其应当承担的侵权损害赔偿责任。

【基本案情】

原告山东省长岛县砣矶镇某渔业公司诉提出诉讼请求：（1）判令被告赔偿损害养殖物资及成熟扇贝所造成的经济损失人民币 902 884.25 元；（2）本案诉讼中的一切费用由被告承担。

被告辩称：查"春某海"轮 1996 年 11 月 24 日 17 时的航海日志，该轮由天津港出航，途经老铁山水道。1996 年 11 月 25 日 7 时船位 GPS 北纬 38° 24′.4、东经 121° 10′.9（老铁山水道处）与原告所称砣矶南水道相距 30 多海里，与原告所称的养殖区受损害毫无关联，恳请驳回原告的不当之诉。

经审理查明：1996 年 11 月 25 日晨约 6 时 30 分，原告山东省长岛县砣矶镇某渔业公司渔民在岸上发现在砣矶岛东南方向，有一艘自西向东行驶的万吨级货轮从该公司的扇贝养殖区通过，因能见度较差，视距较远，看不清该船的船名、颜色和船体形状。因大船航速较快，原告无力追赶。损害发生后，原告派船查看了受损的养殖区，并立即报告了当地政府和行政主管机关，并由主管机关对原告养殖区的损失情况进行了现场勘查，确认原告损失扇贝和养殖筏架全损 130 行，半损 55 行。

为了查找加害船，使损失得到赔偿。原告依照货轮到达养殖区的时间、航向、大小等分析该轮的始发港应为天津，并派人去天津港，请港务监督帮助查找发生海事前 24 小时内驶离天津港的万吨货轮，最终确定了最大嫌疑船为上海某海运公司的“春某海”轮。该轮驶离天津港的时间是 1996 年 11 月 24 日 16 时，航速约 11 节。天津港距离南砣矶水道 160 海里，按照“春某海”轮的航速，到达事故地点是 1996 年 11 月 25 日 7 时。

【裁判说理】

争议焦点：（1）现有证据能否证明被告确系造成原告养殖区受损的加害方。（2）被告是否承担对原告遭受经济损失的损害赔偿责任。

青岛海事法院认为：原告主张受损的养殖区与被告主张的“春某海”轮航行的老铁山水道相差近 30 海里。“春某海”轮是否为加害船，该轮离开天津后航行的是老铁山水道还是南砣矶水道，是该案请求事实能否成立的关键。

分析老铁山水道以西沿岸各主要港口分布情况，考虑航行南砣矶水道的可能性。老铁山水道以西渤海湾沿岸主要港口有秦皇岛、天津、营口。营口港位于辽东半岛西岸北端的大辽河入海处，系一河港，不具备停靠（冬季封港）万吨货轮的能力。“春某海”轮是一艘总吨位 11 042 吨的大型货轮，该轮不可能由营口港驶出。秦皇岛港地处渤海湾的西北部，具备停靠万吨货轮的能力，但由秦皇岛出口南下的大船应沿老铁山水道航行最近。走南砣矶水道距离远，属绕航航行，除特殊任务或情况外，由秦皇岛港始发出口南下或东去这种航行方法是不可能的，应予排除。只有天津港出口南下船可能航行该水道。这是因为航行南砣矶水道（或长山水道）出口南下比老铁山水道近（直线航行），是一条经济航道，且冬季航行该海区风浪小，安全系数大。原告以天津港查找加害船，符合渤海湾沿岸港口出口南下船航行南砣矶水道的实际情况。原告举证“春某海”轮离港时间、航速及到达养殖区时间与发现大货轮到达养殖区时间相同。除此之外，砣矶观通站观测发现1996年11月25日唯一一艘商船经过南砣矶水道，其运动要素及行动轨迹如表1所示。

表1 砣矶观通站1996年11月25日观测到商船的运动要素和行动轨迹

方位（°）	距离（海里）	时间
287	277	0442
285	199	0532
272	090	0600
216	030	0630
129	055	0700
126	122	0730
116	191	0800

这些数据经作图证明来船始发港时进入原告养殖区，原告认定“春某海”轮就是加害船。

分析证明对原告养殖区造成损害的万吨货轮只能来自天津。从“春某海”轮离港时间、航速推算到达养殖区的时间，与渔民发现大船进养殖区的时间，砣矶观通站发现唯一目标的时间、船位，到绘图证明进入养殖区的时间完全吻合，证明“春某海”轮就是加害船。被告则以“春某海”轮航海日志和长江通信导航局上海分局无线电报的“春某海”轮船位报告，证明“春某海”轮航行的是老铁山水道，未进入原告养殖区。但被告举证的航海日志证明“春某海”轮航行老铁山水道的证明否定了给原告养殖区造成的损害。航海日志是不是“春某海”轮真实航迹的记录？

根据交通部《老铁山水道航行规定》的要求，凡航行老铁山水道的商船在预计通过老铁山灯塔与北隍城岛灯桩两点联线前8小时应向大连港务监督报告，并报告预计通过老铁山灯塔与北隍城灯桩两点联线的准确时间，这是强制性规定，来往船舶都应遵照执行。依照这个规定，法院从大连港务监督调取了1996年11月24日4时至26日4时的中外船舶出老铁山水道的申报记录，经查无“春某海”轮的申报记录，证明“春某海”轮没有航经老铁山水道。对这一问题，“春某海”轮船长辩解说初次航行这个航线不知道要向港务监督申报，后又称这个规定无强制性，不报告也无处罚，因而没报。法院又调取了“春某海”轮航经烟台港务监督成山头交管中心的船舶动态报告日志申报记录，证明“春某海”轮到达成山头交管中心报告线内（船舶动态报告线是以成山头灯塔为圆心，半径 24 海里的圆周线）及时地将船位及船舶情况向成山头交管中心作出报告，说明“春某海”轮船长是知道报告的。老铁山水道必须要申报，成山头水域无必须申报的要求，应该申报而没有申报，这本身就是对被告主张“春某海”轮航行老铁山水道的否定。

为进一步彻底查实“春某海”轮的航行水道，避免出现错误认定，调取了老铁山观通站 1996 年 11 月 25 日 0 时 1 分至 8 时 35 分自西向东航经老铁山水道的全部目标，其观测目标的运动要素及运动轨迹如表 2 所示。

表 2　0001—0835 老铁山观通站记录东行目标数据

批号	类型	方位（°）	距离（海里）	航向（°）	航速（节）	时间
88	运	251	311	095	015	0001
89	运	255	300	110	014	0007
5	运	257	359	095	009	0033
10	运	258	342	102	012	0213
11	运	260	388	094	013	0214
12	拖背	260	449	098	008	0214
13	运	276	464	093	010	0214
17	运	261	449	098	010	0255

上述八组目标经作图确定了各目标在观通站测定目标时间上的船位、航向、航速与“春某海”轮航海日志记载的航经老铁山水道 7 时的 GPS 船位对照，除第 13 号目标外，其他七个目标同一时间最近距离相差 10 海里。应当确认观通站观测的 7 号目标不是“春某海”轮。第 13 号目标以观通站第一次观测时间 2 时 14 分、方位 276°，距离 46.4 海里，作图证明该目标来自秦皇岛港，而不是“春某海”轮的天津港。因此，13 号目标也不是“春某海”轮。综上所述，8 个目标经绘图充分证明“春某海”轮 1996 年 11 月 25 日没有航行老铁山水道，这与大连港务监督记录的 1996 年 11 月 25 日没有“春某海”轮的申报记录是一致的。这一结论证明“春某海”轮航海日志记载航行老铁山水道的虚假性和不真实性。

通过四家观通站的观测资料，一环扣一环的间接证据证明了“春某海”

轮没有航行老铁山水道。被告以假航海日志，掩盖其侵权事实，最终在强有力的证据面前承认了加害事实。在法院的主持下，原告、被告双方自愿达成了被告赔偿原告经济损失人民币20万元的调解协议。

【法官后语】

在审理海上交通事故类的海事侵权案件时，寻找并明确加害船的身份是认定侵权事实、确定侵权责任的前提和关键。但海上交通事故因其发生环境的特殊性，具有事故现场保存难、勘查难、取证难的特点，通常缺少能够作为定案依据的直接证据，多见数量繁杂、相互关联的间接证据。关于如何科学合理地运用间接证据，充分发挥其在认定加害船这一过程中的证明效力，可以参考以下三个思路。

一是根据疑似加害船只的航行方向、航行速度、途经巷道以及经过事故发生地点的具体时间等数据信息，推定其始发港和离港时间，初步确定并缩小加害船的范围。

二是发挥港务监督船舶动态申报记录在海事审判中的独特证据作用。港务监督的船舶动态申报是要求船舶航行其设置交管中心管理的海域范围内，按照主管部门的要求直接用其高频无线电话报告国籍、船籍港、船舶所有人、来自港、航向港、船速、船位等，申报情况直观明了，能够被人民法院依职权或依当事人申请直接调取使用。船舶动态申报分为强制性和非强制性两种，其中强制性申报记录的证明力几乎可以与直接证据相提并论，对帮助查找加害船只、证明其他案件事实或推翻当事人虚假陈述具有重要作用。

三是系统全面地分析观通站的雷达观测情报记录。观通站的观测资料具有其独特的全时性、连续性、完整性和客观公正性等特点。全时性，是指观通站对观测范围内的可识别目标进行全时监控和记录。连续性，是指观通站可识别目标的观测是连续性的，能够根据一定的时间间隔计算测量跟踪目标的数个方位、距离及其他运动要素。完整性，是指观通站对可识别目标的航行要素进行准确测定并编制批号，使测算目标运动轨迹可视化，帮助法院确定其与案涉事故是否相关。客观公正性，是指观通站在记录情报时无法预知事故的发生与否，其与诉讼双方不存在利益关系，其提供的数据真实可靠。因此，虽然观通站提供的情况记录是某个目标的某些要素，无法直接确定某船的航行情况，但是能够与其他间接证据相互结合、相互印证，得出具有确定性、直观性和唯一性的证明结论。

【相关法条】

《中华人民共和国民法通则》（2021 年 1 月 1 日废止）

第一百零六条第二款 公民、法人由于过错侵害国家的、集体的财产，侵害他人财产、人身的，应当承担民事责任。

第三款 没有过错，但法律规定应当承担民事责任的，应当承担民事责任。

对应新法：

《中华人民共和国民法典》（2021 年 1 月 1 日施行）

第一千一百六十五条 行为人因过错侵害他人民事权益造成损害的，应当承担侵权责任。

依照法律规定推定行为人有过错，其不能证明自己没有过错的，应当承担侵权责任。

承办人：潘心苏

编写人：郭郑超　赵忆雪　张　静

27. 威海市某渔业总公司诉俄罗斯某海运公司海上养殖损害责任纠纷案

——船舶误入养殖区的过错审查

【合规提示】

本案是一起船舶误入养殖区引发的海上养殖损害责任纠纷案件，黄海及渤海水域是养殖损害事故多发海域，对于船东而言，需注意及时收集更新海图、航行通告等航行安全信息、航行资料，及时向船舶提出安全航行建议，提高船长、船员对复杂海区航行的关注程度。对于养殖主体而言，应严格依据审批许可的用海范围和养殖区开展养殖活动，不得超区域养殖、违法在航道、锚地等区域内从事养殖、捕捞等用海活动。

【案件信息】

1. 裁判文书字号

（1996）青海法海事初字第 35 号

2. 当事人

原告：威海市某渔业总公司

被告：俄罗斯某海运公司

3. 关键词

民事　海上养殖损害　船舶误入养殖区

【裁判要旨】

1. 被侵权人就养殖损害主张赔偿时，应当证明其在事故发生时已经依法取得海域使用权和养殖许可证等合法用海及养殖手续。

2. 船舶所有人是否承担赔偿责任，应根据一般侵权的违法行为、主观过错、损害结果以及因果关系四要件进行审查认定。

【基本案情】

1996 年 3 月 16 日，被告俄罗斯某海运公司所属“亚某”轮驶抵威海港外轮检疫锚地抛锚，抛锚后该轮驾驶人员注意到锚地附近有养殖区。1996 年 3 月 17 日凌晨开始，锚地风力不断增强，“亚某”轮走锚，进入原告持有养殖使用证的养殖区。1996 年 3 月 19 日，威海港务监督组织原、被告共同对原告养殖区受损情况进行现场勘验，对养殖设施及养殖物受损情况进行清点确认。原告以被告某海运公司所属“亚某”轮驾驶人员过失导致其养殖物及养殖设施受损为由，向青岛海事法院提起诉讼，要求被告某海运公司对其养殖区损失承担赔偿责任。

青岛海事法院立案后，依法向被告送达起诉状副本、应诉通知书及开庭传票，并公开开庭审理本案，被告未在法定期间内提交答辩状，也未到庭参加诉讼。

【裁判说理】

争议焦点：（1）原告的索赔权利。（2）原告养殖区受损的原因。（3）被告的过错情况。

青岛海事法院认为：

1. 原告的索赔权利。原告所属养殖区系经县级以上人民政府批准设立，持有养殖使用证，且由威海港务监督核准并发布航行通告，手续完备、标志齐全，属于合法养殖，应受法律保护。

2. 原告养殖区受损的原因。经对比“亚某”轮航海日志记载的船舶航迹及原告养殖区坐标范围，“亚某”轮在船舶走锚后进入原告养殖区。根据威海港务监督及原、被告共同进行的现场勘验结果，原告养殖区内有明显的船损航迹，航迹方向与“亚某”轮航行轨迹一致，原告主张的养殖物及养殖设施受损系“亚某”轮导致。

3. 被告的过错情况。“亚某”轮驾驶人员在抛锚后已注意到附近有养殖区，在锚地风力增大过程中，“亚某”轮驾驶人员采取避免走锚的抗风措施时，未充分考虑船舶走锚进入养殖区的可能性，船长在发现走锚时即令起锚，但主机尚未启动，主机启动后“亚某”轮仅是微速前进，前进力不足以抵消风力作用，因而导致船舶进入原告养殖区。并且，在“亚某”轮进入养殖区后，因螺旋桨被缠，主机停车，该轮不得不采取抛双锚的措施固定船位，该措施致使原告养殖区受损程度加重，受损范围加大。“亚某”轮驾驶人员对船舶进入原告养殖区并造成其损失存在主观过错。

本案庭审时，被告未到庭应诉，合议庭基于在案证据，根据原告养殖物及养殖设施的受损情况及受损前的使用情况，查明原告所遭受的损失金额，并认定被告某海运公司所属“亚某”轮进入原告的养殖区，造成原告养殖物及养殖设施损失主观上有过错，已构成侵权行为。

青岛海事法院于 1996 年 12 月 23 日作出判决：判令被告某海运公司对原告损失承担全部赔偿责任，赔偿原告经济损失 110 余万元及利息。

【法官后语】

本案是典型的船舶误入养殖区的侵权纠纷案件，与常见的陆上侵权案件不同，在船舶进入养殖区案件中，对于船舶过错的判断受事发海域海况、船舶航行操作等诸多因素的影响，对承办法官的航海技术知识储备及法律素养具有较高的要求。

本案中，“亚某”轮是在锚泊过程中，受海上大风影响船舶走锚而进入原告养殖区，对于船舶驾驶人员驾驶操作过程的还原以及其注意义务的认定则成为判断被告是否具有过错的重点。本案根据航海日志记载内容确定了船舶航行过程，通过详细对比原告养殖区坐标，还原了船舶进入养殖区的时间、方位，查明了“亚某”轮进入原告养殖区的事实情况。在认定船舶驾驶人员是否具有过错时，关注了船舶锚泊前对事发海域海况的了解程度，海上大风来临时采取的抗风措施以及船舶走锚后采取的应对措施，结合船舶进入养殖区的时间、方位，综合判断船舶驾驶人员采取的措施是否及时、充分、合理。

本案审理过程中，被告不应诉、不答辩、不出庭，对案件事实的查明及焦点问题的认定造成一定困难，合议庭基于对海事事故调查及船舶航行过程的熟悉，依据海事行政主管部门的调查材料、船舶航行过程中的法定文书还原了案件事实，厘清了船方注意义务，合理确定了原告的损失金额，最终在被告缺席的情况下，以事实为依据，有效适用过错原则判定被告责任，保障了受损当事人的合法权益。

山东省作为渔业大省，对于水产养殖的发展布局及创新探索一直走在全国前列，同时因海岸线分布有青岛港、烟台港等多个重要港口，航线繁忙，附近渤海、黄海海域成为船舶误入养殖区案件的高发海域。本案对养殖区受损情况、船方过错的认定，为处理类似案件提供了良好的参照，也是海事审判服务海洋发展的生动体现。

【相关法条】

《中华人民共和国民法通则》（2021 年 1 月 1 日废止）

第一百一十七条第二款 损坏国家的、集体的财产或者他人财产的，应当恢复原状或者折价赔偿。

第一百三十四条 承担民事责任的方式主要有：

（一）停止侵害；

（二）排除妨碍；

（三）消除危险；

（四）返还财产；

（五）恢复原状；

（六）修理、重作、更换；

（七）赔偿损失；

（八）支付违约金；

（九）消除影响、恢复名誉；

（十）赔礼道歉。

以上承担民事责任的方式，可以单独适用，也可以合并适用。人民法院审理民事案件，除适用上述规定外，还可以予以训诫、责令具结悔过、收缴进行非法活动的财物和非法所得，并可以依照法律规定处以罚款、拘留。

对应新法：

《中华人民共和国民法典》（2021 年 1 月 1 日施行）

第一百七十六条 民事主体依照法律规定或者按照当事人约定，履行民事义务，承担民事责任。

第一百七十九条 承担民事责任的方式主要有：

（一）停止侵害；

（二）排除妨碍；

（三）消除危险；

（四）返还财产；

（五）恢复原状；

（六）修理、重作、更换；

（七）继续履行；

（八）赔偿损失；

（九）支付违约金；

（十）消除影响、恢复名誉；

（十一）赔礼道歉。

法律规定惩罚性赔偿的，依照其规定。

本条规定的承担民事责任的方式，可以单独适用，也可以合并适用。

承办人：孙芳龙

编写人：孙芳龙

28. 威海市某渔业总公司诉某海运船队海上养殖损害责任纠纷案

——船舶误入养殖区的过错审查

【合规提示】

本案系一起渔业养殖公司诉船舶所有人海上养殖损害责任纠纷案件。船舶所有人所属船只进入渔业养殖公司海上养殖区域，给其造成了经济损失。对于船舶所有人而言，在为船舶配备合适的设备和船员的基础上，亦应注意保留侵权行为发生过程中的证据。对于渔业养殖公司而言，在养殖之前，应办理正规合法的养殖手续；在养殖过程中，应注意保留成本支出的相关证据，以便发生意外时进行索赔。

【案件信息】

1. 裁判文书字号

（1996）青海法海事初字第 36 号

2. 当事人

原告：威海市某渔业总公司

被告：某海运船队

3. 关键词

民事　海上养殖损害　侵权责任　损害赔偿

【裁判要旨】

根据《民法典》的相关规定，认定水产养殖侵权责任是否成立，应当审查侵权人行为是否满足侵权责任的构成要件，即主观上有过错、客观上实施了侵权行为、造成了损害后果、侵权行为与损害后果之间存在因果关系。

【基本案情】

原告位于37° 32′31″N、122° 12′50″E，37° 31′03″N、122° 11′37″E，37° 31′03″N、122° 11′54″E，37° 29′42″N、122° 13′40″E四点连线内的养殖区经威海市环翠区人民政府批准设立，并持有环翠区水产局签发的养殖使用证。

被告所属“伊某娜”轮系俄罗斯籍钢质货船。1996年3月15日1445时，该轮驶抵威海港外轮检疫锚地抛锚，锚位122° 11′.8E,37° 31′.5N，抛锚时该轮驾驶人员注意到离锚地0.5海里有养殖区。3月17日0100–0200时，北北西风14米/秒，主机备好船长上驾驶台，0250–0300时，北北西风18米/秒，放左锚链6节入水，0340时，风力增至25米/秒，船舶走锚（锚位122° 11′.85E，37° 31′.4N），正横受风，该轮开始以双车双舵收锚链，试图以船艏迎风并改变锚位，0345时，右主机突然停车，随后左主机停车，驾驶人员估计停车原因是螺旋桨被缠死，即停止绞左锚并抛右锚入水（左锚6节入水、右锚4.5节入水），船艏迎风，船慢慢向船尾方向拖锚；约0500时，该轮停止走锚。根据该轮航海日志记载，经作图分析，该轮于0350时左右进入原告的养殖区。

经威海港务监督调查，“伊某娜”轮只配备了俄罗斯1990年版的威海港附近航行图（编号62350，比例尺为1∶200000），在驶离上一港口之前从船东处得到某外轮代理公司提供的养殖区位置、外锚地位置、内锚地位置，但船上没有威海港港泊图。该轮在威海港没有收听天气预报，每天接收气象传真分析天气情况。1996年3月17日，该轮走锚时，船长考虑到有进入养殖区的危险，但因当时主机未备好，机器是凉的，担心用高速前进会损坏机器，只用了最低速前进（船长事后认为当时应该用前进一或更大速度）因而导致船在风力作用下偏离，不再正对风向，此时再用更高速度为时已晚。

1996年3月19日，由威海港务监督组织，养殖场代表杨某某、船方代理某外轮代理公司代表孙某参加，三方共同对原告受损养殖区进行现场勘验，勘查发现，原告养殖区内有一明显的船损航迹，自养殖三场养殖区西南角驶入，损坏航迹向呈330° ~120°方向，从西侧数第1、2、3、4区受损，经现场计数，共损坏养殖筏架104排，经现场取样核实，养殖物为海带。

经查，原告受损养殖物资大部分至受损日已使用半年，部分已使用二年，少部分已使用三年。

经法院核实，原告因此次事故遭受的损失共计 511 457.84 元。

原告诉称，被告所属“伊某娜”轮因驾驶人员的过失，拖锚进入原告下属养殖三场的海带养殖区，随后该轮又盲目用车，导致在养殖区内严重缠摆，无法脱险，后由威海港监派拖轮拖出。经威海港监组织有关各方现场勘验，确认本次海事致原告 150 排海带筏架全损，30 排局部损失，原告所属养殖区持有养殖许可证，属于合法养殖，受到法律保护，被告的船舶进入原告的养殖区损害了原告的合法权益理应承担相应的民事责任。要求判令被告赔偿经济损失 858 000 元及利息，并要求判令被告承担海事调查处理费及律师费。在审理过程中，原告在其索赔清单中提出的索赔数额变更为 617 545.30 元。

被告收到法院送达的起诉状副本、应诉通知书和开庭传票后，在法定期间内未提交答辩状，也未到庭参加诉讼。

【裁判说理】

争议焦点：被告是否承担侵权责任。

青岛海事法院认为，原告所属养殖区系经县级以上人民政府批准设立，持有养殖使用证，且由威海港务监督核准并发布航行通告，手续完备、标志齐全，属于合法养殖，应受法律保护。

被告所属“伊某娜”轮驾驶人员虽考虑到船舶有走锚进入养殖区的危险，但未及时采取抗风、避免走锚、在船舶开始走锚时以双车迎风向抗风保持船位的措施，因主机未及早备妥，采取双车迎风向抗风措施时无法使用更高的速度，致使该轮进入原告的养殖区并造成原告损失，其主观上有过错，其行为已构成侵权行为。

青岛海事法院于 1996 年 10 月 16 日作出（1996）青海法海事初字第 36 号民事判决书，判令被告赔偿原告经济损失及利息。

【法官后语】

我国是一个海洋大国，拥有漫长的海岸线和丰富的海岸带资源，因此，海上水产养殖是我国重要的水产养殖方式。同时，我国也是一个进出口大国，海运进出口量也有较大幅度增长。然而，随着海上养殖业和海上运输业的不断发展，其两者之间常常产生冲突，引发海上养殖损害责任纠纷。

根据《民法典》的相关规定，认定水产养殖侵权责任是否成立，应当审查侵权人行为是否满足侵权责任的构成要件，即主观上有过错、客观上实施了侵权行为、造成了损害后果、侵权行为与损害后果之间存在因果关系。而对于水产养殖损害赔偿纠纷的侵权人的过错问题，我国法律并未作出特殊规定，因此，该类案件应适用过错责任原则。法官审理该类案件时，在其他三个侵权构成要件已经明确的情况下，应根据《民法典》第1165条的规定，着重审查侵权人的行为是否存在过错。

在本案中，原告所属养殖区系经县级以上人民政府批准设立，持有养殖使用证，且由威海港务监督核准并发布航行通告，手续完备、标志齐全，属于合法养殖，应受法律保护。被告所属“伊某娜”轮驾驶人员虽考虑到船舶有走锚进入养殖区的危险，但未及时采取抗风、避免走锚、在船舶开始走锚时以双车迎风向抗风保持船位的措施，因主机未及早备妥，采取双车迎风向抗风措施时无法使用更高的速度，致使该轮进入原告的养殖区并造成原告损失，其主观上有过错，其行为已构成侵权行为，因此，应赔偿原告损失。

【相关法条】

《中华人民共和国民法通则》（2021年1月1日废止）

第一百三十四条 承担民事责任的方式主要有：

（一）停止侵害；

（二）排除妨碍；

（三）消除危险；

（四）返还财产；

（五）恢复原状；

（六）修理、重作、更换；

（七）赔偿损失；

（八）支付违约金；

（九）消除影响、恢复名誉；

（十）赔礼道歉。

以上承担民事责任的方式，可以单独适用，也可以合并适用。

人民法院审理民事案件，除适用上述规定外，还可以予以训诫、责令具结悔过、收缴进行非法活动的财物和非法所得，并可以依照法律规定处以罚款、拘留。

对应新法：

《中华人民共和国民法典》（2021年1月1日施行）

第一百七十九条 承担民事责任的方式主要有：

（一）停止侵害；

（二）排除妨碍；

（三）消除危险；

（四）返还财产；

（五）恢复原状；

（六）修理、重作、更换；

（七）继续履行；

（八）赔偿损失；

（九）支付违约金；

（十）消除影响、恢复名誉；

（十一）赔礼道歉。

法律规定惩罚性赔偿的，依照其规定。

本条规定的承担民事责任的方式，可以单独适用，也可以合并适用。

承办人：孙芳龙

编写人：庄雪莉

29. 荣成某水产有限公司、沈某诉某海运总公司、某造船厂海上养殖损害责任纠纷案

——船厂试车试验对相邻养殖场损失的责任承担问题

【合规提示】

本案系一起因造船厂修船码头维修船舶的试车试验致养殖区大量鱼苗损

失，养殖方因此诉造船厂及船舶所属公司承担赔偿责任的养殖损害赔偿纠纷案件。双方对正常试车导致的养殖区损失是否应承担责任以及责任是否应当分担产生争议。对于造船厂而言，应当充分考虑相应行为可能对附近相邻养殖区的影响，充分预见可能对相邻养殖区造成的损害，采取必要的措施避免影响周边养殖方的利益，以免因损害行为承担赔偿责任。若已造成养殖方相应损失，应立即停止损害行为，积极采取应对措施，避免损失进一步扩大。对于养殖方而言，若造船厂等相邻方行为造成养殖损失，要积极交涉，立即制止相邻方的行为，并及时主张相应损失。

【案件信息】

1. 裁判文书字号

（1994）青海法海事初字第 74 号、（1996）鲁经终字第 278 号、（1997）鲁经监字第 82 号、（2000）鲁经监字第 166 号

2. 当事人

原告：荣成某水产有限公司、沈某

被告：某海运总公司、某造船厂（现名某造船有限公司）

3. 关键词

民事　海上养殖损害　海损事故　试车试验

【裁判要旨】

正常试车行为，应当考虑附近相邻养殖区的安全，应当预见到可能对相邻养殖区造成的损害。若未采取避免损害的必要措施，并继续行为，致使损失进一步扩大的，应当对由此造成的一切损失承担全部赔偿责任。

【基本案情】

1993 年 4 月 1 日，沈某经某村委同意并于 1994 年 4 月 1 日经烟台芝罘区渔政管理部门批准，在烟台芝罘区某村养殖区内放养鲈鱼苗。该村持有该养殖区的合法养殖使用证，该养殖区主管部门已经发布公告。

1994 年 4 月 20 日，荣成某水产有限公司（以下简称某水产公司）与香港巴某龙水产有限公司签订了《买卖鲈鱼苗合同》，其内容主要是：某水产公司提供活鲈鱼苗 40 万 ~ 50 万尾，规格为每尾 3 ~ 4 厘米，价格为 FOB 烟台

每尾0.49美元，装运期为1994年5月25日至30日。1994年5月5日，为《买卖鲈鱼苗合同》的履行，两原告签订《共同暂养鲈鱼苗合同》在涉案养殖区合作养殖。

1994年1月，某海运总公司（以下简称海运公司）所有的“龙某山”轮放至某造船厂（以下简称造船厂）修理。1994年5月20日，造船厂修船码头坐南向北系泊试车。过程中因引起巨大排出流冲击两原告的鱼苗网箱，造成部分网箱损坏，大量鱼苗死亡。在“龙某山”轮试车之初，沈某即去“龙某山”轮通知该轮船长及厂方修船负责人，并说明了试车造成了养殖网箱的损坏及大量鲈鱼苗受损的情况。沈某与造船厂交涉后，“龙某山”轮曾停止试车，但后又继续试车，造成原告鱼苗严重的损失。

本次海损事故发生后，行政主管机关对原告的养殖受损情况进行了现场勘查，专家对损害程度进行了鉴定，并出具《龙某山轮致损烟台芝罘湾某造船厂码头附近海区水产品养殖经济损失调查报告》，报告确认因试车造成鲈鱼苗损失数额21.75万尾至23.835万尾，损失金额927 202.50元至1 016 086元。

海损事故发生后，造船厂修船分厂于1994年5月29日向某水产公司出具了书面说明，其主要内容是：我厂已受“龙某山”轮船东全面委托，就本次海损事故同受损方进行协调解决，并负责就一切合法合理的损失进行赔偿。造船厂在海运公司对本案应诉答辩的同时，于1994年8月16日向海运公司通报称：“关于5月20日贵公司‘龙某山’轮在我公司码头试车造成浪损养殖物一事，现我公司研究决定承担贵公司的被告责任，应诉原告该轮5.20海事一案，特此通报。”

两原告提出诉讼请求：两被告赔偿鱼苗的全部经济损失1 517 461.79元。

造船厂辩称：（1）“龙某山”轮系泊试验是其依法从事的正常生产行为，工厂建设在前，增设鱼苗养殖在后，其因无过错，不承担赔偿责任。（2）某水产公司无芝罘湾的养殖许可证，原告主体资格不成立。某村个体户沈某养殖的鱼苗系1992年增设的、未经海监局发布公告，其合法性以及对养殖环境的考察均有欠考虑之处。（3）勘查鉴定报告因与部分证明相左、与大连理工大学船舶工程研究所测算结果不一致、以出口合同确定的每尾单价作为损失确定的依据等原因造成错误，不应作为认定鱼苗损失的依据。

海运公司辩称：海运公司所属“龙某山”轮在造船厂大修期间，所有的大修项目所作的试验安排均由厂方负责，依据其给海运公司的应诉通报，根据承揽加工合同条例及民法通则的有关规定，海运公司在此事件中无过错、不承担民事损害赔偿责任。

【裁判说理】

争议焦点：（1）被告正常试车导致原告养殖区损失是否承担赔偿责任。（2）造船厂应当赔偿的具体金额。

青岛海事法院认为：两原告在经行政主管机关批准，且发布了公告的具有养殖使用证的海区内共同暂养鲈鱼苗应视为合法养殖。因两原告缺乏自收购至投入网箱暂养至本次海损事故发生期间网箱内鲈鱼苗实际存活量的足够证明，因此其主张的损失数额不能获得全部支持。应以《龙某山轮致损烟台芝罘湾某造船厂码头附近海区水产品养殖经济损失调查报告》附件四确认的数据为依据，原告鲈鱼苗损失数额为21.75万尾至23.835万尾，损失金额为927 202.50元至1 016 086.00元，法院以专家在报告中确认的损失两数额之和的平均值即人民币971 644.25元认定两原告在本次海损事故中的实际损失额。同时，原告因此而受到的其他损失80 161.00元亦应由加害方承担。

“龙某山”轮在造船厂码头系泊试车虽属船厂的正常生产行为，但在实施试车这一具体行为时，应考虑到附近相邻养殖区的安全。但船厂在试车过程中，没有采取避免养殖区受损的措施，特别是当原告将养殖区受损的情况报告被告后，被告方仍没有采取避免损失的积极措施，继续试车达两个多小时，致使原告的养殖损失进一步扩大。

“龙某山”轮在烟台造船厂修船期间，一切与修船有关的修船项目和修理活动由船厂安排和指挥。试车是整个修船活动中的重要内容之一，整个试车活动是在船厂的指挥安排下进行的，因此，因试车造成原告养殖区的损失应由被告造船厂承担。船方在船舶的修理过程中，要服从船厂的指挥和安排，因此在实施试车这一具体行为时船方无过错。某海运总公司不承担本次海损事故的赔偿责任。

本案最终以判决方式结案。

一审判决作出后，被告造船厂上诉至山东省高级人民法院，山东省高级人民法院作出（1996）鲁经终字第278号民事判决书，驳回上诉，维持原判。后，造船厂不服二审判决提出申诉，山东省高级人民法院作出（1997）鲁经监字第82号民事判决书，认为原、被告对损失的发生均有责任，故判决原、被告各承担50%的责任。该判决作出后，两原告不服提出申诉，山东省高级人民法院最终作出（2000）鲁经监字第166号民事判决书，撤销山东省高级人民法院（1997）鲁经监字第82号判决，维持山东省高级人民法院（1996）鲁经终字第278号判决。

【法官后语】

本案是一起鲈鱼苗养殖损害赔偿案件，该案件经青岛海事法院一审、山东省高级人民法院二审，并经山东省高级人民法院两次再审。总结本案两级法院四次审判，法院在主体资格的确定、事实认定和损失的确认上均没有分歧，而是就依据查明的事实在责任承担上究竟应当由原告、被告的一方承担还是应当由双方分担责任的认识上存在不同。即在相邻关系的情况下，一方的行为给另一方造成损失，应当由一方承担责任，还是双方分担责任？这是审理相邻关系的侵权案件需要重点要把握的。

本案中，首先，原告的养殖是合法的。原告的鲈鱼苗暂养是经行政主管部门批准，在核发了养殖使用证的海域进行的养殖，海军航海保证部亦发布了公告，并在海图上有明确的标注。由于是暂养，原告没有自己办理养殖使用证，而是申请（租借或承包）使用他人的海区养殖，这种申请（租借或承包）使用是经渔业行政主管部门批准确认的，因此应当认定原告的养殖是合法的。其次，造船厂的码头建造也是合法的。造船厂是在经行政主管部门烟台海上安全监督局批准后所建造的“渔业专用码头”。但就该“渔业专用码头”是否可以维修、建造船试车使用，批准文件上没有明确说明。由此，可能引发两种情况：一是按照通常理解，“专用”就不能他用，这是由码头建造设计的特性决定的。即建造码头合法，但用来试车不合法，因为建造的码头是用来供渔业专用的。二是“渔业专用码头”可以用作试车，即码头建造合法、试车行为也合法。两种情况背后则是两类关系：即合法行为下各方相邻关系的处理、非法行为给合法行为造成损失的处理。

一、合法行为下各方相邻关系的处理

《民法典》第288条规定：“不动产的相邻权利人应当按照有利生产、方便生活、团结互助、公平合理的原则，正确处理相邻关系。”筏架养殖属不动产，船舶的价值很大，它的主要作用不是做交易，而是作为运输工具，因此通常也当作不动产看待。如船舶登记、船舶抵押权的设置就是按照不动产来对待的。因此本案的船舶系泊试车与筏架养殖造成的损失就应当适用该法律规定。即因造船厂试车水流给他人造成的损失应当予以赔偿。

二、非法行为给合法行为造成损失的处理

假如“渔业专用码头”不可用作商船试车，造船厂在此码头试车就是非法的。非法的行为给合法的行为造成损失就当然地应当承担侵权的赔偿责任。《民法典》第1165条规定：“行为人因过错侵害他人民事权益造成损害的，应当承担侵权责任。依照法律规定推定行为人有过错，其不能证明自己没有过错的，应当承担侵权责任。”此时，造船厂试车水流给杨某某造成损失亦应予以赔偿。

因此，从本案查明的事实分析，无论原、被告之间是适用相邻关系的法律规定，还是适用普通侵权的法律规定，造船厂都要对其行为造成的损失都应当承担全部赔偿责任。

三、责任的划分与承担不应与合法行为成立的早晚有关联

原告虽然取得行政主管部门批准等程序在后，但原告暂养鲈鱼苗的养殖区早在1958年就形成，仅距码头约200米，造船厂对海面上的养殖情况应是一目了然，况且养殖区已在海图上有标注，证明该养殖地设置早于造船厂码头的建造。因此，养殖区的设立、原告的暂养和造船厂的码头建造都是经行政主管部门批准的，都是合法的，其合法行为均应受到法律的保护。如果先设立的养殖区发现后设立的违反了法律法规的规定，或者侵犯了自己的合法权利，可以向行政主管部门提出建议，或者通过行政手段或者法律程序保护自己的合法权利，不能任意行事、随意破坏。原告的养殖行为在经国家行政主管机关批准后，其行为的合法性就是当然的，应当受到法律的保护，任何人不得以任何理由破坏、侵害，否则就应当承担因侵权、损害所造成的损失责任。

【相关法条】

《中华人民共和国民法通则》（2021年1月1日废止）

第八十三条 不动产的相邻各方，应当按照有利生产、方便生活、团结互助、公平合理的精神，正确处理截水、排水、通行、通风、采光等方面的相邻关系。给相邻方造成妨碍或者损失的，应当停止侵害，排除妨碍，赔偿损失。

第一百零六条 公民、法人违反合同或者不履行其他义务的，应当承担民事责任。

公民、法人由于过错侵害国家的、集体的财产，侵害他人财产、人身的，应当承担民事责任。

没有过错，但法律规定应当承担民事责任的，应当承担民事责任。

第一百一十七条 侵占国家的、集体的财产或者他人财产的，应当返还财产，不能返还财产的，应当折价赔偿。

损坏国家的、集体的财产或者他人财产的，应当恢复原状或者折价赔偿。

受害人因此遭受其他重大损失的，侵害人并应当赔偿损失。

对应新法：

《中华人民共和国民法典》（2021年1月1日施行）

第二百八十八条 不动产的相邻权利人应当按照有利生产、方便生活、团结互助、公平合理的原则，正确处理相邻关系。

第一百七十六条 民事主体依照法律规定或者按照当事人约定，履行民事义务，承担民事责任。

第一千一百六十五条 行为人因过错侵害他人民事权益造成损害的，应当承担侵权责任。

依照法律规定推定行为人有过错，其不能证明自己没有过错的，应当承担侵权责任。

承办人：潘心苏

编写人：刘文文　段琪祺

养殖合伙

30. 单某诉徐某海洋开发利用纠纷案

——合伙关系解除认定

【合规提示】

本案是一起原、被告均要求解除合伙关系的海洋开发利用纠纷，分歧点在于双方对于合伙经营的盈亏状况无法达成清算合意。解除合同关系后，对于涉及合伙经营的资产和债权债务等问题，首先由双方按照约定进行分配盈余或者承担亏损。如不能达成清算协议，双方应当提交证据证明各自主张的事实存在，否则将承担不利的后果。

【案件信息】

1. 裁判文书字号

（2019）鲁72民初1192号

2. 当事人

原告：单某

被告：徐某

3. 关键词

民事　合伙关系解除　合伙清算

【裁判要旨】

在案件双方都无法提供充分证据材料的情况下，合伙清算无法进行，未能清算出合伙经营盈亏状况，则无法确定双方盈利分配和亏损承担。根据《民事诉讼法》，原、被告双方均要求解除合伙关系的依法应予以支持。

原、被告双方应当先行自行清算，如不能达成清算协议，可持相关证据另行起诉。

【基本案情】

2018年1月26日，徐某向乳山市人民法院起诉要求解除与本案原告单某的合伙关系，另要求依法分割合伙财产及收益，乳山市人民法院（2018）鲁1083民初611号民事判决认定原告单某和被告徐某养殖牡蛎的合伙关系成立，威海市中级人民法院（2019）鲁10民终21号民事判决书对上述事实予以认定，但均未对双方合伙权利义务等内容予以认定。2019年4月15日，本案被告徐某向乳山市人民法院起诉单某合伙纠纷案件要求依法分割合伙财产及收益，乳山市人民法院裁定认为，该案件属于海事海商纠纷专属管辖，移送青岛海事法院审理。青岛海事法院依法判决双方解除合伙关系后，双方均未上诉。

【裁判说理】

争议焦点：（1）是否应当解除单某与徐某双方的合伙关系。（2）双方合伙经营期间盈利、亏损情况，解除双方的合伙关系的清算问题。

青岛海事法院认为：本案原告单某与被告徐某虽未签订书面合伙协议，但双方的事实合伙关系已经生效的民事判决予以认定，法院予以确认。双方就合伙关系中的权利义务未提交证据予以证明。因徐某在法院审理的（2019）鲁72民初1576号合伙纠纷案件中，请求解除与单某近海牡蛎养殖合伙关系，单某与徐某均向法院提出解除合伙关系的请求，不违反法律规定。根据《民事诉讼法》第153条“人民法院审理案件，其中一部分事实已经清楚，可以就该部分先行判决”之规定，对单某该项请求本院依法予以支持。

单某要求对双方合伙关系进行清算，并主张目前对外负债112.2万元，徐某对此予以否认，并主张分割合伙收益。根据《民事诉讼法》第64条第1款“当事人对自己提出的主张，有责任提供证据”、《最高人民法院关于适用〈中华人民共和国民事诉讼法〉的解释》第90条“当事人对自己提出的诉讼请求所依据的事实或者反驳对方诉讼请求所依据的事实，应当提供证据加以证明，但法律另有规定的除外。在作出判决前，当事人未能提供证据或者证据不足以证明其事实主张的，由负有举证证明责任的当事人承担不利的后果”的规定，关于合伙期间的对外债务如何形成及形成的资产收益和债务情况，单某应当承担举证责任，徐某对上述债务予以否认，主张分割合伙收益，单某与徐某提交的证据均不能证明各自主张的事实存在，故本院不予采信。解除合同关系后，涉及对合伙经营的资产和债权债务等进行清算，结算出合伙期间盈亏状况，由双方按照约定进行分配盈余或者承担亏损。从原、被告提交的现有证据来看，双方分歧争议较大，又缺乏完整性，部分证据与本案不具有关联性，均不能充分证明案涉合伙养殖的盈亏情况。合伙经营期间的财产问题，双方均未能提供相应证据，无法进行审查。在本案双方都无法提供充分证据材料的情况下，合伙清算无法进行，在未能清算出合伙经营涉案养殖盈亏状况的情况下，则无法确定双方盈利分配和亏损承担。原、被告双方应当先行自行清算，如不能达成清算协议，可持相关证据另行起诉。

青岛海事法院以判决方式结案。

【法官后语】

案件双方当事人无书面合伙协议，经地方乳山市人民法院、威海市中级人民法院两审认定合伙关系后，但对双方的权利义务未予明确，导致矛盾升级。被告多次指使他人采取阻挠作业、偷抢牡蛎、破坏生产设施等各种手段，致使原告无法正常生产，原告多次报警，但因双方存在合伙关系公安机关未给予处理。该案判决双方解除合伙关系后，原告的生产经营得以正常进行，及时纠正了被告的过激行为。本案是较为典型的一例为维护当事人的合法权益和社会治安提供有力的海事司法保障案例。

【相关法条】

1.**《中华人民共和国民法通则》**（2021年1月1日废止）

第三十一条　合伙人应当对出资数额、盈余分配、债务承担、入伙、退伙、合伙终止等事项，订立书面协议。

第三十二条　合伙人投入的财产，由合伙人统一管理和使用。

合伙经营积累的财产，归合伙人共有。

第三十五条　合伙的债务，由合伙人按照出资比例或者协议的约定，以各自的财产承担清偿责任。

合伙人对合伙的债务承担连带责任，法律另有规定的除外。偿还合伙债务超过自己应当承担数额的合伙人，有权向其他合伙人追偿。

对应新法：

《中华人民共和国民法典》（2021 年 1 月 1 日施行）

第九百六十七条 合伙合同是两个以上合伙人为了共同的事业目的，订立的共享利益、共担风险的协议。

第九百六十九条 合伙人的出资、因合伙事务依法取得的收益和其他财产，属于合伙财产。

合伙合同终止前，合伙人不得请求分割合伙财产。

第九百七十三条 合伙人对合伙债务承担连带责任。清偿合伙债务超过自己应当承担份额的合伙人，有权向其他合伙人追偿。

2.《中华人民共和国民事诉讼法》（2017 年 6 月 27 日修正）

第六十四条第一款 当事人对自己提出的主张，有责任提供证据。

第一百五十三条 人民法院审理案件，其中一部分事实已经清楚，可以就该部分先行判决。

对应新法：

《中华人民共和国民事诉讼法》（2023 年 9 月 1 日修正）

第六十七条第一款 当事人对自己提出的主张，有责任提供证据。

第一百五十六条 人民法院审理案件，其中一部分事实已经清楚，可以就该部分先行判决。

3.《最高人民法院关于适用〈中华人民共和国民事诉讼法〉的解释》（2015 年 2 月 4 日施行）

第九十条 当事人对自己提出的诉讼请求所依据的事实或者反驳对方诉讼请求所依据的事实，应当提供证据加以证明，但法律另有规定的除外。

在作出判决前，当事人未能提供证据或者证据不足以证明其事实主张的，由负有举证证明责任的当事人承担不利的后果。

对应新法：

《最高人民法院关于适用〈中华人民共和国民事诉讼法〉的解释》（2022 年 3 月 22 日修正）

第九十条 当事人对自己提出的诉讼请求所依据的事实或者反驳对方诉讼请求所依据的事实，应当提供证据加以证明，但法律另有规定的除外。

在作出判决前，当事人未能提供证据或者证据不足以证明其事实主张的，由负有举证证明责任的当事人承担不利的后果。

承办人：孙　鹏

编写人：孙　鹏　孙学燕

海域承包

31. 长岛某海珍品发展有限公司诉长岛某渔业专业合作社海域使用权纠纷案

——对当事人是否具有履行海域承包合同意思表示的审查和认定

【合规提示】

本案系一起当事人对是否真实履行海域承包合同存在争议的海域使用权承包纠纷案件。原告诉称双方真实履约，被告应支付海域使用相关费用；被告坚称双方合同目的不在于真实承包使用海域。本案提示，在开展经济活动中，应诚实守信，以合理合法的手段维护自身的合法权利；不能因存在所谓“合同”而编造合同履行情况，以达到诉讼目的。另外，通过本案也提示市场主体，签订虚假合同存在风险，须谨慎对待。

【案件信息】

1. 裁判文书字号

（2022）鲁72民初1057号

2. 当事人

原告：长岛某海珍品发展有限公司

被告：长岛某渔业专业合作社

3. 关键词

民事　海域使用权　真实意思表示

【裁判要旨】

本案难点在于审查判断本案原告是否具备真实履行海域承包协议的意思

表示，从而确定案涉协议是否有效。结合本案案情，案涉协议签订目的系为事故索赔，案涉海域由大量独立于被告的养殖户占有使用，原告以投放大型海上设备、建设人工鱼礁等方式自行用海，原告直接向养殖户主张海域使用费，不按协议约定收缴使用费，也不提交其应掌握的证据证实海域实际使用情况等，综合判定原告不具备真实履行合同的意思表示。

【基本案情】

原、被告签订海域承包协议书，约定于2018年5月1日至2021年4月30日，由被告承包使用原告所属海域，用于海上养殖生产，每年按每亩40元标准支付承包费，于期满后一次性付清。因被告未如期支付相关费用，原告诉请至青岛海事法院，请求：（1）判令被告支付2018年5月1日至2021年4月30日的承包费及利息；（2）判令解除原、被告之间的协议书，要求被告立即腾空承租海域，并参照原租赁协议书中的租赁费的支付标准，向原告支付2021年5月1日至2022年5月31日的承包费，及自2022年6月1日起参照协议约定计付承包费直至腾空海域之日止；（3）本案的全部诉讼费用由被告承担。被告辩称，案涉协议系为处理2019年11月养殖筏架遭受过往船舶损害，为便于起诉索赔而签订，不具备真实履行的意思；被告未将海域承包后再出租给养殖户，在案涉海域确权之前，就有大量渔民在此自发养殖，并使用该海域至今，被告与养殖户不存在隶属关系，被告未实际使用涉案海域；原告以投放智能网箱平台和人工鱼礁、直接向养殖户收取海域使用费等方式，直接使用涉案海域并获益。

关于海域确权情况。原告于2017年2月9日和9月30日，分别取得第000×××0号、第00×××4号和第000×××5号证书，载明海域使用期限为2013年5月25日起2027年12月31日止、2017年9月25日起2032年9月24日止、2017年7月6日起2032年7月6日止，用途为开放式养殖。后第000×××5号不动产权证拆分为2020年1月16日颁发的第00×××50号与第00×××51号证书，用海方式由原先的开放式养殖改为透水构筑物与开放式养殖。第00×××50号证书其上标注，为进行海洋牧场开发与建设，人工鱼礁用海3.15公顷。上述人工鱼礁系根据《关于某深水智能大网箱和人工鱼礁项目用海的批复》意见建设；被告提交的《海籍调查表》显示，在出具调查表（2018年12月30日）之前，某海洋工程勘察设计院对现场进行了测量，此处的人工鱼礁项目已建设完成。

关于案涉协议签订情况。庭审中，原告申请帮助办理案涉协议的赵某作证，赵某在证明中载明：因某轮误闯养殖区事故发生海域为原告确权海域，为便于起诉进行索赔，赵某作为委托人，处理事故的律师李某起草了案涉协议，赵某携带该协议至原告处盖章。另查明，被告于2019年11月14日向某海事局作出《关于异地船只违规进入某海区的情况说明》，载明：2019年11月11日14时，某轮进入我村合作社养殖海区……事故涉及的三名受损养殖户的养殖海域均位于原告确权海域内，其中两名养殖户陈述，被告未与其签订海域租赁合同，未向其收取过海域使用费用，被告因二人系合作社成员，帮忙处理该事故，赔偿款系由被告转交。

关于案涉海域使用情况。被告申请八名证人出庭作证。八名证人自述，均系在2014年或2015年开始在120° 53′ E，38° 05′ N附近海域（案涉海域）进行筏式养殖扇贝，当时该片海域没有相关权利人，均属自发养殖。在自己养殖海域周围，养殖户很多，也有很多不是被告村民或被告社员。2019年6月8日，原告所属的半潜式大型智能网箱平台由建造方京鲁船业处交付离港。平台的坐标为120° 54′.370E，38° 05′.213N，即案涉第000×××1号海域内。

关于海域使用费缴纳情况。证人证实，未与原告签订过租赁承包使用海域的协议，但原告于2020年和2021年多次要求缴纳海区使用费。其中有两名养殖户，于2021年7月29日，向原告缴纳2020年5月1日至2021年5月1日的海区使用费10 000元，上述二人缴费海区位于案涉第000×××0号海域内。

关于被告经营模式。证人证实，被告是一个自由进出的经济组织，成立后扇贝收购价格持平或高于市场价格，养殖户因利益有保障自愿出售扇贝给被告。但原告主张，整片海域由被告向原告承租之后，交给其合作社的村民进行扇贝养殖，合作社以收购扇贝出售盈利，该盈利部分相当于向村民收取租金。

【裁判说理】

争议焦点：案涉协议书是否真实有效。可从以下几个方面进行审查：（1）关于协议的签订目的。（2）关于合作社运行模式。（3）关于案涉海域的使用情况。（4）关于海域使用费的收取情况。（5）关于举证责任。

青岛海事法院认为：本案系海域使用权承包纠纷，需要重点审查原告是否具有实际履行案涉协议的真实意思表示。

一、关于协议的签订目的

本案有双方盖章确认的《协议书》，但就该协议书签订目的，双方分歧很大。被告抗辩称，案涉协议书系就某轮误闯养殖区造成养殖损害，为方便索赔而签订。原告主张，案涉协议签订时，因当事人双方的法定代表人关系较好，基于互相信任，对租赁事宜仅有口头约定；在事故发生后，考虑到起诉索赔需要提供书面证据材料，双方才补签协议。且在被告向某海事局出具的《情况说明》中有“肇事货轮在我村合作社养殖海区违规行驶”的表述，在处理该起事故时，被告以自己名义报案并参加事故处理，在受损害养殖户没有授权的情况下接受赔偿款，足以认定被告实际使用该涉案海域。

法院认为，原告提供的证人赵某证明，协议系由代理船舶造成养殖损害纠纷的律师起草，在发生事故后的2019年11月15日（协议上载明的承包起始时间一年后），“为便于起诉进行索赔”而签订。被告和被告申请出庭的两位证人（同时系该事故的受损养殖户）均陈述，被告因受损养殖户系村民或合作社成员，帮忙处理该事故，并非实际使用海域，事故赔偿款先交由被告后转交受损渔民，被告未在其中获利。上述原、被告证据相互印证。原告就赵某证明所作的“补签协议”的解释，因未提交相关证据证实，且赵某系原告提供的证人，法院对其主张不予采信。故法院认定，被告因案涉协议获得提起索赔的主体资格，其后帮助社员报案、参加事故处理、接受赔偿款，符合常理。

二、关于合作社运行模式

被告自述，被告与社员之间没有财产隶属关系，仅负责对社员的养殖产品进行统一收购、加工和销售。被告提供的证人陈述，案涉海域在2014年至2015年（原告确权海域之前）由养殖户自发建设筏架用于扇贝养殖，被告是一个自由进出的经济组织，非村民也可以加入。因其扇贝收购价格持平或高于市场价格，社员主动把扇贝出售给被告；被告未管理过该片海域，也没有收取过相关使用费用。这与原告的陈述基本一致，即被告主要做深加工业务，社员的养殖物不归合作社所有，社员和合作社之间仅成立收购关系。原告未提交证据证实其以下两个论述：一是被告在承租海域后，将海域继续出租给社员或村民，通过收取养殖物并出售，获取利益冲抵渔民的租金；二是关于被告和社员关系不和导致社员不向合作社缴纳使用费，而直接向原告缴纳。被告对此有异议，本院不予采信。

原告亦承认，被告社员的养殖范围逐年扩大是自发行为，而非合作社有组织的行为。原告直接向养殖户收取使用费，以及养殖户向原告直接缴纳使用费的行为，印证无论是原告还是养殖户，均认可合作社和社员是两个独立主体，养殖户享有对海域占有、使用和收益的权利，是海域承包法律关系的相对人。

法院认为，在上述运行模式下，合作社和社员是两个独立的承担责任、享受权利的主体，被告对养殖物进行收购和深加工，但不享有对案涉海域的相关权利，案涉海域占有、使用、收益的权利为养殖户独立享有。

三、关于案涉海域的使用情况

原告陈述涉案海域全部是被告的村民或社员在养殖，截至庭审时，案涉海域上仍有十五六户在进行养殖活动，其分管经理都曾向案涉海域养殖户征收过海域使用费。与被告及其证人关于“佳某 178”平台周边有很多养殖户在养殖的陈述一致。法院认定，案涉海域上有大量养殖户开展养殖活动。

法院认为，原告在承包期内，在案涉海域投放使用大型海上设备并获得经济利益，未经过被告同意，其行为不符合一般承包合同特点，有自己占有、使用、收益的意思表示。另外，原告为申报海洋牧场项目，还在涉案海域建设了 3.15 公顷的人工鱼礁项目，亦为原告自行使用案涉海域。

法院认为，案涉海域上有多名养殖户在进行养殖活动，因养殖户独立于合作社，社员使用海域不可等同于被告使用海域，原告亦自行使用部分案涉海域，因此被告无法实际使用案涉海域，无法自该海域直接获取利益。故，原告不具备将案涉海域完全交付的意思表示，被告不具备完全使用案涉海域的现实可能性。

四、关于海域使用费的收取情况

原告自述，其之所以直接向养殖户主张费用，系因其在此之前曾多次向被告主张费用，但被告迟迟未缴纳；但原告未能提交证据证实，且该论述与原告在第一次证据交换时所作陈述相矛盾，即“合同签订之后原告一直未主张租赁费用，直至 2022 年 6 月双方之间因其他问题产生一定的矛盾，原告才提起诉讼”。法院对此不予采信。原告未按照协议约定时间收取使用费。

证人提交证据证实，两位养殖户就案涉海域内的海域，向原告直接缴纳案涉协议承包期内的“海区使用费”。原告未与养殖户签订租赁协议，但直接向养殖户收缴费用，已实际获得其所有的案涉海域而产生的经济利益，不可重复获利。

五、关于举证责任

被告提交大型海洋装备投放使用、原告向两位养殖户收缴费用的相关证据，以证明其未实际使用案涉海域，原告不具备将案涉海域实际交付从而履行协议的意思表示。被告已初步完成举证责任。同时，原告未能对案涉海域养殖户实际使用海域情况、其实际收缴案涉海域养殖户海域使用费等情况进行全面充分举证。依照《最高人民法院关于适用〈中华人民共和国民事诉讼法〉的解释》第 90 条的规定，未能提供证据或者证据不足以证明其事实主张的，应由其承担不利的后果。

本案中，需全面审查双方是否具备真实履行协议的意思表示。从协议签订目的来看，案涉协议签订的目的系为起诉索赔。从合作社的经营模式来看，养殖户独立于合作社。从海域实际使用来看，案涉海域由大量养殖户占有使用，原告自行使用部分海域，使被告无法实际用海和收益。从使用费收缴来看，原告直接向养殖户进行主张，亦收取了养殖户缴纳的费用，且原告未按照协议约定时间收取使用费。从举证责任来看，原告未能就自己应掌握的事实进行充分举证。上述均说明，原告没有真实履行案涉协议的意思表示。

依照《民法典》第 143 条和第 146 条第 1 款的规定，意思表示真实是民事法律行为有效的要件，行为人与相对人以虚假的意思表示实施的民事法律行为无效。综上，本案当事人双方都了解承包案涉海域的意思并非真意，双方对此相互知晓，介绍人在其中进行协调和意思联络，使双方达成虚假意思表示一致，通谋作出与真意不一致的“意思表示”。据此，案涉协议应认定无效。

本案历经四次庭审，2023 年 11 月 1 日，原告向青岛海事法院提出撤诉申请，申请撤回对被告的起诉。青岛海事法院认为，原告的撤诉申请理由正当，符合有关法律规定，应予准许。依照《民事诉讼法》第 148 条第 1 款的规定，裁定准许原告撤回起诉。

【法官后语】

该案是一起复杂的海域使用权承包纠纷，证据多争议大，双方当事人均存在陈述前后不一的情况；部分关键证据仅来自当事人自述和证人陈述，没有其他佐证。该案的价值在于，对如何结合证据审查双方是否具备真实履行协议的意思表示进行了有益探索，可以从协议签订目的、合作社经营模式、海域实际使用情况、使用费收缴对象和时间，以及举证责任等方面予以审查认定，形成内心确信。同时，针对有关机关提供的证据（《情况说明》中记载“肇事货轮在我村合作社养殖海区违规行驶”），即使该证据在另案中经过了有关机关审查，但若有相反证据足以推翻时（经办人证明），亦应根据案情作出准确判断，不能机械采纳。

【相关法条】

1.《中华人民共和国民法典》（2021年1月1日施行）

第一百四十三条 具备下列条件的民事法律行为有效：

（一）行为人具有相应的民事行为能力；

（二）意思表示真实；

（三）不违反法律、行政法规的强制性规定，不违背公序良俗。

第一百四十六条第一款 行为人与相对人以虚假的意思表示实施的民事法律行为无效。

2.《中华人民共和国民事诉讼法》（2021年12月24日修正）

第一百四十八条第一款 宣判前，原告申请撤诉的，是否准许，由人民法院裁定。

对应新法：

《中华人民共和国民事诉讼法》（2023年9月1日修正）

第一百四十八条第一款 宣判前，原告申请撤诉的，是否准许，由人民法院裁定。

3.《最高人民法院关于适用〈中华人民共和国民事诉讼法〉的解释》（2022年3月22日修正）

第九十条 当事人对自己提出的诉讼请求所依据的事实或者反驳对方诉讼请求所依据的事实，应当提供证据加以证明，但法律另有规定的除外。

在作出判决前，当事人未能提供证据或者证据不足以证明其事实主张的，由负有举证证明责任的当事人承担不利的后果。

承办人：牛　萌

编写人：牛　萌　刘　坤　杨振楠

32. 威海市文登区某某镇某某村村民委员会诉王某海域使用权纠纷案

——海域使用金应否由海域侵占人缴纳

【合规提示】

本案系一起原、被告之间就是否继续履行涉案海域使用权租赁合同而产生的海域使用权纠纷。国家实行海域使用权登记制度，依法取得海域使用权证的主体是海域合法使用权人，对海域使用具有排他性，且该权利不因时效、优先或者习惯而取得。未经海域使用权人同意对海域进行占有、使用、收益的，合法使用权人都有权主张对方承担停止侵害、赔偿损失等侵权责任。

【案件信息】

1. 裁判文书字号

（2020）鲁72民初450号、（2020）鲁民终1992号

2. 当事人

原告（反诉被告）：威海市文登区某某镇某某村村民委员会

被告（反诉原告）：王某

3. 关键词

民事　海域使用权　侵权行为　侵权责任承担

【裁判要旨】

海域使用权是用海主体依法享有的，在特定期间内对特定海域进行排他使用的权利。国家建立海域使用权登记制度，依法登记的海域使用权受法律保护。海域使用权的变动只采用核准方式，不因时效、优先或者习惯而取得。海域使用权人依法使用海域并获得收益的权利受法律保护，任何单位和个人不得侵犯。

【基本案情】

2004年2月3日，威海市文登区某某镇某某村村民委员会（以下简称某某村委会）与案外人邵某波签订了《某某镇某某村海域使用权转让协议书》，邵某波租赁某某村委会涉案海域进行养殖。后邵某波退出，王某成为该协议书的实际履行人。2019年4月9日，某某村委会所有的国海证编号为113××××30的海域使用权证书到期后，重新办理的鲁（2019）文登区不动产权第001××××4号不动产权证书（原国海证编号为113××××30的海域使用权证书）记载，海域的使用期限为2019年4月10日至2024年4月9日。根据生效的（2018）鲁民终205号民事判决书认定，国海证编号为113××××30证书项下的海域使用权转让应截至2019年4月9日。本案中，在2019年4月10日后，王某未取得海域使用权人某某村委会的同意，继续在涉案海域进行养殖，侵犯了某某村委会的海域使用权。

某某村委会请求王某停止侵害、限期搬离涉案海域并赔偿损失；王某反诉称，案涉海域具有继续履行的条件，王某亦有履行合同的能力，应当继续履行涉案海域使用权租赁合同。

【裁判说理】

争议焦点：（1）王某是否存在侵权行为。（2）王某是否需要承担侵权责任。（3）王某承担侵权责任的方式。

青岛海事法院认为：

一、王某是否存在侵权行为

根据《海域使用管理法》第6条第1款、第23条第1款的规定，国家建立海域使用权登记制度，依法登记的海域使用权受法律保护；海域使用权人依法使用海域并获得收益的权利受法律保护，任何单位和个人不得侵犯。因此，在我国，任何单位或个人用海，都必须依法取得海域使用权，依法取得的海域使用权受法律保护，任何单位和个人不得侵犯。本案中，某某村委会所有的国海证编号为113××××30的海域使用权证书，于2019年4月9日到期；后某某村委会于2019年7月17日取得鲁（2019）文登区不动产权第00××××4号不动产权证书，对原不动产证书号113××××30、新国海证号2019D371××××××54的海域继续享有海域使用权，使用期限为2019年4月10日至2024年4月9日。在该使用期限内，某某村委会作为鲁（2019）文登区不动产权第00××××4号不动产权证书项下海域合法的海域使用权人，其权利受法律保护。

本案王某系2004年《某某镇某某村海域使用权转让协议书》的实际履行人，对于涉案海域的海域使用权使用期限，根据生效的（2017）鲁72民初1158号民事判决书以及（2018）鲁民终205号民事判决书，某某村委会与王某就国海证编号为113××××30证书［已变更为鲁（2019）文登区不动产权第00××××4号不动产权证书］项下的海域使用权转让继续履行至2019年4月9日。某某村委会作为上述海域使用权证书载明的海域使用权人，对涉案海域享有占有、使用、收益的权利，有权要求王某停止侵害，将涉案海域交还给其使用。因此，王某在2019年4月10日以后未经海域使用权人某某村委会同意，无权在涉案海域即鲁（2019）文登区不动产权第00××××4号不动产权证书项下的海域从事养殖活动。本案中，某某村委会依法取得涉案海域的使用权证后是涉案海域的合法使用权人，对涉案海域享有占有、使用、收益的权利，对涉案海域使用具有排他性。王某在2019年4月10日后继续在涉案海域进行养殖，其行为侵犯了某某村委会依法享有的海域的占有、使用的权利，构成侵权行为。

二、王某是否需要承担侵权责任

王某的养殖行为属于一般侵权行为，根据《侵权责任法》第6条第1款的规定，行为人因过错侵害他人民事权益，应当承担侵权责任。据此，王某是否需要承担侵权责任，应当以其是否存在主观过错为判定标准。本案中，某某村委会提供的证据证明某某村委会多次以通知方式告知王某停止在涉案海域的养殖行为，但王某依旧非法占用某某村委会享有海域使用权的海域进行养殖，因此，足以证明本案王某存在主观过错，侵犯了某某村委会的合法权益，王某应当承担相应的侵权责任。某某村委会有权要求王某立即停止侵害。

三、王某承担侵权责任的方式

1. 王某承担侵权责任的具体方式。某某村委会请求王某停止对鲁（2019）文登区不动产权第00××××4号不动产权证书项下的海域使用权继续占有使用、限期搬离，并且支付该证书项下的海域使用权自2019年4月10日至2020年1月10日的损失赔偿金、海域使用金等费用。对此，法院认为，根据《侵权责任法》第15条的规定，承担侵权责任的方式主要有：（1）停止侵害；（2）排除妨碍；（3）消除危险；（4）返还财产；（5）恢复原状；（6）赔偿损失；（7）赔礼道歉；（8）消除影响、恢复名誉。以上承担侵权责任的方式，可以单独适用，也可以合并适用。因此，某某村委会有权要求王某停止对鲁（2019）文登区不动产权第00××××4号不动产权证书项下的海域继续占有使用、限期搬离并赔偿损失。对王某主张涉案的海域使用权转让继续履行至2024年4月9日的反诉请求，法院不予支持。

2. 某某村委会主张的赔偿金额是否合理。关于某某村委会主张王某支付海域使用金的请求，根据《海域使用管理法》第3条的规定，海域属于国家所有，国务院代表国家行使海域所有权。任何单位或者个人不得侵占、买卖或者以其他形式非法转让海域。单位和个人使用海域，必须依法取得海域使用权。第33条规定，国家实行海域有偿使用制度。单位和个人使用海域，应当按照国务院的规定缴纳海域使用金。海域使用金应当按照国务院的规定上缴财政。对渔民使用海域从事养殖活动收取海域使用金的具体实施步骤和办法，由国务院另行规定。据此，缴纳海域使用金系海域使用权人的义务。本案中，某某村委会作为涉案海域登记的海域使用权人，其负有向相关政府部门依法缴纳海域使用金的义务，故某某村委会要求王某承担海域使用金的诉讼请求法院不予支持。

关于某某村委会主张的损失赔偿金，根据《侵权责任法》第19条的规定，侵害他人财产的，财产损失按照损失发生时的市场价格或者其他方式计算。本案中，某某村委会有关损失赔偿金的诉讼请求本质上系因王某非法占有使用某某村委会依法享有海域使用权的海域致使其无法正常经营使用该海域而产生的可得利益，即间接损失，属于正常情况下某某村委会实际可以得到的利益，属于客观的、实际的损失，王某应当进行赔偿。对于具体的赔偿金额，应当以损失发生时的市场价格为基本判断标准，对赔偿的范围坚持客观认定的标准。某某村委会主张根据价格鉴定评估报告“4000 元每亩每年”的标准，庭审中王某主张出资建设的涉案养殖设施，而某某村委会主张的评估价格过高。法院认为，某某村委会提交鉴定报告载明的“4000 元每亩每年”的标准，系根据其他海域（围海养殖池塘）使用费综合分析等所得出的结论，因涉案海域的地理特征与其他海域并不完全一致，其他海域的海域使用费并不能适用于涉案海域，亦不能作为本案损失赔偿计算的依据。根据《民事诉讼法》第 64 条第 1 款的规定，当事人对自己提出的主张，有责任提供证据。本案中，某某村委会提供的证据不足以证明主张的事实，应由负有举证责任的一方当事人即某某村委会承担对其不利的法律后果。关于损失赔偿金的计算，法院酌定按照 2004 年《某某镇某某村海域使用权转让协议书》海域使用转让价款每年 40 000 元的标准计算 9 个月损失赔偿金为 40 000 元 ×9 个月 ÷12 个月 =30 000 元。关于利息标准，自 2019 年 8 月 20 日起，中国人民银行已经授权全国银行间同业拆借中心于每月 20 日（遇节假日顺延）9 时 30 分公布贷款市场报价利率，中国人民银行贷款基准利率这一标准已经取消。因本案的利息跨越了 2019 年 8 月 20 日，应以该日期为时间节点，分别计算，故利息自 2019 年 4 月 10 日起至 2019 年 8 月 19 日按照中国人民银行同期同档次贷款基准利率计算，自 2019 年 8 月 20 日起至被告全部履行完毕之日止按照全国银行间同业拆借中心公布的贷款市场报价利率计算。

该案经山东省高级人民法院二审审理，维持一审判决。

【法官后语】

全面增强向海图强发展优势，努力建设海洋高质量发展战略要地，离不开海事司法保障。由于海洋经济的发展和对海洋的开发利用向纵深化发展，围绕用海产生的纠纷有日益扩大化的趋势。从理论上解决海域使用权的相关问题，对于审判实务中化解矛盾解决纠纷具有较大的现实意义。国家建立海域使用权登记制度，依法登记的海域使用权受法律保护。海域使用权人依法使用海域并获得收益的权利受法律保护，任何单位和个人不得侵犯。本案介绍了海域使用权的概念、特征及性质，对海域使用权与相关权利之间存在的冲突予以分析，并阐述有关海域使用权的法律保护问题，对于类案具有示范意义。

【相关法条】

1.《中华人民共和国海域使用管理法》（2002 年 1 月 1 日施行）

第三条 海域属于国家所有，国务院代表国家行使海域所有权。任何单位或者个人不得侵占、买卖或者以其他形式非法转让海域。

单位和个人使用海域，必须依法取得海域使用权。

第六条第一款 国家建立海域使用权登记制度，依法登记的海域使用权受法律保护。

第二十三条第一款 海域使用权人依法使用海域并获得收益的权利受法律保护，任何单位和个人不得侵犯。

第三十三条 国家实行海域有偿使用制度。

单位和个人使用海域，应当按照国务院的规定缴纳海域使用金。海域使用金应当按照国务院的规定上缴财政。

对渔民使用海域从事养殖活动收取海域使用金的具体实施步骤和办法，由国务院另行规定。

2.《中华人民共和国侵权责任法》（2021 年 1 月 1 日废止）

第六条第一款 行为人因过错侵害他人民事权益，应当承担侵权责任。

第十五条 承担侵权责任的方式主要有：

（一）停止侵害；

（二）排除妨碍；

（三）消除危险；

（四）返还财产；

（五）恢复原状；

（六）赔偿损失；

（七）赔礼道歉；

（八）消除影响、恢复名誉。

以上承担侵权责任的方式，可以单独适用，也可以合并适用。

第十九条 侵害他人财产的，财产损失按照损失发生时的市场价格或者其他方式计算。

对应新法：

《中华人民共和国民法典》（2021年1月1日施行）

第一千一百六十五条第一款 行为人因过错侵害他人民事权益造成损害的，应当承担侵权责任。

第一千一百六十七条 侵权行为危及他人人身、财产安全的，被侵权人有权请求侵权人承担停止侵害、排除妨碍、消除危险等侵权责任。

第一千一百八十四条 侵害他人财产的，财产损失按照损失发生时的市场价格或者其他合理方式计算。

3.《中华人民共和国民事诉讼法》（2017年6月27日修正）

第六十四条第一款 当事人对自己提出的主张，有责任提供证据。

对应新法：

《中华人民共和国民事诉讼法》（2023年9月1日修正）

第六十七条第一款 当事人对自己提出的主张，有责任提供证据。

承办人：孙　鹏

编写人：孙　鹏　孙学燕

33. 威海市某水产有限公司诉董某某海域使用权纠纷案

——海域使用权到期后的海域租赁协议效力认定

【合规提示】

本案系一起海域承包合同纠纷，原、被告为签订海域租赁协议书的双方当事人。根据《海域使用管理法》第26条的规定，海域使用权期限届满，海域使用权人需要继续使用海域的，应当至迟于期限届满前二个月向原批准用海的人民政府申请续期。准予续期的，海域使用权人应当依法缴纳续期的海域使用金。对于出租人而言，申请续期的，应当根据法律规定缴纳海域使用金。涉案海域使用权到期后，因政府规划原因没有延期，该事由并非导致双方海域租赁协议无效或无法履行的原因，更不能成为被告拒付租金的合法理由。对于承租人而言，未能按照约定履行全面支付合同租金义务的行为构成违约，应当承担继续履行、采取补救措施或者赔偿损失等违约责任。

【案件信息】

1. 裁判文书字号

（2020）鲁72民初1189号

2. 当事人

原告：威海市某水产有限公司

被告：董某某

3. 关键词

民事　海域使用权租赁　诚信原则　违约行为　违约责任承担

【裁判要旨】

涉案海域使用权到期后，因政府规划原因海域使用权证没有延期，该事由并非导致原、被告双方海域租赁协议无效或无法履行的原因，更不能成为被告拒付租金的合法理由。涉案海域仍由原海域使用权人继续使用，该海域在拆迁中视为合法有效传统养殖，并按相关拆迁标准补偿。原告、被告租赁协议依法成立并生效，被告未能按照约定履行全面支付合同租金的义务，其行为构成违约，应当承担继续履行、采取补救措施或者赔偿损失等违约责任。

【基本案情】

在原告威海市某水产有限公司与被告董某某渔业承包合同纠纷一案中，原告请求判令被告支付原告海区承包款107 800元及利息。被告董某某辩称，承包款不应该交纳，原告租赁协议上是承包，但没有承包金的数额及每年应上交的金额，被告也未认可每年应交纳金额。同时，原告办理海区的确权证至2014年12月31日止，此后原告无权对外发包，其无权向被告收取租金。

青岛海事法院查明如下事实如下：2007年7月1日、2013年7月1日，原告威海市某水产有限公司（甲方）与被告董某某（乙方）签订《租赁协议书》，甲方海带养殖区域租赁给乙方经营。2016年2月2日，被告董某某出具借条，内容为："今收到77 800元，借公司款急用，2016年内还清。"2018年3月5日，山东省威海经济技术开发区人民法院审理威海市某水产有限公司与董某某民间借贷纠纷一案，在开庭笔录中，被告董某某自认："77 800元欠条上次庭审说是借款，实际是租金，因为2013年欠17 800元，2014年3万元，2015年3万元，2016年不收租金……"

2019年5月13日，威海经济技术开发区农业经济发展局出具证明，内容为：威海市某水产有限公司原海域使用权证书10××××21（面积2358.73亩）于2014年12月31日到期，到期后市政府没有统一换发新证，仍由原海域使用权人继续使用。根据我区东部滨海新城海上拆迁政策，该宗海域在拆迁中视为合法有效传统养殖，并按相关拆迁标准补偿。2019年5月24日，原告向威海经济技术开发区农业经济发展局补缴地方海域使用金收入（养殖用海）188 698.80元。

【裁判说理】

争议焦点：（1）原告、被告之间的法律关系。（2）被告是否存在违约行为。（3）被告是否应当承担的违约责任。

青岛海事法院认为：原告与被告在2007年7月1日和2013年7月1日签订的《租赁协议书》系双方当事人真实意思表示，且威海经济技术开发区农业经济发展局出具的证明显示原告对涉案海域享有合法的海域使用权，涉案租赁协议不存在违反法律、法规强制性规定的情形，因此，该租赁协议依法成立并生效，原告、被告之间依法成立租赁合同法律关系。

原告主张被告欠付租金107 800元，对此，法院认为，根据庭审查明的事实，原、被告之间签订的租赁协议约定被告应当按期支付租金，实践中双方默认按年租金30 000元的标准支付。在实际履行过程中，有关租金的支付情况，根据借条内容及被告自认，截至2015年，被告欠付原告海域租金77 800元；而对于2015年至2016年的海域租金30 000元，原告主张被告应当支付，被告并未提供证据证明其已经支付租金的事实，法院认定被告欠付原告2015年至2016年海域租金30 000元，合计107 800元。本案中，因被告未能按照约定履行全面支付合同租金的义务，违反了《合同法》第60条的规定，其行为构成违约。

根据《合同法》第107条的规定，当事人一方不履行合同义务或者履行合同义务不符合约定的，应当承担继续履行、采取补救措施或者赔偿损失等违约责任。本案中，原告要求被告支付其欠付的租金 107 800 元，符合法律规定，法院予以支持。关于利息，法院认为，被告长期拖欠原告租金，客观上确实造成了原告的经济损失，对于原告的利息主张依法应当支持。根据中国人民银行的规定，自 2019 年 8 月 20 日起贷款利息的基本标准现已改为全国银行间同业拆借中心公布的贷款市场报价利率，故本案应适用上述规定分段确定相应的利息。关于利息起算日的确定，被告截至 2015 年拖欠的租金 77 800 元，根据欠条内容，付款期限为 2016 年年底，因此，该部分欠款的利息起算日应从 2017 年 1 月 1 日起计算；2016 年拖欠的租金 30 000 元，根据《租赁协议》的约定，付款期限为 2015 年 7 月 15 日前，因此，该部分欠款的利息起算日应从 2015 年 7 月 16 日起计算。综上，本案利息应以 77 800 元为基数，自 2017 年 1 月 1 日起至 2019 年 8 月 19 日止按照中国人民银行同期人民币流动资金贷款利率计算，自 2019 年 8 月 20 日起至被告实际付款之日止按照全国银行间同业拆借中心公布的贷款市场报价利率计算；以 30 000 元为基数，自 2015 年 7 月 16 日起至 2019 年 8 月 19 日止按照中国人民银行同期人民币流动资金贷款利率计算，自 2019 年 8 月 20 日起至被告实际付款之日止按照全国银行间同业拆借中心公布的贷款市场报价利率计算。

青岛海事法院以判决方式结案。

【法官后语】

本案涉及威海市相关征迁海域几千亩海域使用权人的合法权益问题。法官能够认识到化解该案矛盾的关键是切实考虑海域使用权人的切身利益，积极有效推进威海市政府滨海新城海上拆迁工作开展，落实解决他们的征迁赔偿问题。主动协调政府及相关涉海职能部门共同协商解决，及时掌控风险苗头、制定解决方案，该案的审理对相关征迁海域承包经营人起到了示范引领作用，同类案件均参考该判决的处理结果成功化解，及时消除潜在的社会矛盾和社会不稳定因素。

【相关法条】

1.《中华人民共和国合同法》（2021 年 1 月 1 日废止）

第六十条 当事人应当按照约定全面履行自己的义务。

当事人应当遵循诚实信用原则，根据合同的性质、目的和交易习惯履行通知、协助、保密等义务。

第一百零七条 当事人一方不履行合同义务或者履行合同义务不符合约定的，应当承担继续履行、采取补救措施或者赔偿损失等违约责任。

对应新法：

《中华人民共和国民法典》（2021年1月1日施行）

第五百零九条 当事人应当按照约定全面履行自己的义务。

当事人应当遵循诚信原则，根据合同的性质、目的和交易习惯履行通知、协助、保密等义务。

当事人在履行合同过程中，应当避免浪费资源、污染环境和破坏生态。

第五百七十七条 当事人一方不履行合同义务或者履行合同义务不符合约定的，应当承担继续履行、采取补救措施或者赔偿损失等违约责任。

2.**《中华人民共和国民事诉讼法》**（2017年6月27日修正）

第六十四条第一款 当事人对自己提出的主张，有责任提供证据。

对应新法：

《中华人民共和国民事诉讼法》（2023年9月1日修正）

第六十七条第一款 当事人对自己提出的主张，有责任提供证据。

承办人：孙　鹏

编写人：孙　鹏　孙学燕

34. 刘某诉闫某海洋开发利用纠纷案

——海域使用权转让协议的效力

【合规提示】

本案系一起海域使用权受让人诉海域使用权转让人的海洋开发利用纠纷案件。两者之间签订了《海域使用权转让协议》，但被告不愿履行该协议，而原告的诉讼请求也只是确认《海域使用权转让协议》合法有效。对于海域使用权受让人而言，签订海域使用权转让合同之前，应审查转让人对涉案海域是否拥有合法使用权，同时应保留合同、转账记录等相关证据。对于海域使用权转让人而言，应谨慎签订海域使用权转让合同，签订之后应按照合同的规定严格履行合同的义务，同时应注意留存合同、履行合同的相关证据。

【案件信息】

1. 裁判文书字号

（2019）鲁72民初144号

2. 当事人

原告：刘某

被告：闫某

3. 关键词

民事　海域使用权　转让协议　合同效力

【裁判要旨】

应根据《民法典》及《最高人民法院关于适用〈中华人民共和国民法典〉合同编通则若干问题的解释》的相关规定，对当事人之间合同的效力进行综合认定，考量的因素包括合同的签订是否系当事人真实意思表示，合同的内容是否违反法律、行政法规的强制性规定以及是否违背公序良俗等。

【基本案情】

2016年2月24日，原告与被告签订海域使用权转让协议。该协议约定：被告将自己位于小青岛南海域的40.073公顷海域（包含海域附属设施）一次性无偿转让给原告；被告确保该宗海转让前无任何纠纷和违法行为，海域使用金按时缴纳；被告负责提供相关资料并配合原告办理相关海域使用权转让手续和证件；被告积极帮助原告解决有关海域使用权转让办理事宜，该宗40.073公顷海域转让后使用权由原告享有。同时，协议“一、基本情况说明”“三、其他事宜”载明：……该海域自取得海域使用权以来，一直由甲方（被告）和乙方（原告）共同出资经营，现因经营需要，拟各自单独使用海区。因此，甲方拟向乙方转让部分海区，特此说明……本协议经双方签字盖章后生效。

该海域使用权证书编号为国海证2014D371××××××38，海域使用权人为被告，用海类型为开放式养殖用海，宗海面积80.145公顷，登记机关为乳山市海洋与渔业局。

原告提出诉讼请求：确认原告、被告双方签订的《海域使用权转让协议》合法有效。事实和理由：原告、被告双方共同经营威海市小青岛南海域。因经营需要，原、被告双方决定分开经营，故于2016年2月24日签订了一份《海域使用权转让协议》，该协议约定涉案海域使用权无偿转让给原告40.073公顷，被告负责提供资料并积极帮助原告办理相关海域使用权转让手续和证件等。合同签订后，原告已经向被告支付了变更证件手续费用，且共同向行政机关递交了变更申请，但被告一直拖延后续的办证事宜。

被告辩称，涉案海域使用权归其所有，其想转让就转让，不想转让就不转让。当初签协议的时候想转让给原告，但是现在不想转让了。并且，这些年涉案海域使用费都是由其缴纳，原告并未缴纳过，水产局都有凭证。

【裁判说理】

争议焦点：原、被告之间签订的《海域使用权转让协议》是否合法有效。

青岛海事法院认为：本案系海洋开发利用纠纷。根据《海域使用管理法》第27条第2款的规定，海域使用权可以依法转让，本案中，原、被告签订的《海域使用权转让协议》系双方真实意思表示，且不存在违反法律、行政法规强制性规定的情形，是依法成立的合同，受法律保护，对当事人具有法律约束力，被告作为涉案海域的海域使用权人亦有权依法转让该海域使用权。青岛海事法院于2019年3月18日作出民事判决，原告与被告2016年2月24日签订的海域使用权转让协议合法有效。

【法官后语】

本案系一起因海域使用权的转让而引发的纠纷，原告要求确认其与被告之间的《海域使用权转让协议》合法有效。相较于案件审理时的法律规定，《民法典》对于民事法律行为效力的规定已经作出了修改。

根据《民法典》第502条第1款的规定，依法成立的合同，自成立时生效。而具体到审查合同是否合法有效时，应根据《民法典》第146条第1款

"行为人与相对人以虚假的意思表示实施的民事法律行为无效"和第153条"违反法律、行政法规的强制性规定的民事法律行为无效。但是，该强制性规定不导致该民事法律行为无效的除外。违背公序良俗的民事法律行为无效"的相关规定来处理。同时，《最高人民法院关于适用〈中华人民共和国民法典〉合同编通则若干问题的解释》第16条、第17条对合同是否违反《民法典》第153条的规定作了进一步的细化。

本案中，涉及海域使用权的转让问题，根据《民法典》第153条的规定，应查询我国法律、行政法规的强制性规定中有无禁止海域使用权转让的相关规定。根据《海域使用管理法》第27条第2款规定的"海域使用权可以依法转让……"原、被告签订的《海域使用权转让协议》系双方真实意思表示，且不存在违反法律、行政法规强制性规定的情形，依法成立的合同，受法律保护，对当事人具有法律约束力。因此，原、被告签订的海域使用权转让协议合法有效。

【相关法条】

1.《中华人民共和国合同法》（2021年1月1日废止）

第四十四条 依法成立的合同，自成立时生效。

法律、行政法规规定应当办理批准、登记等手续生效的，依照其规定。

对应新法：

《中华人民共和国民法典》（2021年1月1日施行）

第五百零二条 依法成立的合同，自成立时生效，但是法律另有规定或者当事人另有约定的除外。

依照法律、行政法规的规定，合同应当办理批准等手续的，依照其规定。未办理批准等手续影响合同生效的，不影响合同中履行报批等义务条款以及相关条款的效力。应当办理申请批准等手续的当事人未履行义务的，对方可以请求其承担违反该义务的责任。

依照法律、行政法规的规定，合同的变更、转让、解除等情形应当办理批准等手续的，适用前款规定。

2.《中华人民共和国海域使用管理法》（2002年1月1日施行）

第二十七条 因企业合并、分立或者与他人合资、合作经营，变更海域使用权人的，需经原批准用海的人民政府批准。

海域使用权可以依法转让。海域使用权转让的具体办法，由国务院规定。

海域使用权可以依法继承。

承办人：孙　鹏

编写人：庄雪莉

35. 李某山诉李某洲海域使用权纠纷案

——侵权责任的认定应以当事人享有合法物权为前提

【合规提示】

本案是一起海上、通海水域财产损害责任纠纷案。案件的审理重点在于侵权责任的认定应以当事人享有合法物权为前提。因此，双方的争议焦点在于原告对其所主张的滩涂是否享有合法物权。在确定滩涂等不动产物权的归属时，可以通过现场勘验、赴海事主管机关落实权属、到边防派出所核实相应情况等方式。

【案件信息】

1. 裁判文书字号

（2017）鲁72民初1712号

2. 当事人

原告：李某山

被告：李某洲

3. 关键词

民事　海域使用权　侵权责任　滩涂　物权　举证责任

【裁判要旨】

判定被告是否应承担侵权责任的前提是原告对其主张的滩涂享有合法物

权。在原告未提交证据证明其对涉案滩涂享有合法物权的情况下，应由负有举证证明责任的原告承担相应不利后果。

【基本案情】

1999年，原告李某山、被告李某洲和案外人李某平分别与海阳市某镇某村委签订滩涂承包合同，约定村委会将其所属的滩涂划界分别承包给上述三人，三人承包区域相邻，承包期限二十年至三十年。此后，李某山因与李某平滩涂边界产生争议，以财产权属纠纷为由，于2008年在海阳市人民法院提起诉讼。该纠纷经海阳市人民法院一审、烟台市中级人民法院二审、山东省高级人民法院提审、海阳市人民法院重审、烟台市中级人民法院再审，最终于2013年，以李某山未能举证证明李某平侵占其承包经营的滩涂为由驳回李某山的诉讼请求。2017年10月10日，李某山又以李某洲侵占其承包经营的滩涂为由向青岛海事法院提起诉讼。在庭审过程中，双方均出示滩涂承包合同，以证明其承包经营的滩涂边界。在要求李某山提供滩涂使用权证书时，李某山未能提交相应权属证书来证明其权利合法性，但其主张涉案滩涂所有权属村集体所有。但是，李某山对滩涂所有权属村集体所有一事亦未提交证据予以证明。

原告诉称：被告无故侵占原告的部分滩涂，请求判令被告停止侵占，返还被侵占的滩涂并赔偿损失。

被告辩称：原告不具备诉讼主体，没有诉权。本案原告起诉所称的争议滩涂并不是原告承包的滩涂，而是另有其人。

【裁判说理】

争议焦点：原告李某山对其所主张的滩涂是否享有合法物权。

青岛海事法院认为：《侵权责任法》第1条规定："为保护民事主体的合法权益，明确侵权责任，预防并制裁侵权行为，促进社会和谐稳定，制定本法。"故，评判被告李某洲是否承担侵权责任及责任大小，应从原告李某山对其主张的物权是否享有合法权益、被告李某洲是否实施了侵权行为及相应损害结果等方面予以认定。

本案中，原告以其与村委会签订的滩涂承包合同主张对涉案滩涂享有合法的用益物权。根据《物权法》第9条、第10条、第17条、第48条的规定，滩涂属于不动产，除法律规定属于集体所有的情况外，均属于国家所有；关于滩涂物权的设立、变更、转让和消灭，须经依法登记，始发生效力，未经登记，不发生效力；不动产权属证书是权利人享有该不动产物权的证明。本案中，原告虽主张涉案滩涂非国家所有而属于村集体所有，但未提交滩涂权属证书或养殖证来证明村委会对涉案滩涂享有合法的所有权或其本人对该滩涂享有合法的用益物权；亦未提交证据证明涉案滩涂属于《物权法》第9条第1款所规定的无须登记即发生效力的特殊情形；故，不能认定原告对涉案滩涂享有合法物权，应由负有举证证明责任的原告承担相应不利后果。

青岛海事法院以判决方式结案。

【法官后语】

农村是当前我国法治建设相对薄弱的领域，作为村民自治组织的村民委员会和村民个人在法律思维和依法办事方面还存在不足。本案中，当事人对《物权法》《海域使用管理法》等法律关于滩涂作为不动产物权的归属存在认识盲区，认为“祖祖辈辈传下来的就是自己的”，而没有站在法律的视角下对全民所有、集体所有、个人所有的物权关系进行清晰的划分。这也是近年来农村产权纠纷层出不穷的根源所在。

在通过裁判文书发挥法律规范行为导向作用的同时，也要顾及村民的文化水平和接受能力，要通过不断地法律释明和思想疏导，让其思想认识向法律思维靠拢，在法律允许的范围内尽可能地满足其合理诉求，包括进行现场勘验、赴海事主管机关落实滩涂权属、到边防派出所核实相应情况，避免当事人将其败诉的原因归咎于其臆想的司法不公，也避免案件因说理不明而导致上诉、重审情况的发生，做到案结事了。

【相关法条】

1.《中华人民共和国民事诉讼法》（2023年9月1日修正）

第七十六条　经人民法院通知，证人应当出庭作证。有下列情形之一的，经人民法院许可，可以通过书面证言、视听传输技术或者视听资料等方式作证：

（一）因健康原因不能出庭的；

（二）因路途遥远，交通不便不能出庭的；

（三）因自然灾害等不可抗力不能出庭的；

（四）其他有正当理由不能出庭的。

2.《最高人民法院关于适用〈中华人民共和国民事诉讼法〉的解释》（2014年12月18日施行）

第九十条 当事人对自己提出的诉讼请求所依据的事实或者反驳对方诉讼请求所依据的事实，应当提供证据加以证明，但法律另有规定的除外。

在作出判决前，当事人未能提供证据或者证据不足以证明其事实主张的，由负有举证证明责任的当事人承担不利的后果。

对应新法：

《最高人民法院关于适用〈中华人民共和国民事诉讼法〉的解释》（2022年3月22日修正）

第九十条 当事人对自己提出的诉讼请求所依据的事实或者反驳对方诉讼请求所依据的事实，应当提供证据加以证明，但法律另有规定的除外。

在作出判决前，当事人未能提供证据或者证据不足以证明其事实主张的，由负有举证证明责任的当事人承担不利的后果。

承办人：秦　涛

编写人：秦　涛　原浩洋

36. 李某某诉烟台市牟平区某庄镇某村村民委员会海域使用权纠纷案

——滩涂合同无效的认定及相关的法律后果

【合规提示】

本案是一起海滩承包人诉村委会海滩承包合同纠纷的案件，双方对于村委会是否应赔偿海滩承包人的养殖损失产生了争议。本案所涉海滩，村委会未依照当地有关政府的规定取得海域使用权即对外发包，属于擅自使用海域的行为，其二者签订的海滩承包合同应属无效。合同无效的后果：一是合同当事人应相互返还因合同取得的财产；二是因过错造成损害的，还应当按照过错大小赔偿相应的损失。因此，对于出让人而言，其应按照法律规定对外承包标的物，并且要按照规定取得相应的手续。对于承包人而言，其应当持谨慎的态度，采取适当措施核实标的物是否可以对外承包。

【案件信息】

1. 裁判文书字号

（1999）青海法烟海商初字第 17 号

2. 当事人

原告：李某某

被告：烟台市牟平区某庄镇某村村民委员会

3. 关键词

民事　海域使用权　合同无效　返还财产　赔偿损失　过错

【裁判要旨】

合同因违反法律、行政法规的强制性规定而无效的，合同当事人应返还因合同取得的财产，同时，因过错造成损害的，还应当按照过错大小赔偿相应的损失。

【基本案情】

原、被告双方签订了《海滩承包合同》，合同上的日期为 1998 年 4 月 1 日。合同中约定，试验期承包金为 1000 元整。双方同时还约定，本合同在执行中如出现与国家法律、法规不符的，以国家法律、法规为准，合同自签字之日起生效。对该合同的内容，双方均无异议。1998 年 3 月 9 日，原告向被告交付了 1000 元的“承包海滩款”。合同签订后，原告即购置养殖物资。总费用支出额为 132 866.20 元。

1998 年 7 月中旬，烟台市牟平区海洋监察大队在检查海滩使用情况时认定原告养殖文蛤的海滩未取得“海域使用证”，属于非法养殖，限其五日内清除。原告未清除。1998 年 7 月 17 日至 19 日，原告养殖的文蛤，被当地数百人哄抢一空。养殖物资亦受到很大破坏。后原告将其残余物资进行处理，得款 1600 元。

原牟平县人民委员会曾于 1965 年至 1966 年向包括被告在内的 26 个沿海渔村发放过《海滩所有证》。1995 年 9 月 27 日，烟台市人民政府以第 54 号令，发布实施《烟台市海域使用管理暂行规定》。根据该暂行规定，“海域包括本市所有海区的水面、水体、海床、底土和高潮线以下的滩涂”；凡使用本市所辖海域的各事业单位、其他组织和个人，必须依照本规定取得海域使用权（第 4 条）；经人民政府批准后，由所属渔业海洋行政主管部门发放海域使用许可证，确认海域使用权（第 16 条）。根据该暂行规定第 33 条，未取得海域使用权擅自使用海域的，由主管部门予以制止、没收非法所得，并处罚款，同时限期拆除设施，逾期不拆除，由主管部门强行拆除，收归国有。1996 年 4 月 15 日，烟台市牟平区人民政府发布“烟牟政发（1996）32 号”文件《关于实施烟台市海域使用管理暂行管理规定中几个具体问题的意见》。该文件规定，“凡使用我区所辖海域的企事业单位、其他组织和个人，必须按照《烟台市海域使用管理暂行规定》重新取得海域使用权，牟平县人民委员会 1965 年、1966 年颁发的《海域所有证》予以废止”。被告承认发包海滩前和原告承包期间，未依照有关规定取得《海域使用证》。

原告诉称：1998 年 3 月 9 日，原告、被告双方在被告处签订了《海滩承包合同》，被告将其所属海滩发包给原告，承包期为 10 年。合同签订后，原告向被告支付了 1000 元的承包金，并开始在海滩上投资养殖，共投资 136 161.20 元养殖文蛤。养殖数月后，该海滩被政府有关部门以未取得使用证为由，确认为非法使用，所养殖的文蛤被当地群众哄抢一空。故要求确认该海滩承包合同无效，返还承包金 1000 元，赔偿因合同无效给原告造成的损失 216 161.20 元。

被告辩称：同意原告海滩承包合同无效、返还承包金的诉讼请求，但不同意因合同无效而提出的其他诉讼请求。被告认为，合同签订的日期既不是 1998 年 3 月 9 日，也不是合同中打印的日期 1998 年 4 月 1 日，而是 1998 年 4 月 5 日，合同签订前，被告曾要求原告到有关部门了解当地是否可养文蛤，原告未核实，合同无效的原因在原告；原告购买的文蛤为朝鲜文蛤，应提供合法进口手续；群众哄抢属于违法犯罪行为，应另行提起刑事诉讼，与被告无关。

【裁判说理】

争议焦点：（1）合同签订的日期。（2）承包合同是否无效及无效责任。（3）原告购买文蛤苗的合法性。（4）原告损失数额。（5）哄抢损失的责任。

青岛海事法院经审理认为：合同打印的日期是“1998年4月1日”，原告、被告在合同上盖章时均未注明各自主张的签订日期，合同上打印的日期应当视为合同的签订日期。原告、被告主张合同的签订日期不是打印日期，证据不足，不予支持。

海滩的发包与承包应以发包人对海滩拥有合法使用权为前提。本案所涉海滩，属于烟台市政府规定的“海域范围”，被告未依照当地有关政府的规定取得海域使用权即对外发包，属于擅自使用海域的行为，其签订的合同应属无效，被告已收取的承包金，依法应予返还。被告对海滩无使用权却向原告发包，是造成本案所涉合同无效的主要原因，对合同无效应承担主要责任；原告在签订合同前未调查核实被告是否拥有海域使用权，缺乏应有的谨慎，也存在过错，应承担相应的责任。

原告购买朝鲜文蛤苗，其产地可能在朝鲜，但原告购买的地点是在国内，卖方亦为中国公民，应视为国内贸易。被告主张原告购买的系走私产品，未提供任何证据，法院不予支持。

原告所称投资，其中125 956.20元，有支出凭证，且能证明其用途，支出的数额尚属合理，应予认定。但其提供的6910.30元餐费支出凭证，不能证明其用途、支出的时间，且不属于养殖直接投资，不予认定。原告的投资损失应扣除已回收物资的残余价值即1600元。对原告的养殖增值损失8万元，因签订的承包合同违法，且原告未在政府有关部门规定的期限内采收养殖品，故其养殖增值损失不应予以保护。

原告的养殖，被政府有关部门视为非法并责令限期拆除，最后导致被群众哄抢，该后果的产生与原告、被告签订的无效合同密切相关，因此，双方应根据签订该无效合同的过错程度对原告养殖直接投资损失承担相应的责任。

青岛海事法院于1999年6月7日作出民事判决，判令原、被告之间的合同无效，被告返还承包金并赔偿原告直接投资损失87 049.22元。

【法官后语】

在民法理论上，根据欠缺不同生效要件的合同对当事人之间关系及社会公共利益的影响程度，一般将合同分为三种类型：无效合同、可撤销合同及效力待定合同。至于何种情况下构成合同无效、可撤销或效力待定，各国立法例规定均有所不同。但凡欠缺合法性这一要件的合同，各国均无一例外地使之归于无效，我国《民法典》(在本案中适用的是《经济合同法》) 也作了类似的规定。被告未依照当地政府的有关规定取得案涉海域使用权就对外发包，因此，原、被告之间的合同因违反了有关行政法规的禁止性规定而欠缺合法性要件，应属无效合同。

无效合同自始不发生法律效力，即不发生合同当事人所追求的法律效果。合同被确定无效后，当事人之间原有的所谓合同关系立即消失，合同未履行的，不得再履行，已经履行的，立即停止。合同无效的法律后果，按照《民法典》的规定，一是因该合同取得的财产予以返还，不能返还或者没有必要返还的，应当折价补偿；二是因过错造成损害的，应当赔偿损失。

在本案中，被告依据承包合同而取得的承包金 1000 元应返还到合同订立前的状况，此返还不适用过错责任原则。合同无效的另一个法律后果是赔偿损失，我国《民法典》第 157 条第 1 款规定："民事法律行为无效、被撤销或者确定不发生效力后……各方都有过错的，应当各自承担相应的责任。"对于双方都有过错的，适用过错相抵原则，合同双方应当按照责任的主次、轻重，分别承担损失中与其过错程度相适应的份额，具体需要考虑双方过错与损失之间的因果关系、双方过错的性质及程度等因素。被告作为发包人对于海滩的发包应以其对海滩拥有合法使用权为前提，而被告未依照有关规定取得海滩使用权就对外发包，属于擅自使用海域的行为，其过错与原告的损失有着直接的因果关系。原告在签订合同时未调查核实被告是否拥有海域使用权，缺乏应有的谨慎，其过错性质为过失，但较被告方的过错程度来说，应负的责任要小得多。对于原告所遭受的损失来说，被告的过错为主要原因，自身的过失为次要原因，很明显，被告的责任要远远大于原告应承担的责任。

本案能否支持原告的可期待利益损失，这个问题也值得探讨。因合同无效而产生的损失赔偿责任，其根据既不在于侵权行为，也不在于违约行为，有学者认为是在于缔约过失行为，即合同无效责任为缔约过失责任。根据民法理论，缔约过失责任与违约责任以民事法律行为生效时点为界，前者赔偿信赖利益损失，后者赔偿履行利益损失。违约责任的履行利益损失赔偿请求范围包括可期待利益损失，这一点无争议。《民法典》第584条认为，违约损失赔偿额应当相当于因违约所造成的损失，包括合同履行后可以获得的利益。可见，可期待利益是包含在履行利益范围之内。但一般来说，缔约过失责任的损害赔偿是不包括可期待利益损失的，合同无效的损害赔偿亦不应包括可期待利益损失。其原因在于，可期待利益只有在合同完全履行后才可能产生，无效合同属自始无效，不存在完全履行的可能，可期待利益也就无从产生。

【相关法条】

《中华人民共和国民法通则》（2021年1月1日废止）

第六十一条 民事行为被确认为无效或者被撤销后，当事人因该行为取得的财产，应当返还给受损失的一方。有过错的一方应当赔偿对方因此所受的损失，双方都有过错的，应当各自承担相应的责任。

双方恶意串通，实施民事行为损害国家的、集体的或者第三人的利益的，应当追缴双方取得的财产，收归国家、集体所有或者返还第三人。

对应新法：

《中华人民共和国民法典》（2021年1月1日施行）

第一百五十七条 民事法律行为无效、被撤销或者确定不发生效力后，行为人因该行为取得的财产，应当予以返还；不能返还或者没有必要返还的，应当折价补偿。有过错的一方应当赔偿对方由此所受到的损失；各方都有过错的，应当各自承担相应的责任。法律另有规定的，依照其规定。

承办人：黄永申

编写人：庄雪莉　王晓斐

37. 王某基、蓬莱市某养殖试验场诉蓬莱市某镇某村村委海域使用权纠纷案

——合同主要条款的解释及其对合同效力的影响

【合规提示】

本案系一起海区承包合同纠纷。因对承包界限条款理解不一致，导致当事人对合同其他条款产生争议，从海区承包合同长期性和海上生产的安全有序性出发，并不必然导致合同无效。双方当事人可根据实际承包海域范围对承包费金额适当调整以达到双方利益最大化。作为发包方而言，应对发包海域四至范围、权属争议等情况进行全面了解，并本着诚信原则与承包方签订海域承包合同，对承包费计算标准、承包海域面积、合同条款效力等作出明确约定。作为承包方而言，可根据承包合同范围与实际承包海域范围之间的面积差额有权主张适当酌减承包费用。

【案件信息】

1. 裁判文书字号

（1998）青海法海商初字第141号、（1999）鲁经终字第104号

2. 当事人

原告：王某基、蓬莱市某养殖试验场

被告：蓬莱市某镇某村村委

3. 关键词

民事　海域使用权承包　竞价　合同条款　合同解释

【裁判要旨】

1. 当事人对合同主要条款理解不一致是否影响整个合同的效力。在本案中，原告、被告双方对合同主要条款之一的承包海区界限条款理解不一致，导致双方当事人对合同其他条款产生异议，此种情况下，法院可以对合同主

要条款进行解释，不是必然认定合同无效。

2. 关于合同解释的原则，应以有利于双方当事人且不损害国家、社会及他人利益为原则对合同条款作出解释。在本案中，法院从海区承包的长期性及海上生产的安全有序性出发，将双方争执的合同界限确定至被告确认的大黑江（附近海域最高的礁石）并相应地降低直接影响原告权益的承包金数额，从而使合同既有可操作性，又能公平保护当事人的权利。

【基本案情】

1996 年 12 月 25 日，被告蓬莱市某镇某村村委（以下简称某村委）将其所辖海区以竞价的方式对村内、外单位、个人进行发包。两原告作为合伙人与该村村民王某乃、王某森参加了竞价。竞价前，被告将草拟的海区承包合同分发给参加竞价的三人，在三人对合同内容均无异议后，被告确定从每年承包费 30 万元起开始竞价。经过几番叫价，两原告以每年 55 万元承包费、3 万元特产税的最高价取得该海区的海产养殖承包权。随后，两原告与被告正式签订《沿海滩涂承包合同》，合同约定：被告将其南至衙前、北至大黑江的海域发包给两原告进行海产养殖，大黑江以北区域归被告管理使用；承包期限十年，自 1997 年 1 月 1 日起至 2006 年 12 月 31 日止；原告应于每年 1 月 5 日前交付当年承包费、特产税，若未按规定交齐，则被告有权收回海域另行发包。竞价前及合同签订后，原告、被告双方均未到承包海域现场指认具体的承包界限。1997 年 2 月，两原告与邻村承包户就海区界限发生争议。原告认为承包合同中所指的“大黑江”是指一片黑色礁石，被告认为“大黑江”是指附近海域最高的一块礁石。经查，两处“大黑江”之间的距离为 190 米，该区域是海参的主要出产地之一，海头村与邻村就该区域的权属一直存在争议。

关于“大黑江”的名称，有关地名主管机关未进行过登记，在海图上也无标识。该名称只是解某镇当地人俗称，在某村，大多数人认为大黑江指的是一片黑色礁石区；邻村及某村的部分人认为大黑江指的是附近海域最高的一块礁石（某村有人称为大顶）。

1998 年 6 月 9 日，原告以承包海区界限不明，承包区域被邻村强占；承包海区的南端受电镀厂污染严重，导致海产品大量死亡；承包底价及承包费均过高，严重脱离实际三条理由，诉至青岛海事法院，请求法院确认原告承包的海区范围，将原告每年的承包费下调至 17 万元，并判令被告赔偿因缩小海区范围造成的直接经济损失人民币 8 万元。

被告认为，原告与被告所签订的合同，海区明确，合同之所以将承包区域的北至确定为大黑江，主要是因为：（1）大黑江是附近海域最高的礁石，具有标志性，不易产生歧义；（2）大黑江以北至黑色礁岩区与邻村一直存在争议，为避免争执，故注明大黑江以北归村里管理。关于电镀厂的污染问题，被告认为电镀厂在该村已存在 20 年，原告在承包前已知道污染存在，且该污染物经蓬莱市环境监测站检验，未超过国家允许的浓度，因此无权以此要求降低承包金。至于承包金数额是原告在竞价时依据自己的情况叫价的。若村委随意降低承包金数额，则对其他竞价人来说有失公平。

【裁判说理】

争议焦点："大黑江"的具体位置，以及因此产生的当事双方对承包合同主要条款理解不一致导致的合同效力问题。本案中，原告、被告双方对合同主要条款之一的承包海区界限条款理解不一致，而在当地，无论是行政主管机关还是人民群众均不能对"大黑江"一地作出明确的界定，对承包海区界限的重新确定，必然导致双方当事人对合同其他条款（如承包金条款）产生争议，此种情况下，是否应以当事人对合同主要条款未达成一致意见而认定合同无效？

青岛海事法院认为：被告依据蓬莱市政府有关部门和某镇的有关规定将其所辖海区对外发包进行海产品养殖，符合法律规定。原告在自愿的基础上通过竞价取得承包权是双方意思表示一致的结果。对承包海域的范围，原告理解为包括大顶以北黑礁石区域有一定根据，现因与邻村对使用权发生争议，致原告认为的承包海域范围缩小，原告因此要求减少承包费数额的请求，应予部分支持，其应交承包费数额应予变更，合同其余部分原告、被告双方均应依约履行。

原告王某基不服青岛海事法院的判决，提起上诉。山东省高级人民法院驳回上诉，维持原判。

【法官后语】

当事人对承包合同的条款理解不一致，法院应作何解释，是否以此为据否定整个合同的效力？本案中，原告通过公开竞价的方式取得海区承包权后，以海区界限不明、承包费过高为由，请求法院对合同予以变更。在《合同法》颁布以前，我国法律并未对合同解释作明确规定。但是，从《民法通则》的基本原则来看，法院在处理此类案件时，应以有利于双方当事人且不损害国家、社会及他人利益为原则，对合同条款作出解释。对于该案，原告、被告双方在签订合同后已实际履行一年半，而原告、被告所争执的两处“大黑江”之间的区域一直与邻村存在争议，在此种情况下，法院从海区承包的长期性及海上生产的安全有序性出发，将双方争执的合同界限确定至被告确认的大黑江（附近海域最高的礁石）；由于合同条款不确定是因原、被告双方共同过错导致，法院依诚信原则对合同条款予以解释，并对合同继续履行作适当调整，相应地降低直接影响原告权益的承包金数额，从而使合同既有可操作性，又能公平保护当事人的权利。

【相关法条】

1.《中华人民共和国民法通则》（2021年1月1日废止）

第八十五条 合同是当事人之间设立、变更、终止民事关系的协议。依法成立的合同，受法律保护。

对应新法：

《中华人民共和国民法典》（2021年1月1日施行）

第一百一十九条 依法成立的合同，对当事人具有法律约束力。

第四百六十四条第一款 合同是民事主体之间设立、变更、终止民事法律关系的协议。

2.《中华人民共和国经济合同法》（1999年10月1日废止）

第九条 当事人双方依法就经济合同的主要条款经过协商一致，经济合同就成立。

第二十六条 凡发生下列情况之一者，允许变更或解除经济合同：

一、当事人双方经协商同意，并且不因此损害国家利益和社会公共利益；

二、由于不可抗力致使经济合同的全部义务不能履行；

三、由于另一方在合同约定的期限内没有履行合同。

属于前款第二项或第三项规定的情况的，当事人一方有权通知另一方解除合同。因变更或解除经济合同使一方遭受损失的，除依法可以免除责任的以外，应由责任方负责赔偿。

当事人一方发生合并、分立时，由变更后的当事人承担或分别承担履行合同的义务和享受应有的权利。

对应新法：

《中华人民共和国民法典》（2021 年 1 月 1 日施行）

第五百四十三条　当事人协商一致，可以变更合同。

第五百六十二条　当事人协商一致，可以解除合同。

当事人可以约定一方解除合同的事由。解除合同的事由发生时，解除权人可以解除合同。

第五百六十三条　有下列情形之一的，当事人可以解除合同：

（一）因不可抗力致使不能实现合同目的；

（二）在履行期限届满前，当事人一方明确表示或者以自己的行为表明不履行主要债务；

（三）当事人一方迟延履行主要债务，经催告后在合理期限内仍未履行；

（四）当事人一方迟延履行债务或者有其他违约行为致使不能实现合同目的；

（五）法律规定的其他情形。

以持续履行的债务为内容的不定期合同，当事人可以随时解除合同，但是应当在合理期限之前通知对方。

承办人：张先立

编写人：张先立　毕德强

海域抵押

38. 中国某资产管理股份有限公司广西壮族自治区分公司诉青岛某水产品有限公司、山东某海洋产业股份有限公司等金融借款合同纠纷案

——第三人承诺在借款未获清偿时收购案涉抵押物和质押物成立“非典型保证”及其责任的认定

【合规提示】

本案案涉借款合同存在多个有效担保，既有债务人物的抵押担保，又有债务人之股东股权质押担保，还有股东的连带责任保证，案外人所出具的承诺函具备何种性质是本案的关键所在。对于担保人而言，其出具的《承诺函》的性质认定，应结合约定的收购价格、条件、标的物、支付方式和真实意思表示等因素综合予以考虑，从而认定担保人是否承担责任。当企业对外出具担保时，应谨慎审查把握，准确理解应承担的担保责任，基于符合企业利益和合规经营的考虑决定是否出具担保，以及担保的具体实现形式，对担保后产生的后果应有所预期。银行作为专门从事金融服务的商业机构，在金融领域尤其是金融借款经营活动中处于优势地位，具有更多的专业知识，拥有较强的缔约能力，具备明晰各方法律关系、权利义务的能力，理应在审核授信时更有专业经验。在接受案涉《承诺函》且约定的权利义务不明确，甚至名义义务与实质义务不一致的情况下，银行应承担约定不明、法院进行不利解释的后果。

【案件信息】

1. 裁判文书字号

（2020）鲁72民初2175号

2. 当事人

原告：中国某资产管理股份有限公司广西壮族自治区分公司

被告：青岛某水产品有限公司、山东某海洋产业股份有限公司、丁某、韩某、吕某、彭某、孙某某

3. 关键词

民事　借款合同　非典型保证　增信措施　差额补足　补充赔偿责任

【裁判要旨】

1. 金融借款合同法律关系中，案外人向银行出具《远期收购承诺函》（以下简称《承诺函》），承诺在借款人未按约履行偿还贷款本息义务时，其将以不低于未获清偿借款本息的价格收购案涉借款合同之抵押物或质押物，收购资金支付至借款人或保证人在某银行开立的还款专户。原告依据该《承诺函》，诉请第三人因成立债务加入而承担共同还款责任。对该《承诺函》性质的认定：一是考虑约定的收购价格、条件、标的物和支付方式等，判断第三人并未有债务加入的意思表示，其义务从属于主债权债务，系对未获清偿本息差额补足；二是探究第三人真实意思表示，"收购"仅是外观，实质系提高抵押物和质押物变现能力，扩张责任财产，具有担保的实质功能，其性质应认定为"非典型担保"中的"非典型保证"，依据《最高人民法院关于适用〈中华人民共和国民法典〉有关担保制度的解释》（以下简称《民法典担保制度解释》）第36条第4款，第三人应承担责任。

2. 在认定第三人应承担责任范围时，除对《承诺函》进行文义分析外，还应着重考虑以下几个因素：一是出借人银行在处于优势地位且丰富经验前提下，仍选择接受《承诺函》，应承担对其不利的后果。二是案涉借款合同中，已存在借款人物的抵押担保，借款人之股东股权质押担保和股东连带保证责任。三是便于法院执行。在衡平出借人与第三人利益的基础上，认定第三人应承担补充赔偿责任，即对主债务人、抵押人、出质人、保证人均不能清偿的部分承担补充赔偿责任。

【基本案情】

2013年11月15日，中国某银行股份有限公司青岛分行（以下简称某银行）与青岛某水产品有限公司（以下简称某水产品公司）签订《固定资产贷款借款合同》，某水产品公司以其两处海域使用权抵押，彭某、吕某两股东就公司股权设定质押，二人又分别签订《担保合同》承担连带责任保证。同日，山东某海洋产业股份有限公司（以下简称某海洋公司）向银行出具《远期收购承诺函》，承诺在某水产品公司未按约履行偿还贷款本息义务时，其将以不低于未获清偿借款本息的价格收购抵押的海域使用权或质押的股权，收购资金于触发收购条件后十个工作日内支付至某水产品公司/股东在某银行开立的还款账户。一并附上法定代表人和董事签字、加盖公章的董事会决议。其后，某银行先后两次共发放贷款1.8亿元。某公司到期违约未足额还款。2019年8月，某银行将本案所涉债权及全部从权利转让给中国某资产管理股份有限公司广西壮族自治区分公司（以下简称某资产管理公司），两者共同发布《债权转让暨债务催收联合公告》，公告清单记载有案涉《承诺函》。某资产管理公司受让案涉债权，基于债权及其上设立的担保，诉请某水产品公司偿还贷款本金及利息，对某水产品公司的海域使用权享有抵押权，对股东持有的股权享有质押权，股东承担保证责任，某海洋公司基于《承诺函》对水产品公司的上述债务承担共同还款责任。

被告某海洋公司辩称，原告请求某海洋公司对某水产品公司债务承担“共同偿还责任”没有事实和法律依据。首先，某海洋公司不是共同借款人。其次，《承诺函》没有债务加入或保证的意思。（1）无“保证”及“债务加入”的措辞。（2）《承诺函》因交易一方主体缺失、交易价款的不明确、转让标的的特殊性，并非一份成立生效的买卖合同。（3）其实质系对案涉借款的增信措施，不具有法律约束力。一是截至2020年7月某银行从未向某海洋公司主张收购或还款责任，其权利成立也已超过诉讼时效或保证责任期间；二是某海洋公司作为拟上市股份有限公司，对于对外提供担保等任何承担责任或对公司产生重大影响决定均需股东大会决定，出具《承诺函》仅附董事会决议，且某银行未要求某海洋公司提供公司章程。（4）本案情形非信托业务中的承诺回购金融产品，不具备从属性也不属于主债务人，不属于保证责任。（5）根据合同相对性原则，某银行未经某海洋公司同意转让债权后，此种责任某海洋公司也不再对债权受让方某资产管理公司承担。（6）从因果关系来看，某海洋公司未依照《承诺函》进行收购，不必然导致某银行遭受经济损失。即使法院最终认定某海洋公司对某资产管理公司承担保证责任，也应待某资产管理公司从债务人、抵押质押财产及保证人受偿不能时再向其海洋公司主张。

【裁判说理】

争议焦点：某海洋公司的责任认定。

青岛海事法院认为：

一、案涉担保函性质的认定

（1）关于收购价格，对于涉案如此大宗的收购行为并没有明确具体价格，而是承诺以“不低于某银行未获清偿借款本息的收购价格”进行收购。（2）关于收购条件，“在发生某水产品公司未按约向某银行履行偿还贷款本息义务等情况时”触发收购行为。（3）关于收购标的物，系“某水产品公司抵押于某银行的海域使用权及其附属资产”和已经设定质押的“股东彭某、吕某、孙某某分别持有的某水产品公司合计100%的股权”，某海洋公司明知其不是一般意义上具有使用和交换价值的“正资产”，而是负有1.8亿元本金及利息抵押/质押责任的资产，对风险有充分预知。（4）关于支付方式，“收购资金于触发收购条件后十个工作日内直接支付至”在某银行开立的账户，某水产品公司和股东不能实际控制“收购资金”。综上所述，《承诺函》所涉的“收购”条件与“出卖方（海域使用权人）”的意思表示无关，“收购”价格与标的物无关，反而均取决于案涉主合同的履行情况，有明显的对欠付借款进行差额补足的意思表示，不能依据《承诺函》认定某海洋公司负有合同法意义上的“收购”义务。某海洋公司没有“加入债务”“共同还款”的意思表示，《承诺函》中也没有类似表述，某海洋公司所负的债务与主债务没有同一性，某资产管理公司关于某海洋公司成立债务加入的主张不成立。

《承诺函》系在“收购”的外观下，对未获清偿本息承担差额补足的义务，具有从属于主借款合同、保障主合同实现的性质，提高了借款抵押物和质押物的变现偿债能力，系某海洋公司向某银行提供的增信措施，具有担保案涉债权实现的作用。

本案涉及的法律事实发生在《民法典》施行前，当时的法律、司法解释没有规定而《民法典》有规定的，依照《最高人民法院关于适用〈中华人民共和国民法典〉时间效力的若干规定》第3条，应适用《民法典》的规定。依照《民法典担保制度解释》第36条规定，第三人某海洋公司向债权人某银行提供差额补足等类似承诺文件作为增信措施，具有提供担保的意思表示。某资产管理公司主张某海洋公司债务加入的请求不成立，某资产管理公司要求某海洋公司承担还款责任的意思表示是明确的，依据上述司法解释第36条第4款规定，某海洋公司应承担对欠付借款本息差额补足的担保义务。

二、案涉担保函效力的认定

某海洋公司提交了《董事会决议》，某银行尽到了形式审查义务，某海洋公司出具《承诺函》系其真实意思表示，内容不违反法律法规强制性规定，该《承诺函》合法有效，对某银行和某海洋公司具有法律约束力。

三、某银行和某海洋公司的责任认定

某银行作为专门从事金融服务的商业机构，在金融领域尤其是金融借款经营活动中处于优势地位，具有更多的专业知识，拥有较强的缔约能力，具备明晰各方法律关系、权利义务的能力，理应在审核授信时更有专业经验。其所接受的某海洋公司提供的《承诺函》约定的权利义务并不明确，甚至名义义务与实质义务并不一致，某银行应承担约定不明、法院进行不利解释的后果。为了明确各方当事人权利义务关系，便于案件执行，且平衡保护债权人与某海洋公司的权益，法院认定某海洋公司承担补充性赔偿责任，即对主债务人、抵押人、出质人、保证人均不能清偿的部分承担补充赔偿责任。

宣判后，各方当事人均未提出上诉，判决已发生法律效力。

【法官后语】

本案中，案涉借款合同存在多个有效担保，既有债务人物的抵押担保，又有债务人之股东股权质押担保，还有股东的连带责任保证。此时对第三人的《承诺函》性质如何认定，进而使第三人承担何种责任，不仅是本案的焦点，也是法律适用上的难点，具有较强的规范交易实践、指导审判的典型意义。

一、《承诺函》的性质为"非典型保证"

随着金融市场的活跃，此类第三人提供的增信措施，在实践中被大量使用，因其可以规避对于公司对外担保的各种限制和强制性规范，更加灵活多变，深受市场主体欢迎。长期以来，司法裁判中对第三人增信措施的性质认定和责任适用规则，没有统一的处理思路，个案中裁判标准差异较大。

针对这一热点问题和法律适用难点问题，近年来司法层面亦有所回应。《全国法院民商事审判工作会议纪要》第 91 条规定，“信托合同之外的当事人提供第三方差额补足、代为履行到期回购义务、流动性支持等类似承诺文件作为增信措施，其内容符合法律关于保证的规定的，人民法院应当认定当事人之间成立保证合同关系。其内容不符合法律关于保证的规定的，依据承诺文件的具体内容确定相应的权利义务关系，并根据案件事实情况确定相应的民事责任”。这一条款为实践中出现的形式多样的增信措施性质认定提供了必要思路，即首先考虑是否符合保证的构成要件。另外，“总体而言第三方增信文件均可以归入保证或债务加入，但由于实践情况复杂，本条如此规定为了保持开放性”①。其后，《民法典担保制度解释》第 36 条基本延续了以上思路，最高人民法院对第 36 条的解读是，第三人提供的差额补足、流动性支持等承诺文件，在法律性质上应根据其内容进行解释，区分为保证、债务加入和无名合同。与《全国法院民商事审判工作会议纪要》相比，增加了债务加入和保证存疑时“责任从轻”原则，对实践中较为常见的各种增信措施的法律性质认定问题进行了回应。②

案涉《承诺函》名为“远期收购承诺”，其内容为：在特定情形下（在借款人未按约履行偿还贷款本息义务时），以特定价款（不低于银行未获清偿借款本息的价格），收购特定标的物（案涉抵押物或质押物），价款支付也为特定方式（借款人、质押人 / 保证人在案涉银行开立的账户）。以上四个特定，均与原债权债务关系有密切联系，据此，该“收购”并非设立一个独立的买卖法律关系，第三人依据《承诺函》所负义务，相对于主债权债务关系明显具有从属性特性，价款的特定限制又体现出对主债权有差额补足的特性，即《承诺函》具有类似保障主债权实现的属性。第三人真实意思表示，本不在于设立一个买卖合同，而是在一个特定交易外观下，扩大责任财产，以担保主债务履行，促成借款合同达成。综上，《承诺函》系一种第三人提供的、有差

① 参见刘保玉、梁远高：《“增信措施”的担保定性及公司对外担保规则的适用》，载《法学论坛》2021 年第 2 期。

② 参见林文学等：《〈关于适用民法典有关担保制度的解释〉的理解与适用》，载《人民司法》2021 年第 4 期。

额补足意思的、非典型担保性质的增信措施。

从某种层面上讲，广义的增信措施，实质均为“担保”，因法律规范上的差异，分为典型担保和非典型担保。担保，又可区分为物保和人保。《承诺函》显然属于一种人的担保，即以自身信用作保，以提高出借人对于清偿的信心，从而促成借款合同实现；又因其表现为一个交易（安排）的外观，定性时可认定为新型的人保，有学者将其命名为“非典型保证”。

二、《民法典担保制度解释》第36条对“非典型保证”的适用

顾名思义，“非典型保证”，指近似于保证，而又不是保证。[①]成立“非典型保证”，首先应该具有保证的“特点”或“属性”。有学者如此总结：依照保证的从属性、补充性及以责任财产扩张来保障债权的切实实现性的标准，同时具有担保的实质功能，最终可能导致公司对外承担财产责任的，均可构成。[②]在司法实践中，有法官如此判断：具有提供担保的意思表示的，其性质为担保。是否具有提供担保的意思表示，要结合《民法典》第681条、第687条和第688条等来认定。[③]

案涉《承诺函》系第三人向债权人出具，当债务人不履行到期债务时，保证人以特定价款购买特定标的物，符合《民法典》第681条规定，在交易外观下具有担保的意思表示。

基于此，是否可以适用《民法典担保制度解释》第36条第1款规定，认定为保证，进而适用《民法典》有关保证的规定？笔者不可取。原因如下。

1.《民法典担保制度解释》第36条第1款规定：“……债权人请求第三人承担保证责任的，人民法院应当依照保证的有关规定处理。”本案中，债权人从始至终明确拒绝请求第三人承担保证责任（无论是一般保证还是连带保证），而是坚持主张其承担债务加入责任。从文义解释层面上，无法适用本条款。

2.从法律效果回看，假设成立保证，则应适用保证关于为保证人利益所

① 刘保玉、梁远高：《“增信措施”的担保定性及公司对外担保规则的适用》，载《法学论坛》2021年第2期。

② 刘保玉、梁远高：《“增信措施”的担保定性及公司对外担保规则的适用》，载《法学论坛》2021年第2期。

③ 杨永清：《〈新担保司法解释〉中有关保证合同的几个问题》，载《法律适用》2021年第2期。

专设的规则，如保证期间。《民法典》第692条规定，保证期间是确定保证人承担保证责任的期间，不发生中止、中断和延长，没有约定或约定不明的，保证期间为主债务履行期限届满之日起六个月。案涉《承诺函》并未约定收购“期间”，仅约定一旦出现触发收购条件，某海洋公司应履行收购义务。若认定为保证，会限缩某海洋公司承担责任时间。实践中，公司选择增信措施，往往随着规避对外担保的强制性规范、逃避监管之目的，此时如果再令第三人受益，相当于变相鼓励此种“不合规”之“暗保”，进而对金融秩序造成不利影响。故本案未适用保证期间，仅适用了诉讼时效。

3. 保证是一种成熟的法律制度，其责任承担方式、追偿权、抗辩权、保证期间等，均有完备的法律规定。而案涉《承诺函》，虽有担保之意思表示，但在实现方式、价款支付方式、是否享有追偿权、权利行使期间等方面，与保证存在显著差异，远未达到规范程度。若硬套关于保证的规定处理，难免有一种“鞋不合脚”的尴尬。

若不能适用第1款，又因《承诺函》不成立债务加入，则应依照第4款规定，不影响债权人请求第三人履行约定的义务或者承担相应的民事责任。关于第4款适用的前提，有观点理解为“第三人提供的承诺文件既无提供担保的意思表示，也没有加入债务的意思表示”①，笔者认为更倾向于“第三人向债权人提供的承诺文件既不符合保证的要件，也不符合债务加入的要件”②的观点。案涉《承诺函》具有担保的意思表示，但并不符合保证的要件，以“非典型保证”之概念定义更为妥帖，从这一角度考量，这一概念较之最高人民法院前述“无名合同”之分类，更清晰涵盖此增信措施的性质、更准确适用法律。

三、第三人承担补充赔偿责任

依照《承诺函》约定，在借款人未按约履行偿还贷款本息义务时触发收购条件，该表述与《民法典》第688条第2款关于连带责任保证之规定极为相似。但对第三人应承担的责任作出认定时，还应考虑到具体案情。本案中，银行处于优势地位，仍选择接受《承诺函》，应承担对其不利的后果；案涉借款合同存在借款人物的抵押担保，借款人之股东股权质押担保和股东连带保

---

① 林文学等：《〈关于适用民法典有关担保制度的解释〉的理解与适用》，载《人民司法》2021年第4期。

② 杨永清：《〈新担保司法解释〉中有关保证合同的几个问题》，载《法律适用》2021年第2期。

证责任；在衡平出借人与第三人利益的基础上，为便于法院执行，认定第三人承担补充赔偿责任，即对主债务人、抵押人、出质人、保证人均不能清偿的部分承担补充赔偿责任。这种判断，更有利于督促银行全面积极履行审查义务，规范融资秩序，防范金融风险；同时也有利于规范市场主体对外担保行为合法合规，进而营造良好的社会营商环境。

【相关法条】

1.《中华人民共和国民法典》（2021年1月1日施行）

第六百八十一条 保证合同是为保障债权的实现，保证人和债权人约定，当债务人不履行到期债务或者发生当事人约定的情形时，保证人履行债务或者承担责任的合同。

2.《最高人民法院关于适用〈中华人民共和国民法典〉有关担保制度的解释》（2021年1月1日施行）

第三十六条 第三人向债权人提供差额补足、流动性支持等类似承诺文件作为增信措施，具有提供担保的意思表示，债权人请求第三人承担保证责任的，人民法院应当依照保证的有关规定处理。

第三人向债权人提供的承诺文件，具有加入债务或者与债务人共同承担债务等意思表示的，人民法院应当认定为民法典第五百五十二条规定的债务加入。

前两款中第三人提供的承诺文件难以确定是保证还是债务加入的，人民法院应当将其认定为保证。

第三人向债权人提供的承诺文件不符合前三款规定的情形，债权人请求第三人承担保证责任或者连带责任的，人民法院不予支持，但是不影响其依据承诺文件请求第三人履行约定的义务或者承担相应的民事责任。

3.《最高人民法院关于适用〈中华人民共和国民法典〉时间效力的若干规定》（2021年1月1日施行）

第三条 民法典施行前的法律事实引起的民事纠纷案件，当时的法律、司法解释没有规定而民法典有规定的，可以适用民法典的规定，但是明显减损当事人合法权益、增加当事人法定义务或者背离当事人合理预期的除外。

承办人：李　伟

编写人：李　伟　牛　萌

行政执法

39. 潍坊滨海经济技术开发区管理委员会申请行政强制执行案

——激活渔业资源损失赔偿费适用的沉睡条款

【合规提示】

相对人从事捕捞活动应当遵守相关作业时间、作业类型的规定，树立可持续开发利用渔业资源的保护意识；对于违反规定造成渔业资源损失的，将被处以相应行政处罚及渔业资源损失赔偿。

行政机关应当适用合理性原则确定渔业资源损失赔偿费，可参考渔获物的销售金额或市场价格进行认定。

【案件信息】

1. 裁判文书字号

（2023）鲁72行审53号

2. 当事人

申请执行人：潍坊滨海经济技术开发区管理委员会

被执行人：尼某

3. 关键词

行政　申请强制执行　渔业法　渔业资源损失赔偿费　渔获物价值

【裁判要旨】

1. 相对人违反法律规定从事捕捞活动，造成渔业资源损失的，行政机关除施以行政处罚外，还可依法要求相对人缴纳资源损失赔偿费。

2. 资源损失赔偿费的标准应根据损失程度，合理参考渔获物的销售金额或市场价格进行认定。

【基本案情】

申请执行人潍坊滨海经济技术开发区管理委员会（以下简称潍坊滨海经区管委会）针对被执行人尼某违反禁渔期规定进行捕捞、违反捕捞许可证关于作业类型的规定进行捕捞、套用海洋渔业船舶船名船号从事渔业捕捞活动，收入违法所得共计 52 960 元的行为，在依法作出行政处罚决定后，根据《山东省实施〈中华人民共和国渔业法〉办法》第 37 条的规定，作出渔业资源损失赔偿决定书，要求尼某赔偿渔业资源损失 52 960 元。

尼某收到该决定书后，既未履行赔偿决定，也未在法定期限内提起复议或者向法院提起诉讼，潍坊滨海经区管委会依法实施催告程序后，向法院申请强制执行渔业资源损失赔偿决定书。

【裁判说理】

争议焦点：（1）被执行人违反禁渔期规定以及违反捕捞许可证关于作业类型的规定从事出海捕捞活动的行为是否应缴纳资源损失赔偿费；（2）资源损失赔偿费的数额如何确定。

法院认为，尼某在伏季休渔期间多次违反禁渔期规定以及违反捕捞许可证关于作业类型的规定从事出海捕捞活动，造成渔业资源的损害。根据《山东省实施〈中华人民共和国渔业法〉办法》第 37 条“违反本办法规定，对渔业资源造成损失的，应当按照损失程度交纳资源损失赔偿费”以及《山东省渔业资源保护办法》第 26 条“违反本办法规定造成渔业资源损失的，应当按照《山东省实施〈中华人民共和国渔业法〉办法》的有关规定，向当地渔政监督管理机构缴纳渔业资源损失赔偿费”的规定，因尼某的违法行为造成渔业资源损失，申请执行人有权要求尼某缴纳渔业资源损失赔偿费用。

参照农业农村部印发的《非法捕捞案件涉案物品认（鉴）定和水生生物资源损害评估及修复办法（试行）》第 16 条第 3 款“其他渔获物的价值，根据销售金额进行认定；无销售金额、销售金额难以查证或者根据销售金额认定明显偏低的，根据市场价格进行认定”的规定，申请执行人根据尼某销售非法所得获取的收入 52 960 元确定渔获物价值，符合相关规定，也符合常理。

法院经审查裁定准许申请执行人的执行申请，对渔业资源损失赔偿决定书中的渔业资源损失赔偿费 52 960 元予以强制执行。

【法官后语】

本案是青岛海事法院受理的首例行政机关申请执行渔业资源损失赔偿费的案件。自 1995 年开始，我国在黄渤海、东海、南海海域陆续实行了全面的伏季休渔制度，以养护渔业资源，改善渔业生态环境；而在伏休期间违反禁渔期规定进行捕捞等的非法捕捞行为，破坏了渔业资源，造成了渔业资源的损害，根据《山东省实施〈中华人民共和国渔业法〉办法》的相关规定，应当缴纳渔业资源损失赔偿费。在司法实践中，对于非法捕捞行为造成渔业资源损害的情况，通常做法是，构成犯罪的，由检察院提起刑事附带民事公益诉讼，不构成犯罪的，由渔业主管部门单独提起生态环境损害赔偿诉讼，继而实现渔业资源损失费用的缴纳。本案中，行政机关依照地方性法规的规定直接作出缴纳渔业资源损失赔偿费用的行政决定书，法院经过合法性审查后，裁定予以强制执行，省去了民事诉讼的鉴定、审理等环节，节省了行政和司法资源，同时兼顾了行政执法效率和保护当事人合法权益，可以作为渔业资源司法性保护的一条新路径，以更好地实现维护海洋渔业行政管理秩序，合理利用、保护海洋生物资源，促进渔业增效、渔民增收的目标要求。

【相关法条】

1.《中华人民共和国行政诉讼法》（2017 年 7 月 1 日施行）

第九十七条 公民、法人或者其他组织对行政行为在法定期间不提起诉讼又不履行的，行政机关可以申请人民法院强制执行，或者依法强制执行。

2.《中华人民共和国行政强制法》（2012 年 1 月 1 日施行）

第五十七条 人民法院对行政机关强制执行的申请进行书面审查，对符合本法第五十五条规定，且行政决定具备法定执行效力的，除本法第五十八条规定的情形外，人民法院应当自受理之日起七日内作出执行裁定。

3.《山东省实施〈中华人民共和国渔业法〉办法》（2018 年 1 月 23 日修正）

第三十七条 违反本办法规定，对渔业资源造成损失的，应当按照损失程度交纳资源损失赔偿费。资源损失赔偿费应当交当地财政，专款用于渔业资源的恢复和保护。具体办法由省人民政府规定。

承办人：王可可

编写人：王可可

40. 青岛某港湾发展有限公司诉青岛市人民政府、青岛市海洋发展局行政许可纠纷案

——被吊销营业执照的中外合资经营企业行政诉讼主体资格认定

【合规提示】

本案是一起因行政许可引起纠纷的行政诉讼案件，争议焦点在于原告是否适格。应当注意的是，企业法人被吊销营业执照后，未成立清算组也不能依法或依公司章程确定法定代表人的情况下，以原公司名义提起诉讼不符合法定起诉条件，存在因主体不适格而被驳回起诉的风险。因此，企业被吊销营业执照后应依法成立清算组或依公司章程确定法定代表人，以适格主体进行法律活动。

【案件信息】

1. 裁判文书字号

（2022）鲁 72 行初 15 号、（2023）鲁行终 101 号

2. 当事人

原告：青岛某港湾发展有限公司

被告：青岛市人民政府、青岛市海洋发展局

第三人：青岛某置业有限公司

3. 关键词

行政　行政许可　吊销营业执照后的行政诉讼主体

【裁判要旨】

1. 被吊销营业执照后，在未成立清算组也不能依法或依公司章程确定法定代表人的情况下，以原公司名义提起诉讼不符合法定起诉条件，依法应予驳回起诉。

2. 中外合资企业，合资各方可以自己的名义提起行政诉讼。

【基本案情】

原告青岛某港湾发展有限公司（以下简称某发展公司）诉称：某发展公司与案外人青岛某信公司合作开发某村河口以北填海造地，建设业主码头和仓储基地项目，某发展公司承担全部盈亏。青岛市海洋发展局向某发展公司下发《关于青岛市沧口港业主码头工程使用海域问题的复函》（青水办字〔1997〕第23号文件），原则同意使用市规划局青规字（1996）2号文批准的海域；同时将原政府有关部门批准给青岛某信公司的填海批文，一并变更给某发展公司，某发展公司历经三年多时间完成填海。后因修建胶州湾跨海大桥，原批准填海造地用途的集装箱码头项目无法实施，某发展公司等待政府重新确定土地用途。后某发展公司通过其他途径了解到，青岛市海洋发展局于2000年4月7日就涉案同一片海域批复给了第三人青岛某置业有限公司使用，且并未按照《海域使用管理法》第18条的规定报审批。故请求撤销青岛市人民政府、青岛市海洋发展局为第三人青岛某置业有限公司颁发的青岛市海证（2000）×××2号《国家海域使用证》。

法院经审查发现：某发展公司提交的起诉状、法定代表人身份证明书中载明法定代表人为张某某，职务为董事长，而企业法人营业执照载明的法定代表人为马某某。为查明原告的主体资格，经过原告补充提交证据及法院依职权调取某发展公司备案登记资料，认定某发展公司系合资经营企业，由通化某工贸公司等四家公司于1994年合资成立并获批准，经营期限至2014年9月。1998年12月，经股权转让变更登记，某发展公司股东变更为通化某工贸公司保留25%股权，香港某投资有限公司持有75%股权。两股东签订合资经营合同书并制定合资经营章程，记载董事长为合营公司的法定代表人，由通化某工贸公司委派。在合同履行期间，有关部门不得更换法定代表人。因合营期满或因其他理由合营公司解散时，合营公司应依法进行清算。清算期间，由清算委员会代公司承担民事责任。2004 年 9 月，某发展公司因逾期未年检，被处以吊销营业执照的行政处罚，并被责令停止经营活动，依法组织清算；但某发展公司并未成立清算组。2014 年 7 月，法定代表人马某某去世，2018 年 6 月，通化某工贸公司注销登记。2021 年 12 月，香港某发展投资有限公司出具推举法定代表人身份决议书，推举张某某担任总经理职务并作为法定代表人。另查明，某发展公司在本案中提交诉讼材料所加盖的公章与其在工商行政主管部门备案的公章也不一致，某发展公司提供证据证明备案公章已经登报废止，但未说明目前加盖公章的合法性。

【裁判说理】

争议焦点：（1）企业法人营业执照被吊销后的法律后果。（2）未成立清算组的法人诉讼主体地位确定。

青岛海事法院认为：法人的法定代表人系代表法人从事经营活动的负责人，需依照法律或者法人章程的规定予以确定，并依法进行登记或变更登记。某发展公司已被吊销营业执照，尚未注销，其以公司名义提起诉讼，应依法成立清算组，由清算组代表公司行使诉讼权利；尚未成立清算组的，由原法定代表人代表公司参加诉讼。根据某发展公司的公司章程规定，董事长为公司法定代表人，由通化某工贸公司委派，但并未明确规定原法定代表人缺位的处理。某发展公司被吊销营业执照后，某发展公司未依照原公司章程成立清算委员会予以清算，某发展公司的原法定代表人马某某已死亡，某发展公司未依照原公司章程重新确定新的法定代表人，亦未修改公司章程变更法定代表人的确定方式。张某某仅为某发展投资有限公司（香港）单方推选，并非通化某工贸公司委派，未由某发展公司董事会选举产生，亦非合营各方的通化某工贸公司（或其权利义务继受人）与香港某投资有限公司协商确定，不足以证明张某某作为某发展公司法定代表人代表公司提起诉讼的合法性。在原告据以提起诉讼的法定代表人和公章都不能证明其合法性的情况下，原告以某发展公司名义提起本案诉讼不符合法定起诉条件，依法应予驳回起诉。

同时，依照《最高人民法院关于适用〈中华人民共和国行政诉讼法〉的解释》第 16 条第 2 款的规定，联营企业、中外合资或者合作企业的联营、合资、合作各方，认为联营、合资、合作企业权益或者自己一方合法权益受行政行为侵害的，可以自己的名义提起诉讼。本案中，某发展公司系合资企业，某发展公司的合资各方可以自己的名义提起行政诉讼。

青岛海事法院于2023年3月5日作出（2022）鲁72行初15号行政裁定：驳回原告青岛某发展北方港湾发展有限公司的起诉。

山东省高级人民法院于2023年5月15日作出（2023）鲁行终101号行政裁定：准许青岛某发展有限公司撤回上诉。

【法官后语】

企业法人营业执照的颁发既是企业法人资格的取得要件和证明文件，也是企业法人营业资格的取得要件和证明文件，被赋予了证明企业法人营业资格和法人资格的双重功能。在行政机关依法吊销企业法人营业执照后，企业法人的经营资格和法人资格将分别产生怎样的法律后果？在行政诉讼中，企业法人的诉讼主体地位将如何确定？

一、企业法人营业执照被吊销的法律后果

《市场主体登记管理条例》第3条规定，市场主体应当办理登记。未经登记，不得以市场主体名义从事经营活动。第21条规定，申请人申请市场主体设立登记，登记机关依法予以登记的，签发营业执照。营业执照签发日期为市场主体的成立日期。第22条规定，营业执照分为正本和副本，具有同等法律效力。电子营业执照与纸质营业执照具有同等法律效力。营业执照样式、电子营业执照标准由国务院市场监督管理部门统一制定。上述规定表明法人登记机关核准企业法人设立申请、颁发营业执照后，发生以下法律效力：（1）取得从事经营活动的合法身份，企业法人在登记注册的范围内从事的经营活动受到国家法律的保护。（2）取得法人资格。企业法人设立申请经法人登记机关核准登记，设立人领取企业法人营业执照后，即取得法人资格。（3）取得企业法人经营权，对外以企业法人的名义进行活动。企业法人只有在设立登记后，才能取得经营权，享有权利，承担义务，对外以企业法人的名义进行活动。可见，营业执照的颁发标志着企业法人取得了行政法律关系中行政机关对经营资格的行政许可、民事法律关系中从事经营交易的权利以及法人资格的取得。

当企业法人因违反行政管理秩序，被主管机关依照吊销营业执照后，企业法人已取得的经营资格和法人资格是否都将因行政许可的取消而归于消灭，在理论界和实务界存在两种观点：一种认为，企业法人营业执照是企业法人凭证，申请人经登记主管机关依法核准登记，领取企业法人营业执照，取得法人资格，因此，企业法人营业执照被登记主管机关吊销，企业法人资格随之消亡。另一种认为，企业法人营业执照被吊销，不等于企业法人立即消灭，企业法人仅仅是停止清算范围外的一切活动。企业法人被吊销营业执照后，应当由企业上级主管部门或者由企业自行组织清算组依法进行清算。清算程序结束并办理了工商注销登记后，企业法人才归于消灭。

笔者同意第二种观点。首先，对于企业法人经营资格被取消这一后果，已基本达成共识。根据《行政处罚法》第 9 条的规定，吊销营业执照属于行政主管机关行使法定职权作出的一种行政处罚，后果是企业法人取得的经营行政许可被取消，企业法人丧失从事某种生产经营活动的合法性。营业执照被吊销后，企业法人必须停止进行新的经营活动，否则属于非法经营。

其次，吊销营业执照不会导致企业法人资格的消亡。理由如下：

第一，企业法人的法人资格是其作为某种身份关系的体现，而吊销营业执照属于行政处罚中的资格罚，即为剥夺企业法人的经营性行政许可资格，是对其因经营活动而产生的财产权益进行减损的一种制裁方式，并不涉及身份关系。虽然企业法人的法人资格系由行政主管机关通过颁发营业执照取得，但依据“法无授权不可为”的行政法原则，在没有法律规定营业执照被吊销后法人资格即消亡的情况下，不能认定吊销营业执照的行政处罚行为导致企业法人的法人资格归于消灭。

第二，《公司法》（2018 年修正）第 180 条规定：“公司因下列原因解散：……（四）依法被吊销营业执照、责令关闭或者被撤销……”第 183 条规定：“公司因本法第一百八十条第（一）项、第（二）项、第（四）项、第（五）项规定而解散的，应当在解散事由出现之日起十五日内成立清算组，开始清算……”第 188 条规定：“公司清算结束后，清算组应当制作清算报告，报股东会、股东大会或者人民法院确认，并报送公司登记机关，申请注销公司登记，公告公司终止。”根据上述法律规定，企业法人被吊销营业执照仅系企业法人解散程序的开端，而解散程序从开始到企业法人注销登记要经过清算组成立—依法清算—清算报告报股东大会或主管机关确认—注销登记—公告等五项法律程序。只有清算程序结束并办理工商注销登记后，企业法人资格才归于消灭。由此可以看出，吊销营业执照并不会导致直接企业法人资格归于消灭。

二、未成立清算组的法人诉讼主体地位确定

《最高人民法院关于适用〈中华人民共和国公司法〉若干问题的规定（二）》第10条规定，公司依法清算结束并办理注销登记前，有关公司的民事诉讼，应当以公司的名义进行。公司成立清算组的，由清算组负责人代表公司参加诉讼；尚未成立清算组的，由原法定代表人代表公司参加诉讼。根据上述规定，企业法人被吊销营业执照后至其清算程序结束被工商注销登记前，其仍可以自己名义或清算组名义从事清算范围内的活动，并参与诉讼活动。从程序上，它具有民事诉讼主体资格，从实体上，它仍应以自己的财产对外承担责任，具备诉讼主体资格，可以以自己的名义参加诉讼活动，并依法主张权利和承担义务。上述司法解释虽仅规定了民事诉讼主体的确定，但《行政诉讼法》及其司法解释中没有该种情形下企业法人诉讼地位的规定，因此可以予以参照适用。

《民法典》第61条规定，依照法律或法人组织章程的规定，代表法人行使职权的负责人，是公司的法定代表人。一个自然人按照《公司法》和公司章程规定的程序被确定为法定代表人，并经工商登记后，即具有了公司法定代表人的身份。公司法定代表人的行为构成公司的代表行为，因此对于未成立清算组的企业法人，原法定代表人可以代表公司进行诉讼活动。本案中，因某发展公司被吊销营业执照后未成立清算组，按照法律规定，应当由其原法定代表人马某某提起行政诉讼。马某某死亡后，应当由按照公司章程规定的程序被确定的法定代表人代表公司提起诉讼，而某发展公司未能举证证明其在本案中出现的法定代表人张某某系经公司章程规定的程序所确定，不能认定其有权代表某发展公司提起本案诉讼。

因某发展公司为合资经营企业，根据《最高人民法院关于适用〈中华人民共和国行政诉讼法〉的解释》第16条的规定，联营企业、中外合资或者合作企业的联营、合资、合作各方，认为联营、合资、合作企业权益或者自己一方合法权益受行政行为侵害的，可以自己的名义提起诉讼。因此，根据司法解释赋予合资经营企业的救济途径，在某发展公司既未成立清算组，又不能证明法定代表人有权提起诉讼的情况下，某发展公司的股东各方均可以股东自己的名义提起诉讼。

值得指出的是，本案中某发展公司的企业性质特殊，因此可以适用法律赋予的特殊救济途径。在其他情况下，对股东以个人名义起诉的，法院应当告知其以企业法人的名义起诉，所以一般企业法人被吊销营业执照后，还是应当尽快成立清算组启动清算程序，通过清算公司法律关系进行清理，了结公司债权、债务，分配剩余财产等，实现公司合法有序地消亡。这不仅是为了保护债权人、投资人的利益，维护正常的市场经济秩序，也关系到股东个人的切身利益。

【相关法条】

1.《中华人民共和国公司法》（2018年10月26日修正）

第一百八十条 公司因下列原因解散：

（一）公司章程规定的营业期限届满或者公司章程规定的其他解散事由出现；

（二）股东会或者股东大会决议解散；

（三）因公司合并或者分立需要解散；

（四）依法被吊销营业执照、责令关闭或者被撤销；

（五）人民法院依照本法第一百八十二条的规定予以解散。

第一百八十三条 公司因本法第一百八十条第（一）项、第（二）项、第（四）项、第（五）项规定而解散的，应当在解散事由出现之日起十五日内成立清算组，开始清算。有限责任公司的清算组由股东组成，股份有限公司的清算组由董事或者股东大会确定的人员组成。逾期不成立清算组进行清算的，债权人可以申请人民法院指定有关人员组成清算组进行清算。人民法院应当受理该申请，并及时组织清算组进行清算。

第一百八十四条 清算组在清算期间行使下列职权：

（一）清理公司财产，分别编制资产负债表和财产清单；

（二）通知、公告债权人；

（三）处理与清算有关的公司未了结的业务；

（四）清缴所欠税款以及清算过程中产生的税款；

（五）清理债权、债务；

（六）处理公司清偿债务后的剩余财产；

（七）代表公司参与民事诉讼活动。

对应新法：

《中华人民共和国公司法》（2023 年 12 月 29 日修订）

第二百二十九条 公司因下列原因解散：

（一）公司章程规定的营业期限届满或者公司章程规定的其他解散事由出现；

（二）股东会决议解散；

（三）因公司合并或者分立需要解散；

（四）依法被吊销营业执照、责令关闭或者被撤销；

（五）人民法院依照本法第二百三十一条的规定予以解散。

公司出现前款规定的解散事由，应当在十日内将解散事由通过国家企业信用信息公示系统予以公示。

第二百三十二条 公司因本法第二百二十九条第一款第一项、第二项、第四项、第五项规定而解散的，应当清算。董事为公司清算义务人，应当在解散事由出现之日起十五日内组成清算组进行清算。

清算组由董事组成，但是公司章程另有规定或者股东会决议另选他人的除外。

清算义务人未及时履行清算义务，给公司或者债权人造成损失的，应当承担赔偿责任。

第二百三十三条 公司依照前条第一款的规定应当清算，逾期不成立清算组进行清算或者成立清算组后不清算的，利害关系人可以申请人民法院指定有关人员组成清算组进行清算。人民法院应当受理该申请，并及时组织清算组进行清算。

公司因本法第二百二十九条第一款第四项的规定而解散的，作出吊销营业执照、责令关闭或者撤销决定的部门或者公司登记机关，可以申请人民法院指定有关人员组成清算组进行清算。

第二百三十四条 清算组在清算期间行使下列职权：

（一）清理公司财产，分别编制资产负债表和财产清单；

（二）通知、公告债权人；

（三）处理与清算有关的公司未了结的业务；

（四）清缴所欠税款以及清算过程中产生的税款；

（五）清理债权、债务；

（六）分配公司清偿债务后的剩余财产；

（七）代表公司参与民事诉讼活动。

2.《最高人民法院关于适用〈中华人民共和国行政诉讼法〉的解释》（2018年2月8日施行）

第十六条第二款 联营企业、中外合资或者合作企业的联营、合资、合作各方，认为联营、合资、合作企业权益或者自己一方合法权益受行政行为侵害的，可以自己的名义提起诉讼。

第六十九条 有下列情形之一，已经立案的，应当裁定驳回起诉：

（一）不符合行政诉讼法第四十九条规定的；

（二）超过法定起诉期限且无行政诉讼法第四十八条规定情形的；

（三）错列被告且拒绝变更的；

（四）未按照法律规定由法定代理人、指定代理人、代表人为诉讼行为的；

（五）未按照法律、法规规定先向行政机关申请复议的；

（六）重复起诉的；

（七）撤回起诉后无正当理由再行起诉的；

（八）行政行为对其合法权益明显不产生实际影响的；

（九）诉讼标的已为生效裁判或者调解书所羁束的；

（十）其他不符合法定起诉条件的情形。

前款所列情形可以补正或者更正的，人民法院应当指定期间责令补正或者更正；在指定期间已经补正或者更正的，应当依法审理。

人民法院经过阅卷、调查或者询问当事人，认为不需要开庭审理的，可以迳行裁定驳回起诉。

承办人：张　波

编写人：王可可

41. 王某诉山东省农业农村厅、山东省人民政府部分撤销行政处罚案

——简析《渔业法》第 41 条规定中的“情节严重”情形

【合规提示】

本案系当事人因不服行政机关针对其非法捕捞行为作出的行政处罚而提起的行政诉讼案件，双方对于行政相对人的非法捕捞行为是否属于情节严重的情形存在争议。在法律中仅说明有关情节的处罚力度时，行政主管机关在作出行政处罚时，应当注意除法律法规以外的具体且有针对性的司法解释，来判定相对人的违法行为是否能够认定为相关情节。

【案件信息】

1. 裁判文书字号

（2021）鲁 72 行初 18 号

2. 当事人

原告：王某

被告：山东省农业农村厅、山东省人民政府

3. 关键词

行政　行政处罚　没收违法所得　渔业法中情节严重的认定

【裁判要旨】

1. 处于植物人状态的自然人不能辨认自己的行为，属于无诉讼行为能力人，无须通过诉讼特别程序予以认定。

2. 法院依据比例原则审慎审查行政行为的合理性，除非行政行为违反法定情形，法院应当尊重行政机关的自由裁量权。

【基本案情】

原告王某诉称：被告山东省农业农村厅扣押原告所有的渔船1年零73天后，以未依法取得捕捞许可证擅自进行捕捞，情节严重为由作出〔2019〕2009号行政处罚决定书，决定没收其违法所得14 830元；没收渔具拖网4套；没收琼某渔10453/10454船。原告依法向山东省人民政府提起复议申请，复议机关维持了原处罚决定。而原告认为渔船的违法行为远未达到《渔业法》规定的“情节严重”情形，不应施以没收渔船的处罚，请求确认山东省农业农村厅扣押渔船的行政强制程序违法，撤销〔2019〕2009号行政处罚决定书第三项内容。

被告山东省农业农村厅辩称：山东省农业农村厅系按照农业部渔政局的要求查扣琼某渔10453/10454船渔船，涉案渔船系海南省昌江籍渔船，长期跨区域作业并已脱检，案情重大复杂，山东省农业农村厅根据《农业行政处罚程序规定》（2011年修订）的规定报请农业部渔政局立案调查，并因调取证据困难等特殊情况向农业农村部申请延长办理期限至1年，行政处罚程序符合法律规定。根据《询问笔录》《渔船买卖合同》《现场检查（勘验）笔录》《收购划码单》及涉案渔船卸货照片、情况说明等证据，可以认定原告未依法取得捕捞许可证擅自进行捕捞，使用《渔业法》等禁止的小于最小网目尺寸的网具进行捕捞，渔业船舶检验证书失效，行政处罚认定事实正确。结合认定的事实，原告的违法行为属于《渔业法》第41条、《最高人民法院关于审理发生在我国管辖海域相关案件若干问题的规定（二）》第10条规定的“情节严重”情形，行政处罚决定适用法律正确。

被告山东省人民政府辩称：山东省人民政府作出行政复议决定书的程序合法。

法院经审理查明：王某是“琼某渔10453/10454”船的实际经营人。2019年9月4日，被告山东省农业农村厅接到“琼某渔10453/10454”船所持证书过期，违反伏季休渔规定，涉嫌非法捕捞的线索后，责成下级单位荣成市海洋发展局对涉案渔船进行了扣押。山东省农业农村厅向农业部渔政局提交报告，成立专案领导小组对涉案行为进行立案调查，并根据《农业行政处罚程序规定》第58条“农业行政处罚案件应当自立案之日起六个月内作出处理决定；因案情复杂、调查取证困难等特殊情况六个月内不能作出处理决定的，报上一级农业行政处罚机关批准可以延长至一年”的规定，经农业农村部办公厅批复，将案件办理期限延长至 1 年。调查结果显示涉案渔船在 87 渔区使用网具网目尺寸为 10 毫米的拖网捕捞鳀鱼 7140 千克、带鱼 165 千克后售卖，获取价款 14 830 元。

被告山东省农业农村厅依照法定程序作出行政处罚决定书，认为涉案渔船违反了《渔业法》第 23 条、第 30 条第 1 款之规定，构成未依法取得捕捞许可证擅自进行捕捞、使用小于最小网目尺寸的网具进行捕捞的违法行为；非法捕捞渔获物 7305 千克，价值 14 830 元，参照《最高人民法院关于审理发生在我国管辖海域相关案件若干问题的规定（二）》第 10 条之规定，符合情节严重情形，决定没收违法所得、渔具拖网及涉案渔船。

原告不服山东省农业农村厅的上述行政处罚决定，向被告山东省人民政府申请行政复议，复议机关维持原决定。

王某提起本案诉讼后，因脑干出血住院治疗，经医院证明已处于植物人状态。王某配偶毕某某以法定代理人身份参与本案诉讼。

青岛海事法院于 2021 年 10 月 21 日作出（2021）鲁 72 行初 18 号行政判决：驳回原告王某的诉讼请求。宣判后，原被告均未提起上诉，判决已发生法律效力。

【裁判说理】

根据众所皆知的一般医学常识，处于植物人状态的自然人虽然具有生命体征，但不具有认知能力，无法辨认自己的行为，不能独立实施诉讼行为，当然不具有诉讼行为能力。通过另行提起诉讼特别程序认定植物人为无诉讼行为能力人，徒增当事人诉累。毕某某作为王某某的妻子系王某某的监护人，有权以王某某法定代理人的身份参与本案诉讼并实施相关诉讼行为。

扣押涉案渔船的决定书系由荣成市海洋发展局作出，原告认为扣押渔船的行政强制程序违法，应当依法定程序向荣成市人民政府申请行政复议或者另行提起行政诉讼。涉案渔船在黄海海域从事鱼类拖网捕捞作业，非法捕捞水产品的数量属于《最高人民法院关于审理发生在我国管辖海域相关案件若干问题的规定（二）》第 10 条第 7 项规定的非法捕捞水产品数量较大情形，涉案渔船携带网具网目尺寸严重小于规定的最小网目尺寸 54 毫米，属于上述司法解释第 10 条第 9 项规定的其他严重违法捕捞行为。因此，行政处罚决定书认定涉案渔船的行为构成《渔业法》第41条规定的情节严重情形，并无不当。

【法官后语】

一、植物人作为无诉讼行为能力人的认定

诉讼行为能力，是指当事人可以亲自实施诉讼行为，并以自己的行为行使诉讼权利和承担诉讼义务的诉讼法上的资格。《行政诉讼法》第30条规定，没有诉讼行为能力的公民，由其法定代理人代为诉讼，但何种情形构成“没有诉讼行为能力”，不但《行政诉讼法》及其司法解释未作出规定，程序性规定相对完备的民事诉讼法律中也没有关于诉讼行为能力具体标准的规定。司法实践中，一般以民事行为能力的相关规定及标准比照确定诉讼行为能力。例如，无民事行为能力人可直接推定为无诉讼行为能力人。但是根据《民法典》及《民事诉讼法》的有关规定，不能辨认自己行为的成年人为无民事行为能力人，其利害关系人或有关组织可以向法院提出申请，由法院受理后进行鉴定或者对已提供的鉴定意见进行审查，以判决作出认定。

本案中，原告王某在行政诉讼过程中成为植物人，被告山东省农业农村厅辩称需要经过诉讼特别程序认定王某某为无诉讼行为能力人后，毕某某作为其法定代理人方可参加本案诉讼的主张不能成立，理由有二：其一，民事法律规定可以提起诉讼特别程序认定无民事行为能力人，但并未规定特别程序为认定无民事行为能力人的必经程序，换句话说，只要满足了“不能辨认自己行为”这一条件即可认定为无民事行为能力人，而特别程序的目的仅是为了确认是否达到“不能辨认自己行为”的条件。其二，“不能辨认自己行为”是指对普通的事物和行为欠缺基本的认识判断能力，也不能正常预见自己的行为。植物人除保留一些本能性的神经反射和进行物质及能量的代谢能力外，认知能力已完全丧失，不能进行任何主动活动，因此，任何一个具有基本生活常识和医学常识的人都能判断出王某作为植物人已具备“不能辨认自己行为”的条件，属于不证自明的客观事实。在该种情形下，机械地适用特别程序反倒增加当事人诉累，不符合行政诉讼法关于保护行政相对人合法权益的立法本意。

二、法院对行政自由裁量权的审查边界

（一）行政自由裁量权的正当性基础

有学者对行政自由裁量权给出以下定义：对于某一事实要件，法律无法给出唯一的法律后果，此时需要赋予行政主体“选择裁量权”与“决定裁量权”，即选择何种裁量，作出何种决定的权力。法律固定的稳定性和普遍性决定其只为一般人设定统一的行为规范，而无法为行政执法者确定每一个具体行政案件的处罚内容，于是行政自由裁量权应运而生。在法律规定无法穷尽所有情形及未知可能的情境下，它赋予行政机关在法律规定的原则和幅度范围内，发挥专业优势和主观能动性，灵活分析个案的具体问题，机动处理法律普遍性与个案特殊性的矛盾，运用合理限度的自由裁量手段确定执法内容，作出满足各利益主体期待的行政决定。在行政执法实践中，面对日益繁杂、多元的社会公共关系，行政机关将更加积极主动地干预社会生活，以应对多变的行政事务。法律框架内的行政自由裁量权能够保证行政效率，节减国家的立法成本，维护社会秩序的健康运行，从而实现公共利益的价值目标。

（二）行政自由裁量权的司法审查边界

1. 司法审查的法定范围。行政自由裁量权是一种权力，只要是权力就存在被滥用的可能，因此行政自由裁量权应当被纳入法院对行政行为的审查范围之中；但基于其发挥的显著作用，法院在进行对行政自由裁量权的司法审查时，应当依法确定行政权与司法权的平衡点，严格把握审查边界，这个边界以法律规定的司法审查范围为宜，对于法定范围之内的，法院依法行使司法审查权。

从法律规定来看，《行政诉讼法》第 6 条规定了法院对行政行为的合法性进行审查，并没有明确规定对行政行为合理性进行审查的条款，但第 70 条规定：“行政行为有下列情形之一的，人民法院判决撤销或者部分撤销，并可以判决被告重新作出行政行为：（一）主要证据不足的；（二）适用法律、法规错误的；（三）违反法定程序的；（四）超越职权的；（五）滥用职权的；（六）明显不当的。”第 77 条规定：“行政处罚明显不当，或者其他行政行为涉及对款额的确定、认定确有错误的，人民法院可以判决变更。”其中“主要证据不足”“适用法律、法规错误”“违反法定程序”“超越职权”均是对合法性进行审查，而“滥用职权”“明显不当”两种情形事实上已经超越了对行政行为合法性审查的范畴，而指向对合理性即行政自由裁量权的审查，同时明确了司法审查后的裁判方法，包括判决变更及判决撤销或者部分撤销并重新作出行政行为。由此可以确定，法院对行政自由裁量权的审查范围包括行政行为滥用职权和明显不当两种法定情形。

2. 司法审查的方法遵循。关于如何识别行政行为滥用职权和明显不当，法律并无明确规定，因此法院对上述情形的审查方法可依行政法比例原则确定。比例原则的基本含义是行政机关实施行政行为应兼顾行政目标的实现和适当性手段的选择、保障公共利益和相对人权益的均衡，如为实现行政目标可能对相对人权益造成某种不利影响时，应将这种不利影响限制在尽可能小的范围和限度内，保持二者处于适度的比例。它作为行政法的一项重要原则，也是法院判断行政机关是否合理行使自由裁量权的重要方法。比例原则包括三项次级原则：适当性原则，指行政机关拟实施行政行为，特别是实施对行政相对人权益不利的行政行为时，只有认定该行为有助于达到相应行政目的或目标时，才能实施。如该行为并无助于相应行政目的的实现，行政机关则应选择另外的行政行为方案。必要性原则，指行政机关实施行政行为，必须在多种方案、多种手段中选择对行政相对人权益损害最小的方案、手段实施。均衡性原则，指行政机关拟实施行政行为，必须进行利益衡量，只有通过利益衡量，确认实施该行为不仅对于实现相应行政目标是适当和必要的，而且可能取得的利益大于可能损害的利益，收益大于成本，才能实施。法院在严格审查行政行为合法性之后，将行政行为合理性与三项次级原则逐一比照，认为行政行为基本符合比例原则，不存在滥用职权、明显不当的行为，则应当维持行政机关作出的行政决定。

司法实践中，适当性原则与必要性原则作为“目的取向”“法律后果”比较容易判断合理限度，均衡性原则作为“价值取向”更难把握，而是否符合均衡性原则也常常成为行政相对人与行政机关发生分歧的焦点。本案中，原告王某被认定同时存在未依法取得捕捞许可证擅自进行捕捞、使用小于最小网目尺寸的网具进行捕捞的违法行为，产生非法捕捞渔获物 7305 千克，价值 14 830 元的违法后果，根据《渔业法》第 41 条的规定，满足“未依法取得捕捞许可证擅自进行捕捞的”这一违法要件的前提下，只有构成情节严重的，才能处以“没收渔具和渔船”的顶格处罚；而“情节严重情形”指向的是《最高人民法院关于审理发生在我国管辖海域相关案件若干问题的规定（二）》第 10 条的规定，即“（一）是否未依法取得渔业船舶检验证书或渔业船舶登记证书；（二）是否故意遮挡、涂改船名、船籍港；（三）是否标写伪造、变造的渔业船舶船名、船籍港，或者使用伪造、变造的渔业船舶证书；（四）是否标写其他合法渔业船舶的船名、船籍港或者使用其他渔业船舶证书；（五）是否非法安装挖捕珊瑚等国家重点保护水生野生动物设施；（六）是否使用相关法律、法规、规章禁用的方法实施捕捞；（七）是否非法捕捞水产品、非法捕捞有重要经济价值的水生动物苗种、怀卵亲体或者在水产种质资源保护区内捕捞水产品，数量或价值较大；（八）是否于禁渔区、禁渔期实施捕捞；（九）是否存在其他严重违法捕捞行为的情形”。结合本案案情，以王某被认定的违法行为逐项对照来看，王某持有的渔业船舶检验证书过期，并不属于司法解释第1项规定的“未依法取得”；王某非法捕捞水产品价值1万余元也不属于第8项规定的“价值较大”；因此，法条所列情形能够对应的只有重量7000余公斤可以称作“数量较大”这一条，以此认定属于“情节严重”，会让人怀疑是否符合均衡性原则的规定。但是，行政机关同时查明了王某经营海南籍渔船跨区至山东海域作业，使用了小于最小网目尺寸的网具，渔业船舶检验证书过期等多项违法行为。考虑到我国海洋渔业资源衰退的现状、资源恢复和资源保护的紧迫性以及行政机关的执法目标是以严厉打击非法捕捞起到维护海洋自然生态环境、保护海洋渔业资源的效果，在综合审查王某的多项违法行为及社会危害后果后，法院认为行政机关作出的没收渔船的行为对于实现相应行政目标确实是适当和必要的，而且可能取得的利益大于可能损害的利益，并不存在明显不当的情况，进而以《最高人民法院关于审理发生在我国管辖海域相关案件若干问题的规定（二）》第10条第9项所规定的“存在其他严重违法捕捞行为的情形”的兜底性条款承认了行政决定的合理性。

【相关法条】

1.《中华人民共和国行政诉讼法》（2017年6月27日修正）

第六十九条 行政行为证据确凿，适用法律、法规正确，符合法定程序的，或者原告申请被告履行法定职责或者给付义务理由不成立的，人民法院判决驳回原告的诉讼请求。

2.《中华人民共和国渔业法》（2013年12月28日修正）

第四十一条 未依法取得捕捞许可证擅自进行捕捞的，没收渔获物和违法所得，并处十万元以下的罚款；情节严重的，并可以没收渔具和渔船。

3.《最高人民法院关于审理发生在我国管辖海域相关案件若干问题的规定（二）》（2016年8月2日施行）

第十条 行政相对人未依法取得捕捞许可证擅自进行捕捞，行政机关认为该行为构成渔业法第四十一条规定的“情节严重”情形的，人民法院应当从以下方面综合审查，并作出认定：

（一）是否未依法取得渔业船舶检验证书或渔业船舶登记证书；

（二）是否故意遮挡、涂改船名、船籍港；

（三）是否标写伪造、变造的渔业船舶船名、船籍港，或者使用伪造、变造的渔业船舶证书；

（四）是否标写其他合法渔业船舶的船名、船籍港或者使用其他渔业船舶证书；

（五）是否非法安装挖捕珊瑚等国家重点保护水生野生动物设施；

（六）是否使用相关法律、法规、规章禁用的方法实施捕捞；

（七）是否非法捕捞水产品、非法捕捞有重要经济价值的水生动物苗种、怀卵亲体或者在水产种质资源保护区内捕捞水产品，数量或价值较大；

（八）是否于禁渔区、禁渔期实施捕捞；

（九）是否存在其他严重违法捕捞行为的情形。

承办人：于喜富

编写人：王可可

42. 杨某某诉烟台海警局龙口工作站行政处罚案

——海警机关是否具有作出行政处罚的主体资格及程序合法性的认定

【合规提示】

本案系一起自然人诉政府部门行政处罚的案件，双方对于政府部门是否具有行使处罚权的主体资格以及处罚的程序是否合法问题产生了争议。法院对政府部门行使处罚权的主体资格以及处罚的程序均作出了肯定性的认定。对于自然人而言，应该按照法律规定行事，不得任意损坏公共财物或者他人财物。对于作出行政处罚的政府部门而言，其处罚权应该来自法律、法规的授权，除此之外，不得任意行使处罚权。另外，政府部门行使处罚权时应该符合法律规定的程序，以充分保障被处罚人的权利。

【案件信息】

1. 裁判文书字号

（2021）鲁72行初10号、（2021）鲁行终1890号

2. 当事人

原告：杨某某

被告：烟台海警局龙口工作站

3. 关键词

行政　行政处罚　海警机关　主体资格　程序合法

【裁判要旨】

1. 烟台海警局龙口工作站作为中国海警局的下属机关，因全国人民代表大会常务委员会的《关于中国海警局行使海上维权执法职权的决定》授予海警局行使公安机关的相应执法职权而具备了行政处罚的主体资格。

2. 被处罚人拒绝在告知书上签字但在送达回执上签字的行为即表明其已被告知具有陈述、申辩权，但其以拒绝签字的方式默认放弃了该项权利，因此行政机关于同日作出行政处罚决定书并未违反法律规定，不构成程序违法。

【基本案情】

在杨某某诉烟台海警局龙口工作站行政处罚一案中，青岛海事法院查明案件事实如下：杨某某系“鲁某渔70×××”船的船员。2020年9月8日，“鲁某渔70×××”船、“2×”号船与“鲁某渔61×××”船因网地问题发生纠纷，被告烟台海警局龙口工作站接到报案后于9月9日、10日多次向涉事人员进行调查询问，认定杨某某在纠纷过程中实施了向“鲁某渔61×××”船扔网的行为且导致“鲁某渔61×××”船螺旋桨被缠住失去动

力，于2020年9月30日向杨某某出具并直接送达行政处罚告知书，载明其已涉嫌故意损毁公私财物，拟给予治安拘留5日的行政处罚；如对上述告知事实、理由和依据有异议，可以提出陈述、申辩意见，海警机关将进行复核。杨某某拒绝在告知书上签字，但在送达回执上签字。同日，被告作出并直接送达行政处罚决定书，根据《治安管理处罚法》第49条之规定，给予杨某某行政拘留5日的行政处罚。杨某某拒绝在决定书上签字但在送达回执上签字。

原告提出诉讼请求：杨某某为“鲁某渔70×××”渔船工作。2020年9月8日，“2×”号渔船与“鲁某渔61×××”渔船发生冲突，为救援“2×”船，制止故意侵权行为，杨某某在“鲁某渔70×××”渔船上向“鲁某渔610××”渔船螺旋桨投扔流刺网。烟台海警局龙口工作站接到报案后，认定杨某某涉嫌故意损毁公私财物，于2020年9月30日作出行政处罚决定，给予杨某某治安拘留5日的行政处罚。被告烟台海警局龙口工作站不具有行政主体资格，无权作出行政处罚决定；同日作出行政处罚告知书和行政处罚决定书，未听取杨某某的陈述、申辩，违反法定程序；杨某某投扔流刺网的行为意在避免“2×”号渔船的损毁且未对“鲁某渔61×××”渔船螺旋桨造成损失，应属于正当防卫，不构成故意损毁公私财物，适用法律错误。请求撤销烟台海警局龙口工作站作出的行政处罚决定。

被告烟台海警局龙口工作站辩称：杨某某实施扔网行为的真实目的是使“鲁某渔61×××”船发动机受损减速，且已实际缠到“鲁某渔61×××”船正在运行的发动机，并使发动机提速受到影响。全国人民代表大会常务委员会《关于中国海警局行使海上维权执法职权的决定》中明确中国海警局行使法律规定的公安机关相应执法职权，被告有权适用治安管理处罚法作出行政处罚决定。被告已履行处罚前告知程序，并对原告所享有的陈述权和申辩权栏目进行了勾画即着重强调，原告未提出任何陈述和申辩，并拒绝在告知笔录上签字；告知和处罚的送达时间为同一天并不代表被告系同一时间送给原告，且法律并未规定行政机关作出的告知和处罚要间隔24小时以上。被告请求驳回杨某某的诉讼请求。

【裁判说理】

争议焦点：（1）被告是否具有作出行政处罚的主体资格；（2）被告作出行政处罚的程序是否合法。

青岛海事法院认为：涉案行政处罚决定作出时，《海警法》尚未颁布实施，但是全国人民代表大会常务委员会作出了《关于中国海警局行使海上维权执法职权的决定》，全国人大常委会决定授权就是法律授权。根据上述决定第1条和第2条的规定，中国海警局具有维护海上治安和安全保卫等执法职能，行使法律规定的公安机关相应执法职权。烟台海警局龙口工作站作为中国海警局的下属机关，有权在其管辖区域内行使《治安管理处罚法》规定的行政处罚权。

烟台海警局龙口工作站在作出行政处罚前，向杨某某送达了行政处罚告知书，履行了告知程序，虽然在时间保障上不够充分，但是杨某某依然能够行使权利，但杨某某并没有进行陈述与申辩。因此，杨某某主张自己的陈述、申辩权未得到合法保障的理由不能成立，烟台海警局龙口工作站对杨某某作出涉案行政处罚决定，程序合法。

青岛海事法院于2021年8月31日作出（2021）鲁72行初10号行政判决，驳回原告杨某某的诉讼请求。宣判后，杨某某提出上诉，山东省高级人民法院于2022年1月6日作出（2021）鲁行终1890号行政判决，驳回上诉，维持原判。

【法官后语】

本案是一起因行政处罚引发的纠纷，主要涉及海警局工作站是否具有作出行政处罚的主体资格以及作出的程序是否合法这两个问题。

一、海警机关依据全国人大常委会授权决定行使执法职权的主体合法性

2021年1月22日，《海警法》颁布实施，将中国海警局纳入行政主体体系，赋予其海上维权执法的职能。但本案所涉行政行为系《海警法》颁布实施前，海警局工作站依据全国大人常委会《关于中国海警局行使海上维权执法职权的决定》作出，行政行为的主体合法性如何认定取决于该决定的效力。

根据《立法法》第8条、第9条规定，对于限制人身自由的强制措施和处罚，只能由全国人大及其常委会制定法律；尚未制定法律的，全国人大及其常委会有权作出决定。据此，"为确保转隶后的中国海警局继续执行海上维权执法任务，确保海警执法工作的连续性、稳定性、合法性，确保海警队伍改革于法有据，稳妥推进"，全国人大常委会有权作出《关于中国海警局行使海上维权执法职权的决定》，明确授权海警队伍转隶后行使《治安管理处罚

法》等法律规定的公安机关相应执法职权。但是，全国人大常委会授权决定的性质与效力如何，我国法律中没有明确规定，学界也并无通说。主流观点认为，全国人大常委会通过授权决定与法律具有同等效力；也有观点认为，法律的效力高于全国人大常委会通过的授权决定。从《立法法》第9条的表述来看，授权决定是在法律未制定情况之下采用的方式，显然不属于狭义的法律；但从制定主体与程序来看，授权决定由我国的立法机关依照法定程序制定，应当属于广义上的立法活动。由此，按照我国的立法体制，授权决定即使不能称为“法律”，也应当具有与法律同等的效力等级。另外，法的位阶确定的标准包括三个方面：权力的等级性、事项的包容性、权力的同质性。以上述标准来衡量，授权决定的效力等级应当等同于法律。

因此，烟台海警局龙口工作站作为中国海警局的下属机关，因《关于中国海警局行使海上维权执法职权的决定》授予海警局行使公安机关的相应执法职权而具备了主体合法性，可以对杨某某享有行政处罚权。

二、行政机关送达行政处罚告知书的同日作出行政处罚决定的程序合法性

行政处罚遵循不告知不处罚原则，行政机关在作出行政处罚决定之前，必须告知当事人作出行政处罚决定的事实、理由及依据，以及当事人受行政处罚时依法享有的程序权利，这些权利包括：要求执法人员表明身份的权利；申请回避的权利；要求听证的权利；拒绝回答无关问题的权利；陈述和申辩的权利；要求充分听取意见的权利；申请复核的权利；申请行政复议和提起行政诉讼的权利；不因申辩加重处罚的权利等。

行政执法人员在行政处罚决定作出之前，如果没有将上述权利告知行政处罚的当事人，当事人将可能因为不了解自己的法定权利而在行政处罚中处于不利的地位。在以上当事人依法享有的程序权利中，重要的是对即将作出的行政处罚进行陈述和申辩的权利，通过这一权利的行使，当事人可以与执法人员进行面对面的交流，针对行政处罚所涉及的事实问题和法律问题直接交换意见，有助于澄清案件的事实，消除双方因观察问题的角度和利害关系的不同所产生的认识上的不一致；有利于执法人员从当事人的角度对案件作进一步的考察，使自己免受先入之见的影响，作出公正处理；也有利于当事人得到法治教育、服从正确的处罚决定，减少行政争讼。保障当事人被告知的权利以及陈述权、申辩权，是保障当事人的合法权益所必需的，是行政机关执法人员的义务，是实施行政处罚的必经程序，对于行政机关未经告知程

序或者拒绝听取当事人的陈述、申辩而作出处罚的，行政处罚决定不能成立。

但是，《行政处罚法》第41条也明确规定，当事人放弃陈述和申辩权利的，不构成行政处罚决定不能成立的情形，这一规定主要是基于提高行政效率和及时惩罚违法行为的考虑。赋予当事人陈述权和申辩权的目的是通过双方的沟通交流，使行政机关和执法人员对案件有更全面的了解和考虑，尽量避免因为信息不对称而导致失误和偏差，进而避免当事人的合法权益受到侵害。而当事人放弃陈述和申辩权使这一权利的设置形同虚设，不能起到应有的作用，因此为了提高行政效率，及时处罚违法行为，在当事人以明示或者默认的方式自行放弃陈述和申辩权的情况下，行政机关以及执法人员有权径行作出决定。

本案中，行政处罚告知书和行政处罚决定书虽系同日作出，但海警机关仍遵循了先告知后处罚的基本原则。杨某某拒绝在告知书上签字但在送达回执上签字的行为即表明其已被告知具有陈述、申辩权，但以拒绝签字的方式默认放弃了该项权利，因此行政机关于同日作出行政处罚决定书并未违反法律规定，不构成程序违法。

【相关法条】

1.《中华人民共和国行政处罚法》（2021年1月22日修订）

第九条 行政处罚的种类：

（一）警告、通报批评；

（二）罚款、没收违法所得、没收非法财物；

（三）暂扣许可证件、降低资质等级、吊销许可证件；

（四）限制开展生产经营活动、责令停产停业、责令关闭、限制从业；

（五）行政拘留；

（六）法律、行政法规规定的其他行政处罚。

第十一条 行政法规可以设定除限制人身自由以外的行政处罚。

法律对违法行为已经作出行政处罚规定，行政法规需要作出具体规定的，必须在法律规定的给予行政处罚的行为、种类和幅度的范围内规定。

法律对违法行为未作出行政处罚规定，行政法规为实施法律，可以补充设定行政处罚。拟补充设定行政处罚的，应当通过听证会、论证会等形式广泛听取意见，并向制定机关作出书面说明。行政法规报送备案时，应当说明补充设定行政处罚的情况。

第十七条 行政处罚由具有行政处罚权的行政机关在法定职权范围内实施。

2.《中华人民共和国治安管理处罚法》（2012年10月26日修正）

第四十九条 盗窃、诈骗、哄抢、抢夺、敲诈勒索或者故意损毁公私财物的，处五日以上十日以下拘留，可以并处五百元以下罚款；情节较重的，处十日以上十五日以下拘留，可以并处一千元以下罚款。

3.《全国人民代表大会常务委员会关于中国海警局行使海上维权执法职权的决定》（2018年7月1日施行）

第一条 中国海警局履行海上维权执法职责，包括执行打击海上违法犯罪活动、维护海上治安和安全保卫、海洋资源开发利用、海洋生态环境保护、海洋渔业管理、海上缉私等方面的执法任务，以及协调指导地方海上执法工作。

第二条 中国海警局执行打击海上违法犯罪活动、维护海上治安和安全保卫等任务，行使法律规定的公安机关相应执法职权；执行海洋资源开发利用、海洋生态环境保护、海洋渔业管理、海上缉私等方面的执法任务，行使法律规定的有关行政机关相应执法职权。中国海警局与公安机关、有关行政机关建立执法协作机制。

承办人：于喜富

编写人：王睿琦　庄雪莉

43. 王某某请求确认烟台海警局龙口工作站烟海警（龙）扣决字〔2020〕011 号扣押决定书行政行为违法案

——海警执法权之扣押行为的合法性

【合规提示】

本案系一起渔船船长就海上船舶故意冲撞后针对中国海警局海上执法合法性提起的行政诉讼。渔船船长认为中国海警局在扣押涉案船舶及船长船员证书过程中程序违法。对于驾驶渔船出海的船长而言，应谨慎驾驶船舶，不能意气用事，不能利用驾驶船舶的便利实施故意冲撞行为；故意冲撞行为系破坏海上治安行为，将由中国海警局出警调查并依照相关法律、行政法规予以处置；船长船员要保持渔船船名号牌的清晰，不能故意遮挡，否则中国海警局将依法实施行政强制措施，包括扣押船舶，扣押船长证、船员证等。

【案件信息】

1. 裁判文书字号

（2021）鲁 72 行初 4 号

2. 当事人

原告：王某某

被告：烟台海警局龙口工作站

3. 关键词

行政　行政扣押　行政违法　执法扣押行为合法性

【裁判要旨】

1. 全国人民代表大会常务委员会作出的《关于中国海警局行使海上维权执法职权的决定》性质为法律授权，赋予中国海警局维护海上治安和安全保卫等执法职能，行使法律规定的公安机关相应执法职权。

2. 中国海警局依据我国《治安管理处罚法》与《公安机关办理行政案件程序规定》作出扣押决定的文书不应适用海事行政处罚文书格式。

3. 在船舶船名号牌被遮挡的情况下，行政机关实施行政强制措施扣押船舶及调查过程中，没有通知船舶实际所有人不构成程序违法。

【基本案情】

2020 年 9 月 8 日，案外人向被告烟台海警局龙口工作站报案，称在龙口桑岛西北海域桑岛渔船与屺㟂岛渔船因网地问题发生纠纷，并在过程中发生拖网、冲撞船后网梗等行为。当日，被告对涉事的“鲁某渔 602××”船制作了现场笔录，检查该船受损情况，确定受损位置。

当日晚间被告对原告王某某进行询问，原告王某某是船长，船舶所有人是吕某某。2020 年 9 月 8 日早上，因鲁某渔 610×× 船锚拖桑岛小船的网，又压过桑岛一条小渔船的网梗。原告帮靠鲁某渔 610×× 船，该船还调转船头碰到原告船舶的驾驶楼。鲁某渔 602×× 船多处受损。2020 年 9 月 9 日被告对胡某某进行询问，胡某某确认其驾驶的鲁某渔 610×× 船与鲁某渔 602×× 船发生过碰撞摩擦。2020 年 9 月 18 日，被告再次对原告进行了询问，原告在整个过程中有故意遮挡鲁某渔 602×× 船船名船号的行为。

2020 年 9 月 9 日，被告作出烟海警（龙）扣决字〔2020〕011 号决定书，对鲁某渔 602×× 船、捕捞许可证及原告船长证予以扣押 7 日。2020 年 9 月 16 日，被告作出〔2020〕021 号扣押决定书，决定对鲁某渔 602×× 船、捕捞许可证及王某某船长证予以延长扣押 23 日。2020 年 9 月 30 日，被告作出〔2020〕011 号解除扣押决定书，对 2020 年 9 月 16 日作出的扣押措施（延长扣押决定书文号为烟海警（龙）查 / 扣决字〔2020〕021 号）予以解除。

原告请求确认被告烟台海警局龙口工作站作出〔2020〕011 号扣押决定书的行政行为违法。

原告诉称：（1）确认被告作出〔2020〕011 号扣押决定书的行政行为违法；（2）判令被告承担本案诉讼费用。事实与理由：（1）扣押决定错误，扣押行为缺乏必要性。《治安管理处罚法》第 89 条第 1 款规定，公安机关办理治安案件，对与案件有关的需要作为证据的物品，可以扣押；对与案件无关的物品，不得扣押。为调查故意损坏公私财物一案，被告依据该条款于 2020 年 9 月 9 日作出了〔2020〕011 号扣押决定书，扣押了鲁某渔 602×× 船、捕捞许可证及原告的船长证；2020 年 9 月 16 日，作出延长扣押决定；2020 年 9 月 30 日，作出解除扣押决定。报警当日，被告对鲁某渔 602×× 船进行了拍摄，于桑岛扣押的 22 日期间，被告未对鲁某渔 602×× 船作出任何处理。事实上，捕捞许可证及原告的船长证与本案的调查无关，但被告仍扣押该文件，且连续扣押 22 日。对于将出海捕捞作为唯一生活来源的渔民来说，在捕捞旺季的禁止出海行为，给其生产、生活造成了巨大损失，被告的扣押决定错误、扣押行为缺乏必要性，即使被告有执法权，其行为也属于滥用行政权力。（2）〔2020〕011 号扣押决定书作出程序违法。①被告无权作出扣押决定、实施扣押行为。依据《行政强制法》第 22 条、《治安管理处罚法》第 89 条之规定，扣押应当由法律、法规规定的公安机关实施，被告未经法律、法规授权，其不具有行政主体资格，无权作出扣押决定、实施扣押行为。②被告未告知案件办理结果。依据《山东省行政程序规定》第 6 条，行政机关应当将实施行政行为的依据、过程和结果依法公开。本案原告仅收到了解除扣押决定书，直至起诉之日，尚不得知故意损坏公私财物一案的办理过程及最后处理结果；未查明船舶登记所有人，扣押决定未依法通知船舶所有人吕某某。③未制作扣押清单并交付原告。依据《治安管理处罚法》第 89 条第 2 款、《行政强制法》第 24 条，对扣押的物品，应当会同在场见证人和被扣押物品持有人查点清楚，当场开列清单一式二份，由调查人员、见证人和持有人签名或者盖章，一份交给持有人，另一份附卷备查。虽然被告制作的扣押决定书和延长扣押决定书均有“附：查封 / 扣押清单”的表述，但为文本的固定格式内容，被告未实际履行，未制作该清单，其作出的行政行为违反法律规定。④未依法委托鉴定机构进行鉴定。依据《治安管理处罚法》第 90 条，为了查明案情，需要解决案件中有争议的专门性问题的，应当指派或者聘请具有专门知识的人员进行鉴定。本案扣押船舶是为了查明故意损坏公私财物一案，因双方对财物损坏的因果关系、损坏程度等有异议，被告应尽快通过鉴定机构进行确认后，解除扣押。但船舶扣押的 22 日期间，被告一直拖延未鉴定，经原告多次催促，被告仍拒绝鉴定，且恶意拖延解除扣押时间。正值捕捞旺季，被告的行政不作为行为严重侵害了原告的合法权益，原告保留主张国家赔偿的权利。⑤被告接到报警电话后，未及时出警，行政不作为。2020 年 9 月 8 日，纠纷发生后，桑岛村民及时电话联系被告报警，被告未及时出警，也未给出合理解释。被告不履行法定职责的行为，不能第一时间固定证据、了解案件情况、降低其他桑岛村民及原告的损失，其行为严重侵害了其他桑岛村民及原告的合法权益。⑥扣押决定书、解除扣押决定书的文本格式错误。《海上海事行政处罚规定》第 64 条、第 65 条对行政处罚的文本有明确要求，应当使用交通运输部制定的统一格式的海事行政处罚文书，且有范本。本案不应使用扣押决定书，应为行政强制措施决定书；延长扣押不应使用扣押决定书，应为延长行政强制措施期限通知书；不应使用解除扣押决定书，应为解除行政强制措施决定书。

被告辩称：（1）扣押决定正确。本案扣押，系被告在办理治安案件过程中依法扣押，所扣船舶、驾驶证及捕捞许可证均与案件有关，且均需要作为证据使用。被告于案发当日接到报警，报警内容均为故意碰撞船舶，被告遂依法受理故意损毁财物治安案件。现场处置过程中，被告发现原告驾驶的参与海上船舶碰撞的机动船舶为无船名船号船舶，根据法律规定，无船名船号船舶不得出海，更不得出海作业。原告又自称案发前系在海上作业，且原告无船名船号船舶又涉嫌故意损毁财物违法犯罪行为，被告遂依法作出扣押船舶决定。因渔业捕捞许可证规定为一船一证，为查明疑似作案工具的船舶来源，被告遂对原告提供的标识为山东省海洋与渔业厅颁发的渔业捕捞许可证予以扣押，以便在后期调查中通过相关部门核实证件真伪，借助其标注的船舶材质、船长、总吨位等内容辅助确定船舶的真实情况。因当时参与海上碰撞的船舶数量较多，针对自称驾驶有涉案嫌疑的作案工具且船名船号不明船舶的具体操作人员，作出了扣押船员证的决定，其原因如下：一是船上人员众多，需通过后续调查核实确定船舶的实际驾驶人，辨明涉案作案工具的实际使用人；二是需要向发证机关渔港监督部门核实证件真伪；三是就因为所驾驶船舶系无船名船号船舶，现场无法明确船舶的具体信息，无法明确所谓的船舶驾驶人是否有资格驾驶涉案无船名船号船舶，是否涉及无证驾驶机动船舶违法行为。（2）被告作出扣押决定符合法定程序。①被告有权适用《治安管理处罚法》作出扣押决定。2018 年 6 月 22 日，全国人民代表大会常务委员会《关于中国海警局行使海上维权执法职权的决定》规定，自 2018 年 7 月 1 日起，中国海警局统一履行海上维权执法职责，其职责之一即为执行打击海上违法犯罪活动、维护海上治安和安全保卫的执法任务。中国海警局执行打击海上违法犯罪活动、维护海上治安和安全保卫等任务，行使法律规定的公安机关相应执法职权。条件成熟时，有关方面应当及时提出制定、修改有关法律的议案，依照法定程序提请审议。根据《公安机关与海警机构执法协作配合办法》等，公安机关和海警机构的管辖区域以海（岛屿）岸线为界。海警机构包括沿海县一级海警工作站。②至原告起诉时，仍在治安案件办理期限内，被告无须时刻向原告报告案件办理进程，更无须在办案限期未满案件未查结时向原告公开结果。另外，被告实施扣押等具体行政行为所依据的法律依据在相关法律文书上都向原告进行了告知。③扣押清单制作并已交付。原告已在被告制作的扣押清单上签字。④关于委托鉴定。从被告提交的工作情况说明、船舶受损照片明细及办案工作记录可知，在案件办理过程中，被告不但认真有效固定了反映船舶受损部位情况的证据，而且积极主动地与龙口市物价局进行了沟通联系，还将物价部门对后续鉴定的要求及时通知了相关人员，并于基本调查工作完结后，在法定的扣押期限内将涉案物品解除扣押。根本不存在原告所述的原告方多次催促被告方拒绝鉴定的问题，更不存在恶意拖延解除扣押的问题。至于鉴定未进行的真正原因系原告未向物价部门提交修船发票。⑤被告在执法过程中无行政不作为问题。2020 年 9 月 8 日，被告在接到原告及对方当事人报警后，第一时间告知相关船舶通过合法的方式解决问题，到指定地点进行停靠接受调查。因被告属于新建单位，当时上级未配备海上交通工具，且上级部门明确禁止在执法活动中使用地方交通工具，当时受执法条件限制，只能等原告等当事人靠岸后才能进行调查。且被告根据本案的案件规模，在接警后的第一时间就将警情上报烟台海警局，针对涉案船舶、人员较多这一情况，从牟平、高新区等海警机构抽调执法力量到龙口进行协助。并于船舶靠近港口后立即制作现场笔录固定情况，随后即对相关人员开始了调查取证工作。且被告在法定的扣押期限未届满之前就解除了扣押。⑥被告使用法律文书正确。根据《公安机关与海警机构执法协作配合办法》等规定，海警机构办理海上治安行政案件，参照执行《公安机关办理行政案件程序规定》，而非依据原告所述《海上海事行政处罚规定》，所以不能使用交通运输部制定的统一格式的海事行政处罚文书。

【裁判说理】

争议焦点：（1）被告作出扣押行为是否正确并有必要；（2）被告作出扣押决定程序是否合法。

青岛海事法院认为：

一、被告作出扣押行为是否正确并有必要

根据《治安管理处罚法》第 89 条的规定，公安机关办理治安案件，可以对与案件有关的需要作为证据使用的物品予以扣押。本案中，原告驾驶鲁某渔 602××船与胡某某驾驶的鲁某渔 610××船发生了碰撞，被告接到报警后，于龙口市港栾码头对鲁某渔 602××船进行勘察检验时，发现该船舶船名船号以黑色油漆涂刷，不符合《渔业船舶船名规定》第 9 条关于应在驾驶台顶部两侧悬挂蓝底白字船名牌的要求，被告有理由怀疑该船为无船名船号船舶。为了查明碰撞事实以及鲁某渔 602××船是否为无船名船号船舶，被告有必要对鲁某渔 602××船予以扣押，而该船是否具备合法证件，船舶所有权人与实际使用人是否相符，以及原告驾驶船舶是否具有相应的资质、是否符合《渔业船员管理办法》的规定等，均是办理故意损坏公私财物案件要查明的内容，故被告对该船的捕捞许可证与原告的船长证予以扣押也是必要的。初次扣押期满前，根据办案需要，被告决定延长扣押 23 日，并实际于延长扣押期限届满前提前解除了扣押。《治安管理处罚法》第 99 条第 1 款规定："公安机关办理治安案件的期限，自受理之日起不得超过三十日；案情重大、复杂的，经上一级公安机关批准，可以延长三十日。"被告决定对涉案船舶、证书的扣押期限及实际扣押期限均未超出法定期限，符合法律规定。

二、被告作出扣押决定程序是否合法

1. 被告是否有权作出扣押决定并实施扣押行为。全国人民代表大会常务委员会《关于中国海警局行使海上维权执法职权的决定》第 1 条规定："中国海警局履行海上维权执法职责，包括执行打击海上违法犯罪活动、维护海上治安和安全保卫、海洋资源开发利用、海洋生态环境保护、海洋渔业管理、海上缉私等方面的执法任务，以及协调指导地方海上执法工作。"第 2 条规定："中国海警局执行打击海上违法犯罪活动、维护海上治安和安全保卫等任务，行使法律规定的公安机关相应执法职权……"上述规定赋予中国海警局维护海上治安和安全保卫等执法职能，并明确中国海警局行使法律规定的公安机关相应执法职权。依照上述规定，烟台海警局龙口工作站作为中国海警局的下属机关，有权在其管辖区域内行使法律规定的公安机关的治安管理职权，有权依据《治安管理处罚法》的规定作出扣押决定并予以实施。

2. 关于扣押是否应当通知船舶实际所有人。《行政强制法》第 18 条规定，行政机关实施行政强制措施应当通知当事人到场；《治安管理处罚法》第 89

条规定，对与案件有关的需要作为证据的物品也可以扣押，对扣押物品，应当和被扣押物品持有人查点清楚，开列清单，由调查人员和持有人签名。本案中，被告扣押鲁某渔602××船时，鲁某渔602××船由原告控制，原告可视为被扣押物品持有人，被告现场查验后制作清单原告签字。虽然原告在询问笔录中称船舶实际所有人为吕某某，但是因涉案船舶船名号牌被遮挡，有为无船名船号船舶的嫌疑，被告扣押该船也是为了查明碰撞事实以及鲁某渔602××船是否为无船名船号船舶，原告所称的实际所有人也在核实范围内。所涉故意损坏公私财物案尚未办结，被告即将船舶予以解扣，在调查过程中，没有通知船舶实际所有人不构成程序违法。并对其他原告提出的问题作出认定，包括：被告已发没有义务告知故意损坏公私财物案的办理过程与结果；被告依法制作并向原告交付了扣押清单；被告未委托鉴定机构进行鉴定不侵害原告的合法权益；被告依法及时出警并不存在行政不作为；扣押决定书、解除扣押决定书的格式适用公安机关格式正确。

青岛海事法院依照《行政诉讼法》第69条的规定，判决如下：驳回原告的诉讼请求。

原告不服提出上诉。山东省高级人民法院判决驳回上诉，维持原判。

【法官后语】

该案件是全国人民代表大会常务委员会作出《关于中国海警局行使海上维权执法职权的决定》成立中国海警局，而《海警法》尚未颁布实施期间，中国海警局行使依全国人大常委会的法律授权行使法律规定的公安机关相应执法职权，引起的行政诉讼案件。该行政判决书考虑了中国海警局成立之初的执法条件和客观情况，厘清了中国海警局制作行政文书适用的文书格式以及执法过程中各环节的合法性和合理性的判断标准。该行政判决书事实查明重点突出，条理清晰，论述充分，说理透彻，裁判准确，制作精良，对同类型案件的审理具有很强的指导意义。

【相关法条】

《中华人民共和国行政诉讼法》（2017年7月1日施行）

第六十九条 行政行为证据确凿，适用法律、法规正确，符合法定程序的，或者原告申请被告履行法定职责或者给付义务理由不成立的，人民法院判决驳回原告的诉讼请求。

承办人：郭俊莉

编写人：郭俊莉

44. 门某诉某海洋生态文明综合试验区自然资源局、某县某街道办事处等不履行办理渔业油价补贴法定职责案

——街道办事处的行政主体资格认定及基层群众性自治组织在行政诉讼中的法律地位

【合规提示】

本案是一起行政相对人认为街道办事处不履行法定职责而引发的行政诉讼案件。街道办事处可以根据法律、法规的授权行使一级政府的行政职权，具有行政主体资格，能够成为行政诉讼的适格被告。村委会依据规范性文件履行工作职能，属于接受委托单位的委托，相关法律后果由作出委托的行政机关承担。

【案件信息】

1. 裁判文书字号

（2018）鲁72行初3号、（2019）鲁行终914号

2. 当事人

原告：门某

被告：某海洋生态文明综合试验区自然资源局、某县某街道办事处、某县人民政府

3. 关键词

行政　行政不作为　街道办行政主体资格　基层群众自治组织法律地位

【裁判要旨】

1. 作为一级政府派出机关的某县某街道办事处，可以根据法律、法规的授权行使一级政府的行政职权，具有行政主体资格，能够成为行政诉讼的适格被告。

2. 村民委员会行使的是对补贴申请人提交的相关材料内容进行审核确认的职能，该项职能的取得系基于某县人民政府作出的《某县人民政府办公室关于印发某县规范渔业油价补贴工作实施方案的通知》的内容，而通知的性质属于规范性文件，并不属于法律、法规、规章的范畴，因此村民委员会系接受某县人民政府的委托作出行为，对村民委员会的不作为行为不服的，以其委托的行政机关某县人民政府为被告，法律后果由某县人民政府承担。

【基本案情】

门某诉称：门某所有的育苗场及鲁某 655×× 船系某街道某村集体经济固定成员，每年向村里缴纳占地使用费，一直享受渔业油价补贴政策。2018年间，门某多次到某县自然资源局、某街道办办理 2016 年度、2017 年度渔船油价补贴手续，均遭推诿，因此要求某县自然资源局、某街道办为其办理渔业补贴有关手续，并赔偿因此产生的损失 8000 元。

某县自然资源局辩称：门某没有依照规定程序提交申报渔业油价补贴的相关材料，某县自然资源局因此未为其申报 2016 年度、2017 年度渔业油价补贴，不构成不履行法定职责；门某未能取得油价补贴系因其不符合申报、领取条件，因此其赔偿损失的请求不成立。

某街道办事处辩称：根据某县人民政府制定的《某县规范渔业油价补贴工作实施方案》关于申报程序的规定，申报首先由渔民提出申请并提供相关证明，然后由所在村委会对相关内容进行确认，再由某街道办事处出具申请内容属实证明。因此，某街道办事处在渔业油价补贴发放过程中，只是起到证明作用，并不具备行政管理职能，门某起诉主体错误。

法院发现某县人民政府系被诉行政行为的复议机关，且复议维持了原行政行为，因此依法通知某县人民政府作为被告参加诉讼。某县人民政府辩称：门某应当与某村村民委员会协商解决本案争议，某街道办不应列为本案适格被告，某县人民政府的行政复议行为合法有效。

门某自有鲁某655××号渔船一艘，2012年至2017年，门某每年向某县某镇某村村民委员会缴纳占地费等费用，而后以某镇某村合法固定成员的身份申报年度渔业油价补贴，并且已收到2015年度及之前的渔业油价补贴款。

2016年，山东省海洋与渔业厅下发通知，提出从2015年起，国家和省不再对国内渔业捕捞和养殖业油价补贴申报数据进行审核，渔业油价补贴的申报、审核、发放办法程序等，以各市为责任主体自行确定并组织发放补贴，每年6月底前将发放结果报有关部门备案。其后，某县人民政府出台具体通知，通知中列明申报程序。

门某于2018年4月19日向某县自然资源局寄送办理2016年度、2017年度渔业油价补贴申请书、申请表一组，并向某街道办、某县某镇某村村民委员会分别邮寄了渔业油价补贴申请书、申请表、身份证复印件及上述占地费收款收据各一套，某街道办、某县某镇某村村民委员会均拒收了邮件。随后原告向某县人民政府提出行政复议申请，认为某县自然资源局、某街道办、某县某镇某村村民委员会未履行为其发放2016年度、2017年度养殖机动渔船渔业油价补贴构成行政不作为，某县人民政府驳回行政复议申请决定书，认为门某未按照有关通知的规定向某县自然资源局和某街道办提交规范性的申请材料，其主张的行政机关行政不作为不成立；某县某镇某村村民委员会作为基层群众性自治组织，主体不适格，不能列为被申请人，并向原告邮寄送达了该决定书。

某县自然资源局确认申请渔业油价补贴，除申请书及申请表外，原告还须提交所在村委会出具的原告属于该经济组织固定成员的证明、村委会所有的养殖证证明及由所在街道办出具的对上述事实认可的证明。

【裁判说理】

争议焦点：（1）原告就本案的行政诉讼是否超出法定期间；（2）某街道办是否为本案适格被告；（3）被告是否构成不履行办理渔业油价补贴手续的职责；（4）被告应否赔偿原告2016年度、2017年度因未申领补贴造成的损失。

根据《地方各级人民代表大会和地方各级人民政府组织法》第68条的规定，街道办事处作为市辖区、不设区的市的派出机关，受其领导，行使其赋予的职权，而派出机关具有行政法上的主体资格，是由一级人民政府经有权机关批准，在一定的行政区域内设立的行政机关。某街道办作为门某所在辖区的行政机关，在案涉渔业油价补贴发放中，行使对申请人填报内容及村委会确认等事项进行把关审核的职能，作出出具申请内容属实的证明的行政行为。依照《行政诉讼法》第2条的规定，门某认为某街道办作出的行政行为侵犯其合法权益，有权对其提起诉讼，某街道办也应作为被告依法参与诉讼。

根据《关于下发山东省国内捕捞机动渔船和山东省养殖机动渔船油价补贴标准调整实施方案的通知》的内容，自2015年起，市级有权行政机关可以自行制定渔业油价补贴的申报、审核、发放办法程序，某县人民政府据此发出了《某县人民政府办公室关于印发某县规范渔业油价补贴工作实施方案的通知》，对某县辖区内渔业油价补贴的申报程序、组织领导分工等作出了规定，其中村委会行使对申请人提交的相关材料内容进行审核确认的职能，其村负责人也负有对辖区内渔业油价补贴工作组织、协调及实施的职责。那么，在此项渔业油价补贴发放工作中，村民委员会系接受某县人民政府的委托作出对材料内容进行审核、确认等的行为。本案中，原告已按照《某县人民政府办公室关于印发某县规范渔业油价补贴工作实施方案的通知》的要求寄送了相关申报材料，但某村村民委员会拒收了材料且未提供任何理由，没有尽到对内容进行审核的职责，致使原告的申报程序无法继续推进，进而导致其2016年度、2017年度的渔业油价补贴无法申请。根据《最高人民法院关于适用〈中华人民共和国行政诉讼法〉的解释》第24条第2款的规定，某县人民政府作为某村村民委员会的委托机关，依法构成不履行职责。

按照《某县人民政府办公室关于印发某县规范渔业油价补贴工作实施方案的通知》规定的申报程序，某街道办、某自然资源局均应在村委会确认申请人提交的材料内容后才能作出相应的行政行为、行使各自的行政职能，因某村村委会的不履行行为在前，二行政机关未履行办理渔业油价补贴手续的职责不构成不履行职责。

因2016年度、2017年度渔业油价补贴申报工作已经结束，被告即使履行各自职责也已经没有意义，法院依法确认某县人民政府不履行法定职责的行为违法。某县人民政府作出的长复驳字〔2018〕1号驳回行政复议申请的决定维持了原行政行为，法院依法确认该驳回复议申请的决定违法。

青岛海事法院于2019年3月27日作出（2018）鲁72行初3号行政

判决：一、确认某县人民政府不履行办理渔业油价补贴手续的行为违法；二、某县人民政府于本判决书生效之日起10个工作日内向原告门某支付损失赔偿金4012.8元；三、驳回门某的其他诉讼请求。

山东省高级人民法院于2019年8月12日作出（2019）鲁行终914号行政判决：一、维持青岛海事法院（2018）鲁72行初3号行政判决第一项，即确认某县人民政府不履行办理渔业油价补助手续的行为违法；二、撤销青岛海事法院（2018）鲁72行初3号行政判决第二、三项，即某县人民政府于本判决书生效之日起10个工作日内向门某支付损失赔偿金4012.8元，驳回门某的其他诉讼请求；三、某县人民政府于判决书生效之日起10个工作日内向门某支付损失赔偿金8025.6元。

【法官后语】

一、街道办事处的行政主体资格认定

《地方各级人民代表大会和地方各级人民政府组织法》第68条第3款规定，市辖区、不设区的市的人民政府，经上一级人民政府批准，可以设立若干街道办事处，作为它的派出机关。由此可知，街道办事处是城市基层人民政府的派出机关，在法理上其权力来自法律、法规和上级政府的授予，只能在授权范围内从事管理活动，不具备独立的行政执法资格。例如，《北京市街道办事处条例》第3条规定："街道办事处是区人民政府的派出机关，在本街道党的工作委员会领导下，执行党的路线方针政策，依法履行辖区公共服务、城市管理、社会治理等综合管理职能，统筹协调辖区地区性、社会性、群众性工作。"《上海市街道办事处条例》第2条规定："街道办事处是区人民政府的派出机关，受区人民政府领导，依据法律、法规的规定，在本辖区内行使相应的政府管理职能。"因此，街道办事处并非一级政府，但是可以根据法律、法规的授权取得行政主体资格。

本案中，作为一级政府派出机关的某县某街道办事处，可以根据法律、法规的授权行使一级政府的行政职权，具有行政主体资格，能够成为行政诉讼的适格被告。

二、基层群众性自治组织的行政诉讼法律地位辨析

居民委员会、村民委员会作为城市和农村的基层群众性自治组织，在落实基层民主制度，促进城市社会主义物质文明、精神文明建设的发展和社会

主义新农村建设等方面发挥着越来越重要的作用，也在承担着越来越多的公共行政职能。在现实工作中，村民委员会既有基于行政委托法律关系实施管理的“准行政行为”，也有直接来自法律、法规、规章的授权行使履行行政管理职责的行为，因此明确其在行政诉讼中的法律地位对认定其是否具有被告资格显得尤为重要。

《最高人民法院关于适用〈中华人民共和国行政诉讼法〉的解释》第 20 条第 3 款规定：“没有法律、法规或者规章规定，行政机关授权其内设机构、派出机构或者其他组织行使行政职权的，属于行政诉讼法第二十六条规定的委托。当事人不服提起诉讼的，应当以该行政机关为被告。”第 24 条规定：“当事人对村民委员会或者居民委员会依据法律、法规、规章的授权履行行政管理职责的行为不服提起诉讼的，以村民委员会或者居民委员会为被告。当事人对村民委员会、居民委员会受行政机关委托作出的行为不服提起诉讼的，以委托的行政机关为被告……”

本案中，村民委员会行使的是对渔业油价补贴申请人提交的相关材料内容进行审核确认的职能，该项职能的取得系基于某县人民政府作出的《某县人民政府办公室关于印发某县规范渔业油价补贴工作实施方案的通知》的内容，而通知的性质属于规范性文件，并不属于法律、法规、规章的范畴，因此法院认定村民委员会系接受某县人民政府的委托作出行为，对村民委员会的不作为行为不服的，以其委托的行政机关某县人民政府为被告，法律后果由某县人民政府承担。

【相关法条】

1.《中华人民共和国行政诉讼法》（2017 年 7 月 1 日施行）

第二条 公民、法人或者其他组织认为行政机关和行政机关工作人员的行政行为侵犯其合法权益，有权依照本法向人民法院提起诉讼。

前款所称行政行为，包括法律、法规、规章授权的组织作出的行政行为。

第六十九条 行政行为证据确凿，适用法律、法规正确，符合法定程序的，或者原告申请被告履行法定职责或者给付义务理由不成立的，人民法院判决驳回原告的诉讼请求。

第七十四条第二款 行政行为有下列情形之一，不需要撤销或者判决履行的，人民法院判决确认违法：

（一）行政行为违法，但不具有可撤销内容的；

（二）被告改变原违法行政行为，原告仍要求确认原行政行为违法的；

（三）被告不履行或者拖延履行法定职责，判决履行没有意义的。

第七十六条 人民法院判决确认违法或者无效的，可以同时判决责令被告采取补救措施；给原告造成损失的，依法判决被告承担赔偿责任。

2.《中华人民共和国地方各级人民代表大会和地方各级人民政府组织法》（2015年8月29日修正）

第六十八条第三款 市辖区、不设区的市的人民政府，经上一级人民政府批准，可以设立若干街道办事处，作为它的派出机关。

对应新法：

《中华人民共和国地方各级人民代表大会和地方各级人民政府组织法》（2022年3月11日修正）

第八十五条第三款 市辖区、不设区的市的人民政府，经上一级人民政府批准，可以设立若干街道办事处，作为它的派出机关。

3.《最高人民法院关于适用〈中华人民共和国行政诉讼法〉的解释》（2018年2月8日施行）

第二十四条第一款、第二款 当事人对村民委员会或者居民委员会依据法律、法规、规章的授权履行行政管理职责的行为不服提起诉讼的，以村民委员会或者居民委员会为被告。

当事人对村民委员会、居民委员会受行政机关委托作出的行为不服提起诉讼的，以委托的行政机关为被告。

承办人：于喜富

编写人：王可可

45. 施某某诉莱州市渔政渔港监督管理站申请保护财产权不予答复纠纷案

——渔业行政主管部门在渔船管理中的行政行为合法性认定

【合规提示】

本案是一起因以行政机关未按规定办理渔船注销手续为由提起的行政诉讼案件。渔船所有权人应当注意：一是要严格按照渔业船舶管理条例、渔业船舶登记办法等规定按期向渔船检验机构申请检验，按照法定程序与要求办理渔船所有权注销登记，避免因对老旧渔船长期放任不管而导致渔船因脱检被动注销；二是如果渔船发生水上事故，应在第一时间向所在地渔港渔船事故调查机关报告或提交事故报告书及必要的文书资料，并请求主管机关作出事故认定书。行政机关在处分行政相对人的权利时，虽然公示公告系法定通知方式，但应考虑到网站公示对渔民的效果与影响力，应当尽量通过书面方式发出通知，尤其在处分或限制行政相对人的权利时，应增加“收集证据”要求，积极地告知行政相对人拟作出行政行为的事实、理由和依据，在通知中载明权利义务的内容、行使时间、行使方式等，以充分保障其合法权利，防止权力滥用与随意执法。

【案件信息】

1. 裁判文书字号

（2016）鲁 72 行初 1 号

2. 当事人

原告：施某某

被告：莱州市渔政渔港监督管理站

3. 关键词

行政　行政行为合法性　渔船登记　渔船注销

【裁判要旨】

根据《渔业船舶水上安全事故报告和调查处理规定》，船舶所有权人应在其渔船发生水上事故后向所在渔港渔船事故调查机关报告或提交事故报告书及必要的文书资料，但原告未证明其已向被告报告事故，也未证明其渔船确已灭失或损毁，且从原告提交的渔船照片亦无法认定渔船已损毁。此外，涉案渔船已在2015年因未按规定进行年检被依法注销。因此，不符合《渔业船舶登记办法》规定的渔船所有人向登记机关申请办理渔业船舶所有权注销登记的情形。原告请求被告出具渔船因灭失或损毁注销的证明，理由不成立，应当不予支持。

【基本案情】

原告施某某以被告莱州市渔政渔港监督管理站未按规定为其办理“鲁莱某某”号渔船注销手续为由，向青岛海事法院提起诉讼。

“鲁莱某某”号渔船船舶所有权人为原告施某某，船籍港为莱州三山岛，木质船，总吨位12吨，建成日期为1989年3月1日。

据莱州市某街道某村村民委员会于2016年3月15日出具证明称，原告所有的木壳船“鲁莱某某”号渔船于2013年7月下大雨发洪水被洪水淹没，船体在三山岛大桥以西已被淤泥掩埋且无法打捞。

2016年5月3日，原告以快递邮寄方式向被告提出“鲁莱某某”号渔船注销申请。申请书称，因该船发生意外灭失，根据渔业法律规章制度规定，申请对该船办理注销手续，申请书附件为“鲁莱某某”号渔船的登记证书、所有权证书、捕捞许可证、户口簿、渔船检验记录及原告身份证。快递网站邮件跟踪显示被告已签收。

“鲁莱某某”号渔船于2008年进行了换证检验。根据原告缴纳相关检验费的单据，该渔船检验办理至2012年，2013年以后未再办理船舶检验。原告称是因渔船被淹埋了无法检验。被告称，2013年电话通知原告如不进行船舶检验，逾期将注销渔船证书，但原告迟迟未参加渔船检验，被告在2015年接上级单位通知清理系统无效数据时即依据《渔业捕捞许可管理规定》将原告渔船捕捞许可证统计为无效证书，并上报后在中国渔政管理指挥系统中予以注销，同时所有证书都是关联的，一套程序，一并注销。

莱州市海洋与渔业局网站于2015年2月5日公布了《渔业船舶捕捞许可证》注销公示，载明：根据中华人民共和国农业部第19号文件《渔业捕捞许可管理规定》第38条之规定，逾期未年审或年审不合格的为无效渔业捕捞许可证，其中，“鲁莱某某”号渔船捕捞许可证因脱审被注销。被告解释，该公示文件中的“第38条”属笔误，应为“第35条”。

烟台市海洋与渔业局于2015年2月12日作出的《关于清理无效渔船捕捞许可证数据的情况报告》，载明包含“鲁莱某某”号渔船在内的14艘船因逾期未参加渔船年审，捕捞许可证自2013年脱审，拟申请省厅注销其捕捞许可证，莱州等地区的渔业行政主管部门已对拟注销捕捞许可证的渔船进行了公示。

2016年10月26日，莱州市海洋与渔业局出具了证明，载明该局根据上级通知和要求，按照《山东省海洋与渔业厅关于组织开展无效渔船捕捞许可数据清理工作的紧急通知》的规定，对包括“鲁莱某某”号渔船在内的渔船进行了核查，因“鲁莱某某”号渔船在内的相关渔船的证书未进行年度检验，为无效证件，报请上级业务主管部门在中国渔政管理指挥系统中，由农业部渔业局船港处注销了包括“鲁莱某某”号渔船的捕捞许可证在内的相关信息。

目前在中国渔政管理指挥系统中已没有“鲁莱某某”号渔船的任何信息。“鲁莱某某”号渔船的渔业船舶所有权证书与登记证书是在2008年7月7日由莱州市渔港监督核发，船舶检验证书由山东渔业船舶检验局莱州检验站核发，渔船捕捞许可证由山东省海洋与渔业厅核发。被告称，原告证书的核发机关与注销公示机关不同是因为权限问题，县级以上渔业主管部门主管渔业船舶登记工作，所属渔港监督机关依照规定权限负责本行政区域内的渔船登记及监督管理工作，由县级以上渔业主管部门对外发布公示信息。

根据莱州市机构编制委员会2001年9月18日的文件，莱州市渔政监督管理站与渔港监督（渔船检验站）合并，设立莱州市渔政渔港监督管理站，隶属海洋与水产局，同时加挂“山东渔业船舶检验局莱州检验站”的牌子。

庭审中原告明确了诉请，要求被告出具船舶检验证书注销证明、船舶登记证书注销证明及捕捞许可证注销证明。其目的是持渔业船舶所有权注销登记证明书更新建造渔船。

【裁判说理】

本案的争议焦点：（1）被告的诉讼主体是否适格；（2）被告是否应向原告出具渔船相关证书注销证明。

青岛海事法院认为：本案系因原告以被告未按规定为其办理渔船注销手续为由提起的行政诉讼。

一、被告的诉讼主体是否适格

根据《渔业船舶登记办法》规定，县级以上地方人民政府渔业行政主管部门主管本行政区域内的渔业船舶登记工作，县级以上地方人民政府渔业行政主管部门所属的渔港监督机关依照规定负责本行政区域内的渔业船舶登记及其监督管理工作，渔船所有人应当向登记机关申请办理渔船所有权注销登记。因此，根据上述规定，原告以其渔船因灭失须向登记机关申请办理渔船证书注销手续而被告作为渔船证书登记机关对其申请不予答复为由，提起行政诉讼，符合《行政诉讼法》规定的被告诉讼主体资格。

二、被告是否应向原告出具渔船相关证书注销证明

《渔业捕捞许可管理规定》第33条规定，使用期一年以上的渔业捕捞许可证实行年度检验（年审）制度，每年审验一次，年审工作由发证机关负责，也可由发证机关委托申请人户籍或企业所在地的县级以上渔业行政主管部门。第35条规定，逾期未年审或年审不合格的……或以其他形式转让的捕捞许可证，为无效渔业捕捞许可证。《山东省渔业港口和渔业船舶管理条例》第19条规定，渔业船舶所有者或经营者应当按照规定的时间向渔业船舶检验机构申报检验；逾期6个月未申报检验的，渔业船舶检验机构应当注销其渔业船舶检验证书。根据上述规定，原告应每年申请渔业行政主管部门对其渔船进行检验，但原告自2012年以后未再申报检验，其捕捞许可证及船舶检验证书依法无效。被告作为受发证机关即山东省海洋与渔业厅委托负责渔船检验具体工作的渔业行政主管部门，根据山东省海洋与渔业厅的要求上报“鲁莱某某”号渔船为无效捕捞许可证数据，由山东省海洋与渔业厅在中国渔政管理指挥系统中予以注销，同时删除该渔船的其他相关信息。因此可以认定，“鲁莱某某”号渔船的相关证件已在中国渔政管理指挥系统中合法注销。

原告诉请本案的目的是持渔业船舶所有权注销登记证明书更新建造渔船。原告表示，被告提交的证据3是其所请求的注销证明的形式，但不认可证明

中的注销理由，并主张其是因渔船灭失或损毁无法办理渔船检验而向被告申请注销并出具注销证明。青岛海事法院认为，原告的渔船并不符合《渔业船舶登记办法》规定的渔船所有人向登记机关申请办理渔业船舶所有权注销登记的情形，理由是，根据《渔业船舶水上安全事故报告和调查处理规定》，原告应在其渔船发生水上事故后向所在渔港渔船事故调查机关报告或提交事故报告书及必要的文书资料，但原告未证明其已向被告报告事故，也未证明其渔船确已灭失或损毁，且从原告提交的渔船照片亦无法认定渔船已损毁。此外，渔船已在2015年因未按规定进行年检被依法注销。因此，原告请求被告出具渔船因灭失或损毁注销的证明，理由不成立，应当不予支持。

【法官后语】

本案案情并不复杂，事实清楚，证据相对充分，但从原告、被告各方的角度看，本案具有典型的参考意义。渔民应积极维护自身的合法权利，既要保证守法经营，更要做到合理有效地利用渔业资源；行政机关则应依法、规范地行使行政职权，既要积极作为，更要注意防止权力滥用与随意执法。

当前，我国为了保护海洋资源，渔业部门对渔船实行“双控”（控制马力数、控制总船数）政策，不再新增渔船马力指标。因此，渔民需要的马力指标往往通过渔民之间的交易获得或是将自己已有的老旧渔船通过向渔业行政主管部门申请拆解、销毁并取得渔船登记注销证明后更新改造或新造渔船。为了避免老龄渔船危险作业，我国还要求渔船按期申报年检，对未按期年检的渔船进行定期清理。本案中，原告因其渔船老旧，怠于管理，导致渔船长期被洪水淹没而无法正常使用，在原告意识到渔船马力指标匮乏，想要保护自己的稀缺权利时，才发现其已享有的合法权利因为自己未积极维护而丧失了。

本案之于被告，虽在诉讼中得胜，但综观其行使行政职权的过程，亦能发现不足之处。被告通过电话通知原告申报船舶检验及逾期不申报的后果，而未进一步采取书面通知的形式，导致维权意识薄弱的原告未加以重视，最终丧失权利。诉讼中，被告的该项主张仅有被告当庭陈述，无书面证据证明其行使行政职权的合法性与合理性，显然，这一行政行为不具有说服力与严密性。而其后，被告通过其网站公示的形式通报渔船注销情况的做法亦未考虑到网站公示对渔民的效果与影响力，显然不贴合当前我国渔民的实际情况。本案的典型意义即在于提请行政机关注意，行政行为的程序必须严格，做到证据确实、充分，才能经得起诉讼考验。为避免执法的随意性，尤其在处分或限制渔民权利时，应增加“收集证据”要求，积极地告知行政行为的相对人拟作出行政行为的事实、理由和依据，以充分保障渔民的合法权利。

【相关法条】

《中华人民共和国行政诉讼法》（2014 年 11 月 1 日修正）

第六十九条 行政行为证据确凿，适用法律、法规正确，符合法定程序的，或者原告申请被告履行法定职责或者给付义务理由不成立的，人民法院判决驳回原告的诉讼请求。

对应新法：

《中华人民共和国行政诉讼法》（2017 年 6 月 27 日修正）

第六十九条 行政行为证据确凿，适用法律、法规正确，符合法定程序的，或者原告申请被告履行法定职责或者给付义务理由不成立的，人民法院判决驳回原告的诉讼请求。

承办人：王妍娥

编写人：王妍娥 段琪琪

后 记

从初秋到盛夏，300多个伏案的朝暮，近8万件案例的回顾，482个精品案例的研究审定，在敲下最后一个标点时，这项跨过40年光影的历程就画上了句号。时间仿佛从未走开，一次次置身于那紧张而严肃的法庭，法官们的思虑与见解犹在眼前。

透过书页，今天的我们见证了青岛海事法院40年的艰辛和坚守。1985年留置船载货物纠纷案发出“中国海事法院的首次判决”，1987年受理首例海事行政处罚强制执行案，1992年审理首例海事赔偿责任限制案，1994年判决首例海岸侵蚀损害赔偿案，2000年作出首个海事强制令；从我国自主研发的首座大型全潜式深远海智能养殖装备“深蓝一号”案，国内首艘无人驾驶自主航行系统实验船“智腾”轮案，到首起因船舶碰撞导致重大海洋污染刑事案；从“明昕”轮、“大安吉”轮成功解救被困船员，到“尼莉莎”轮带着新名字“尊重”驶向远方。一个个鲜活的案例，印刻了青岛海事法院走过的光辉历程，也见证了中国海事司法40年的发展脉络。

山东省高级人民法院和青岛市委、市政府高度重视涉外涉海企业营商环境建设。山东省高级人民法院党组书记、院长、二级大法官霍敏就文库编写工作提出明确要求并撰写序言。青岛市委常委、政法委书记程德智，青岛市委常委、副市长耿涛高度重视文库编撰及相关课题研究，给予了大力支持。山东大学政治学与公共管理学院充分发挥人才和技术资源优势，成功中标“海事审判典型案例应用导则建设项目”并积极开展研究。青岛海事法院深入挖掘典型案例资源，深度参与典型案例编写。青岛市商务局、财政局全力推动落实，项目成果得以问世。

本丛书的编辑出版是有关各方共同努力的结果。感谢山东省高级人民法院副院长吕涛，二级高级法官刘义生，研究室主任刘念虎、副主任冯艳楠，民事审判第四庭庭长张传毅、副庭长康靖、董兵法官、冯玉菡法官、刘福贵法官。感谢青岛市商务局党组书记、局长王志俊，党组成员、副局长于浩，对外贸易处处长吕坤、吕静博，山东大学政治学与公共管理学院程小花博士、边琦博士，青岛海事法院办公室副主任王建军、王洪飞，人民法院出版社副总编辑陈建德、教普编辑部副主任李安尼、责任编辑赵芳慧。感谢各位作者为撰写丛书付出的辛勤劳动和智慧！感谢山东法官培训学院对于本书给予的大力支持！感谢人民法院出版社教普编辑部对案例体例格式、目录编制、内容审校、版式设计等提出的宝贵意见！

浩渺行无极，扬帆但信风！诚望广大读者提出宝贵意见，使丛书得以不断完善。

海事司法文库“合规指引与风险防治”课题组

2024年6月